THE
MEANING
OF WORLD
IS THE
SEPARATION
OF WISH
AND FACT

第1辑

哲学与艺术对话录

DIALOGUE BETWEEN
PHILOSOPHY AND ART I

世界的意义就在于
事与愿违

梅剑华 —— 主编

上海文艺出版社
Shanghai Literature & Art Publishing House

家脱口而出的"常识",也能启发哲学家的思考。这些都不是在对话之前可以预料到的。不止于此,双方对于各自的原创性观念都有很敏锐的感知,迅疾明白言说者之真意。正因为此,我在邀请哲学界的同行们参与讨论的时候,强调思想的原创性,特别强调不要担心艺术家听不懂专业讨论,而是要把自己最有想法的东西表达出来。相当多的艺术家,尤其是当代艺术家都好读哲学,古今中外的哲学是他们创造艺术的思想源泉。实际上的交流要比我们想象顺畅得多。

在本辑专题中,我们区分了法国哲学、现象学、科技哲学、分析哲学等不同的专业领域,不同领域的学者大都在该领域深耕多年,对艺术也不陌生。因此交流相当实质。在后续的系列对话讲座的展开中,我们会进一步淡化领域区分,寻找有意思的问题展开讨论,实行一种真正的跨学科、跨传统、跨领域的交流。不管是学院体制里的"跨学科""新文科",还是艺术圈里的"无界""跨界"交流,都将聚焦于问题本身,从不同的角度形成自己的回应。

这个系列讲座,首先得益于服务器艺术全力组织线上系列讲座,其次得力于上海文艺出版社同仁的慷慨援手,以及来自山西大学哲学社会学学院的大力支持。《哲学与艺术对话录·第一辑》是一个新的尝试。既不是单纯的演讲集,也不是单纯的对话录,而是在主题演讲之后,形成的深度对话集。既有主题报告,又有专题讨论。国内最早的演讲集乃是上个世纪末,倡导人文通识教育的杨叔子先生促成的。当时出版了大量的通识演讲录,滋养了世纪之交的年轻人。随着高等教育的普及和学术研究的深入,演讲录逐渐淡出人们的视野。我们希望以某种方式重新回归这种面向社会公众的演讲录。但是,在话题上,不再追求普及性,而是寻找思想界的"奇人异士",贡献"奇思妙想",哲学界和艺术家一起头脑风暴,呈现思想之精彩。我想这种新形式和内容,会得到有识之士的认可。

新风既开,未来可期。谨以为序。

梅剑华

2022 年 12 月 27 日于珠海

目 录

法国哲学与当代艺术

003　吴冠军
　　 爱的本体论：从巴迪欧到后人类主义

045　夏莹
　　 万物生长：德勒兹的哲学与革命

093　蓝江
　　 巴迪欧的事件哲学：从本体论到现象学

科技哲学与当代艺术

135　刘晓力
　　 世界的意义就在于事与愿违：哥德尔定理究竟说了什么？

189　段伟文
　　 哲学的荧光棒何以解除技术的魔咒

现象学与当代艺术

231 **孙周兴**
未来艺术的几个基本概念

275 **王庆节**
《存在与时间》的"入口":谈谈海德格尔的"存在之发问的形式结构"

331 **张浩军**
胡塞尔的意识哲学

分析哲学与当代艺术

381 **代海强**
何为不可说:《逻辑哲学论》中的言说与沉默

421 **刘畅**
美:作为惊叹——维特根斯坦论美和美学

法国哲学与当代艺术

爱的本体论

从巴迪欧到后人类主义

主讲
吴冠军：华东师范大学哲学教授
主持
梅剑华：山西大学哲学教授、《认知科学》期刊主编
与谈
黄竞欧：首都师范大学哲学系讲师
藏策：呼吸公社社长、艺术理论家、独立策展人

我的主题是"爱的本体论：从巴迪欧到后人类主义"。首先说一下为什么会聊这样一个话题。

在当今这个时代，每天有各种各样的新闻、微博热搜，似乎很热闹，但追问一下，其实有很多东西正在逐渐流失的。在这样一个时代里，去追索"爱"这样一个很古老的概念，有时恰恰会有一种陌生感。尤其在哲学意义上，在当下，"爱"是一个非常值得重新探讨的概念，这是我选择这个题目的初衷。

一、Love as the humanist theme

首先，"爱"这个话题本身是一个老话题，我又把它称作为"humanist theme/人类主义/人文主义主题"。在中文语境，把"humanism"翻译成人文主义后，出现的问题越来越多。因为我们知道"humanism"从造词法上解释就是人类主义，但被翻译成人文主义或人本主义。"文""本"是在汉语里面加进去的，把"humanism"翻成"人文主义"，似乎就把"文明"的感觉加了进去。自启蒙以来，近两三百年，"人类主义"构成了我们时代的大背景。而"LOVE/爱"是这个大背景里最根本性的主题，在各个方面都能看到大背景式的存在，这就是为什么我们在思考爱的时候，思考的是一个背景性的存在。

我们从各种各样的大众文化、流行歌曲、影视节目、文化产品，各种声音、话语中来看，似乎"爱"是一个无处不在的元素。如此反而要重新思考一下，这个无所不在的"爱"是怎么样的爱？作为人类主义最伟大情感的"爱"，是不是就是我们理解爱的唯一入口？

作为开场白，我们把这个问题推出来，在我们所处的时代里，尤其是在人文主义的大幕布下，把爱作为思考的对象，而不是解决一切问题的现成答案。在两三百年里，包括政治话语里，"大爱"，慈善也是爱——无所不在，但在表面的众声喧哗之下，它的实际状态又是如何？

冷静观察的话，我们恰恰看到的是爱的反面：不管政治话语下各个层面的撕裂，还是各种各样的无爱、非爱、甚至恨。今天谈论美国的时候，我们看到的就是一种深深的撕裂感，彼此的憎恶感，族群之间的"墙"。从国际到国内，从政治话语到大众日常文化话语，包括推特微博上各种各样的怼、各种各样的撕、各种各样的彼此憎恶——话语表层上的爱，那个在文化作品里无所不在的元素，恰恰在社会的实际状况中，在人与人的交往中，是一个十足的"missing element"，一个消失的元素。所以作为第一个结构性的分析，就是爱这个近两三百年来最重要的、众声赞颂的元素，恰恰是我们今天所缺失的。

尤其是在后疫情时代，人们忽然发现原来你靠近我、我靠近你的危险度如此之高，人际之间的普遍姿态变成"你离我远一点"。所以，现实生活中，我们是一个反爱、无爱的状态，在话语里体现爱的主题，但是在话语之外，在我们的生活中爱在哪儿？

爱的本体论　　005

更进一步，如果爱是人类主义最核心的元素，那我们还是不是人类呢？我很喜欢哲学家斯拉沃热·齐泽克（Slavoj Žižek）用的一个词——"变态的结构"，在表面上无处不在的元素，恰恰在现实里是一个被消失的或者自我消失的元素。这是我想打开的一个思考的起点。

二、哲学与爱 Philosophy & Love

我们顺着这个思路追问：为什么有必要在哲学层面上讨论爱？在哲学层面上讨论爱有什么新意和不同？

首先，最早的时候，philosophy（哲学）本身就是一种爱，当然是对智慧的爱，哲学结构性地已经有爱的元素，它不是离爱很远的一个学科。但是在哲学漫长的历史中，它变得越来越跟爱无关了，研究的对象越来越具体以后，"爱"没有变成哲学的自我主题化的内容。尽管很多哲学家也会谈到爱，但是作为一个哲学元素来讲并不多。

现当代，恰恰有哲学家不只把"爱"作为动词，以"爱智慧"的方式谈"爱"，而是把智慧放一边，把爱放到舞台中央。巴迪欧、齐泽克有很多哲学贡献，我今天聊他们的一个重要贡献，尤其是巴迪欧把"爱"作为哲学的核心元素放到了哲学舞台的中央。

我年轻的时候有一种流行歌叫作《什么是爱》(*What is Love*)，是一首舞曲。巴迪欧在上世纪90年代写了一篇文章，是一篇很难懂的文章，也是巴迪欧特有的风格，题目就叫《什么是爱》(Qu'est-ce que l'amour?)，文章里大量运用了数学。

为什么这样一个题目、一个追问会成为哲学家自我关心的一个题目呢？为什么如此简单的"What is love"恰恰变成一个问题，而不是似乎解决所有问题的答案？今天爱成为解决问题的答案：家庭有矛盾，国家有矛盾，各个族群看不对眼，但人们要学会爱啊！从爱邻人开始，爱不同的族群，甚至爱不同的性别认同者，爱不同的少数身份者……在国际层面上，更要学会爱。最后，爱似乎变成一个解决各种问题的答案。但是我们真的知道答案吗？其实这个答案不是个答案，它是一个问题。我们以为的"答案"是刚刚我所说的，这三百年来人类主义背景下，预设成了一个似乎是我们缺少的、彼此都知道你在说什么的答案。智慧不够用爱来填补，解决不了问题加点儿佐料吧，人间多点儿爱就没有什么问题了。实际上并非如此。所以我个人重新回过来看，这些局限应该被打开——我们是不是知道爱？在这点上，齐泽克有一个很重要的论点。前面谈到过，今天有一个很重要的关于爱的话语就叫作"慈善""公益"。这是一个表达爱的最好渠道。

齐泽克有一个很精彩的论点，他说，你真的知道爱吗？不是的。你以为你在做慈善，你以为你在表达爱，这些人恰恰被他称作"fake love"，他们根本就不懂爱，他们所给的是"假爱"。为什么是假爱呢？齐泽克的分析就是，恰恰用所谓慈善的方式，从口袋里拿出一点点钱，不管是给非洲儿童，还是给什么其他地方的。你以为给他们，或者做的更多一点——监视整个流程，好像钱真的捐过去了，已经做得很多了，很欣慰。他说这恰恰不是爱，为什么？因为当你掏出这点儿钱捐的时候，你的所作所为使得这个黑人儿童或者难民永固化，变成我们不再需要去解决的一个问题。

为什么社会结构下产生出这样的受难者？就像现今虽然食物非常丰裕，但是竟然有那么多非洲的儿童营养不良吃不上饭，没有人追问结构性的问题，没有人追问国际政治的某种奇怪的设定。这种情况下使得他们就是有食物但运不到，就是有东西却吃不到，但当这个追问忽然消失，而通过另外一种方式，他们拿到了一两个面包，他们就要感恩戴德！所以说在这样一个时代里面，在我们看到一个巨大的失衡、巨大的憎恨、巨大的变态的一个结构里面要谈爱，即使你的初心非常好，即使你的良心非常好，非常愿意把你收入的百分之多少拿出来，拿出百分之几已经很了不起了，但是这个"了不起"，在这个自我感觉良好背后的"爱"是一个什么样的存在？

我们今天如果真的这么分析，这份爱非常肤浅，而这份爱恰恰是导致被爱的对象永远处于那种糟糕、无可摆脱的受难中。用福柯的一句话，"他永远处于自我的有罪化。"我这样的状态连累你：你不断把你的钱打给我，还要你自己在你的生活中时时刻刻关注跟你没有关系的人，我是一个累赘，是社会的累赘……福柯的分析非常有意思，在社会中，似乎大家拿出点儿爱就可以解决问题的方式。不是的，恰恰是拿到施舍的那一方永远自我罪化、自我道德的污浊化，成为一个社会累赘的边缘群体，而我们要追问的恰恰是，这些边缘群体是如何出现？所以，What is Love 这个问题可以从两性层面提出来，也可以从社会层面提出来。

今天在哲学层面上对"爱"的重新主题化，恰恰是要打破旧有人类主义的自我满足感。谈论爱是一种自我满足：我多有爱，我会爱人、爱自己身边的人，老吾老以及人之老。但是这份给予要做到怎样的程度才能担起爱的名义呢？我们恰恰做得太少了。

我身边有一些在做公益的朋友，他们关注的那些心智障碍群体，那些表述都不健全、一般人爱不上去的人。这就是福柯主义式的去爱、去关护。所以，其实真正值得去追问自己的是，一个行为里面,你的爱的成分到底是多少?这些要变成问题,要自我不断地去施加追问,而不是自我满足感的提供。这是我个人觉得非常重要的学习哲学的姿态,也是哲学对待爱的姿态。

回到漫长的哲学史,我想挑出一个人物——他尤其与巴迪欧、齐泽克高度相关——就是黑格尔。很多人觉得黑格尔很难读懂,但是我觉得其实真正读进去,就知道他是怎样的一个哲人。

黑格尔说:

在爱中的第一个时刻就是,我不再希冀成为一个独立的、自足的人。如果那样,我会感到缺乏和不完整。

第二个时刻就是,我在另一个人之中找到我自己,在那个人身上我获得了确认。那个人随即在我身上也获得了确认。

若要去理解一个哲人、要抵达黑格尔、抵达作为一个"我在另一个人之中找到我自己"的人,这段话足矣!黑格尔对爱的阐述不是说爱都在你的生命里,在宇宙中心不断奔涌;而是在接触爱的时刻,看到的不是你的自我的呈现,而是自我缺乏、自我缺失、自我的不完整,这时才知道原来你遭遇了爱。

碰到了爱,不是自我感觉成为人类,成为一个很了不起的人,而是自我感觉我不再是一个完整的人!这种缺乏感、无力感、坠落感,英文里面叫作"fall in love",这种 fall in love 才是黑格尔所说的第一个时刻——你碰到了爱。这之前你没有碰到爱,根本没追问过,没提出 What is Love 的问题。你谈爱也是非常奢侈的一件事。真正碰到的时候是一种惶恐、一种缺乏,而不是拥有,是一种不再自足;虽然手脚都在,但有一个东西没有了。第二个时刻,再去爱中咀嚼，原来你内部所缺失的东西，恰恰在你的外部，在另外一个人身上。

我们两性之间的爱，就是在另外一个人的身上找到了属于你的那个东西。在他身上你确认到了关于你自己的一个确认；而另外一个人也通过这个过程得到了确认。

难怪当年年轻的巴迪欧专门研究黑格尔，而齐泽克到今天仍然声称是一个"黑格尔主义者"，他们都在爱的层面跟黑格尔发生关联。黑格尔的爱不是一个人类主义的爱，而是对人类主义的反省。不是我们成为一个人的缺失者，而是每一个缺失者都在外部去不断得到、寻找、遭遇这块最重要的东西。这是黑格尔对爱的一个非常哲学化的论述。这个论述也打开了我们当代对"爱"的重新讨论。今天我们仍把黑格尔作为德国理念主义者（唯心主义者）代表人物，把他放置在整个现代性序列里。在我看来，黑格尔绝对不是一个人类主义序列里的哲学家。相反，用今天的词，他绝对是一个"后人类"的哲学家，他从来不是在自我个体主义、确认个体、确认原子层面上作为一个 ego，作为一个 self-entity 的层面上确认自己的一个人类主义者，他恰恰是把一个人拆开来的后人类主义者。这在他论爱的叙述里非常清楚。

三、认识论转向（回）到本体论转向

今天，我们沿着黑格尔的足迹讨论"爱"，我称之为从一个认识论转向回到本体论转向。

只要对哲学或哲学史有一个基本轮廓的了解，我们就知道，在哲学转向里边有一个最根本的转向是认识论转向。从德国理念主的康德开始，我们开始不再提本体论问题，开始转到提认识论的问题，我们只转到我们能够知道什么，这是一个很重要的转向。而在今天，尤其是在最近的三四十年，欧陆思想里存在一个我称之为"本体论转向"的趋势。

这个"本体论"不是简单回到古典思想的形而上学的本体论，直接把真理抛出来，把所有的知识整体端到你面前，告诉你什么是自然的正确，什么是自然的秩序，什么是自然法，什么是天道，一口气把所有的东西都拿出来。今天的本体论恰恰是从认识论转向之后开始，正是因为人类的认识论充满着各种各样的界限，正是因为我们无法抵达事物真正的内核，所以我们转过来，不再讨论"我"，通过我的有限的体验方式确定我能知道的现象边界。这种有限性边界，康德称作"先验"。

本体论转向告诉你，其实你以为知道的东西都是存在着不确定性的，都是存在着各种各样的"黑洞"，这个词其实就是来自物理学的黑洞。2020年诺贝尔学物理学奖就是授予了黑洞的研究者。这个黑洞的核心，就是你无法抵达的奇点。Singularity既是一个物理学概念，也是巴迪欧和齐泽克等学者的一个核心哲学概念。这些词语都是本体论的词语，而不是认识论的词语。

我们知道，关于奇点根本无法形成认知，所有已有的知识到这里尽皆停步。如果你对物理学有所了解，宇宙中有一个叫"事件视界"的看不见的边缘，再往里边就没有回头路，只有一路被拉向黑洞的最核心。也就是那个密度无限大体积无限小的奇点，在奇点处一切知识全部停下来。这种本体论的阐述，恰恰是一种反阐述，是一种反话语。因为我们是以一种否定性的方式来进行讨论。黑洞是一个否定性的词语，是完全黑暗的，奇点更加是无法用任何话语和法则来描述。

所以，本体论的转向意味着重新在面对各种各样事物的时候，我们将面对一种如量子力学般的不确知。我们不知道为什么是这样，但是我们带着这种未知，带着这种黑洞，带着这种不确定性来讨论问题，这叫作"本体论转向"。所以这个本体论不是一种确定性的本体论，而是它的反面，或者可以叫作"否定性的本体论"。而"爱"在当代哲学家那里恰恰是"否定性本体论"的爱，而不是一个肯定性的、人类主义的价值。

四、作为事件的爱 fall in love

回到"事件"（event）这个词，它既是物理学的词，又是巴迪欧核心的词，至少在巴迪欧以后，已经成为当代本体论的一个关键概念。对于巴迪欧，爱首先是一个事件。巴迪欧非常强调的"fall in love"的 fall，爱不是准备好去做一件事情——我准备好去爱了，你们等着我，我拿"爱"解决问题；政治家说我有爱，我要解决问题，或是男生女生到岁数准备爱一个人，准备结婚了。实际上不是这样的。

"爱"是措手不及，就跟黑格尔所讲的类似，爱是一种惶恐、是一种坠落、是一种淹没，被各种各样的东西淹得透不过气来，这种非己的力量，遭遇到一种特殊状况，重新改写整个生命的状况，一种不知道哪里来的力量，把原先生活的序列打乱的力量，这个"力量"才是我们去体会"爱"的一个入口。

我不知道今天的年轻人怎样，我们这一代在谈论爱的时候，包括文学作品、艺术表现里恰恰带有一种惊惶感，一种措手不及、心脏乱跳的感觉，一种没有办法提前做好准备的突发事件，而今天爱变成了一种非常理性的、可以一步一步计划的东西。今天的算法时代甚至可以算到怎么"速配"，这是一种完全程序化、算法化的"爱"。对于巴迪欧，爱恰恰是打破一切，打破之前生命所有程序的一个力量，这个"力量"叫作"event"。当像巴迪欧这样，把爱作为一个事件，或者是生活之中事件突然发生，你就不会对相亲趋之若鹜，或者拿个社交软件"摇一摇"，摇到一个对象。我们这个算法时代，爱不再有任何的意义可言。对于巴迪欧，爱的入口就是event，就是一种 fall。Event 是怎样的力量？我很喜欢刘若英的一首歌——《原来你也在这里》。"原来你也在这里"这句话其实本身是一种重新寻找到最后的一种力量的呈现。Event 如果放在本体论的层面上，其实是一种力量叫 enframing force，即重新架构。

Enframing 是海德格尔的一个术语，有时候翻译成"座架"，重新来组织、构架的一种力量。当一个人说"原来你也在这里"，这就是重新把以前生活里无从找到一个连通贯穿的力量碎片化；或者是在无意义的日常生活中，在突然打破你生活的一个事件前，你重新获得了一个理解、一个认识。

所以事件有这样的力量，在哲学意义上的爱也是这样的力量，这个力量是打破既有。就比如每天赚钱很开心，觉得很有意义。却突然发现意义被重新组织了，原先觉得很有意义的事，比如每天看着股市，现在忽然发现没有什么意义，这才是巴迪欧意义上的"事件"。对你的生活来说，事件以前就是黑洞、一个盲点、一个不知道的元素，但是似乎它一旦出现后，就一直在这里，似乎你的生活重新围绕它被组织起来，才可能获得一个生命性的打开。

五、爱的宣言

巴迪欧也会用一个词:"宣言"。他认为爱、政治、科学和艺术是通往真理的程序。爱跟政治有一个共同点,都是用一种宣言的方式。在生活中不是每个东西要用宣言的方式来表达,但是爱指向一种宣言,我们说"I do"就是一种宣言。一个宣言式的力量,对于真正通向真理的程序通道而言,是一个必不可少的元素。今天这个世界话语太廉价了,甚至连爱的话语也太廉价了。我们都参加过很多次婚礼,看过无数政客的庄重宣誓等等。今天话语泛滥的同时,我们要有一种真正的力量,不是为了投入到各种喧嚣的话语里去确认什么东西,而是反过来看哪些是压上整个生命的宣言。

在我们的生活中,在真正政治的场景里,你能看到这种宣言,而在爱的场景里,你也能看到这样一种穿破一切话语的话语,那就是"宣言"。我个人觉得巴迪欧的表述很好,在爱跟政治的共同性上找到"宣言"。

六、"二"的真理

爱和政治有一个相关性。简单层面中,爱是两性之间的爱,爱是建立一个关于两个人的共同体,所以巴迪欧说爱是最小的共产主义。不要小看两个人,如果能够有能力在一个叫作"二"的场景中打开你的生命,这就完全打破个体主义。我们对人类主义所有的理解,都是以个体主义现代性为背景,是原子的个体的自我确认。我是一个完美的存在,而"爱"和政治一样,爱是打开"二"的序列。突然之间,"个体"如黑格尔所说,只是虚假的、幻想式的、自我的满足感、完整感，而爱把你重新打开，忽然发现你在另外一个人身上、在"二"的场景里才有可能找到"真理"。

从爱继续往前走，爱如果是关于"二"的共同体，政治恰恰是要找到是一个"多"的共同体，是一个由无数个人组成的共同体，其难度更大。族群之间互相撕扯、互相憎恨、互相不理解、互相造墙。在今天的全球共同体里面，小到这边气温炎热、冰川融化，那边海平面上升，大到局部地区的紧张就把整个世界全部卷进去，哲学家恰恰是在面对这么一个极度困难的问题时来呼唤我们的某种力量。虽然很少，但是我们还能够在两性关系中找到一个爱，还是有人非常不容易地建立起一个最小的共产主义。对巴迪欧来说，"多"的序列一样能打开。我们还是有信心，能在一个看似不可能的情境下打造一个不可能的共同体，"爱"是一个关于二的真理。

巴迪欧很有意思，他把"二"作为一个关键词，在巴迪欧的哲学术语里"二"是特别美好的一个数字，它意味着对"一"的打破，把现代性以来的自我的认肯全部打成碎片，重新组织。从个人主义角度来看，今天我爱你，后天我可以爱另外一个人。"二"绝对不是这回事情，"二"就是对个人主义的拒绝，是我跟你在一起重新组织我们的真理。我的眼睛不再看到我看到的东西，而是看到从"二"出发看到的东西，这才能看到真理。从精神分析上讲，人开始就是很自恋的生物。自恋式的话语根本不重要，跟真理一点关系都没有。而真理恰恰是对一个人看到的东西全部打破，只有把你的视角从"一"转换成"二"，而不是我的眼里看到你，我的眼里只有你，相反是从我们两个人的眼睛出发能看到什么东西，这才能看到一个不一样的世界，这个世界里才有真理可言。

再往前推，是不是能从更多的眼睛里一起看到一个真理？这才是政治值得去做的事情。这个层面上，巴迪欧把爱跟政治、艺术、科学放到一个层面上，在不同的通道上通向真理。真理肯定是打破一个人的边界。在一个人眼睛里，无法复制的实验根本不是科学，所以科学的通道必须打破自我单一视角，那么"二"的真理是爱在本体论层面的转换。

七、如何在时间中激活爱？

如何在时间中激活爱？巴迪欧说：爱如果只是关于事件，还不够抓到爱。罗兰·巴特批判爱，"爱是不可靠的东西，是虚耗的东西。"如果只是在事件里面，爱只是昙花一现，并没有力量。而在事件背后，其实是另外一个词——"时间"。在时间中才可能谈论一件事情。

今天的政治也一样，在事件中打开政治，是很容易的。但如何在时间中而非在事件中打开政治，却是很难的。在时间中，才需要巴迪欧本人很执着的一个词："忠诚"。忠诚是爱情中很重要的词语，没有忠诚，爱情是很可怕的。今天很多年轻人认为爱不要讲忠诚，随机组合，要打破旧有的两性关系。可能巴迪欧在这个意义上太老套了，他认为没有忠诚不能做任何事情。

什么叫忠诚？忠诚是对一个事件的忠诚。政治也一样，事件打开的东西，虽有迸发力，但如果不通过忠诚的方式在时间的绵延中去驰骋，便一点意义都没有，只是一次火光的迸发。这种火光的迸发在整个文明中、整个宇宙中不值一提，只有在时间的绵延中，意义才能被创造。

对于"LOVE"，I Love you 永远跟时间相关，真正的宣言也恰恰意味着当你说出这句话的时候,当岁月尽头的时候,这句话仍然在,这才是真正本体论的意义。各位朋友,读一下巴迪欧的小册子《爱的多重奏》(*Éloge de l'amour*),他所强调的就是在时间中重新对爱这样一个无法捕捉到的元素,用生命的方式把它捕捉到的一种力量,即一种本体论的力量。

八、后人类与机器人

再进一步推进到后人类视野里,巴迪欧对爱的讨论是后人类主义的讨论,不是人类主义的确认,而是对人类主义价值系统进行一种事件化的打开。再把这个话题往前推。2019年奈飞出品的系列科幻短片集《爱、死亡与机器人》(*Love, Death & Robots*),直接把爱、死亡跟机器人放到一个层面上,同时加以讨论。我在2019年也写了一本书《爱、死亡与后人类》,我觉得后人类比机器人这个词更好。因为后人类可以涵盖机器人,但是机器人不一定能够涵盖后人类。后人类是一种打开式的,我们恰恰要追问这个时代,如果走出人类主义的地平线之后,我们能看到什么?我们能看到爱,能看到死亡,能看到后人类。

这个"死亡",是一个旧有的人类主义话语的死亡。福柯曾说过:"人终将被抹去,如同大海边沙地上的一张脸。"所以"死亡"这个话题,在后人类话语的水平面上浮现出来,这是今天值得围绕爱去思考的一个后人类的主题。

九、AI 与爱

刚刚讲爱的多重奏，其实 AI 在中文的拼音也可以发音为爱，爱的多重奏其实也可以是 AI 的多重奏，AI 已经在地平线上呈现了，这种后人类的图景已经不再是一个遥远的、只能通过文艺作品加以虚构的一个主题，而是早就看到在我们生命直接能够抵达的、能够捕捉到的主题。爱的多重奏和 AI 的多重奏放在一块，能够激发怎样的思考？2011 年的电影《普罗米修斯》(*Prometheus*)，导演是雷德利·斯科特，他 1979 年曾经拍过《异形》(*Alien*，1979)，几十年后重新把《异形》话题拿起来推出了《普罗米修斯》以及《异形：契约》(*Alien: Covenant*，2017)。这些作品放到一块，实际上我们能看到的是导演本人在推陈出新。《普罗米修斯》不但只是讲异形，更是在讲"人工智能"。真正可怕的不是电影里面时时刻刻出现的未知元素，不是突然冲出来的异形，而最后的反派大 BOSS，即那个像工具般在帮助你的人工智能，Ta 才是布置一切的幕后力量。这个电影很有意思的是把 AI 跟爱放在一块，人工智能能做到一切，一切都可以计算出来，但是有一个东西算不出来，这个东西就像我们本体论里面一个黑洞式的存在，用人工智能的方式无法抵达的一个存在，所以"爱"在后人类世界里面恰恰变得越来越关键！

人类主义在智慧、智能层面上已经处于边缘化，但反过来恰恰能看到有一些界限性的力量，"爱"是一个界限性的力量，尤其是在人工智能的时代里。在我们这个时代，真的可以去追问一下智能。我们以为很了不起的理性经济人，在 AI 面前不堪一击。我们以前很相信股评师，现在真的还需要他们吗？还是更好的方式——AI 的方式？Ta 也不能给你绝对答案，但是 Ta 给你百分之多少的建议，绝对比任何来自一个专家的建议好很多。所以在人类的方方面面，我们看到的是——我们在靠边站。然而我们在很少的点上还能去做出本体论的坚持，其中"爱"是一个点。在爱的点上，人工智能亦止步不前。进而，人工智能能解决政治问题吗？还是反过来，人工智能可能像马斯克当年说的导致第三次世界大战？人工智能会使我们走向最可怕的反政治、走向丛林、霍布斯讲的自然状态、前政治状态么？人工智能能做艺术吗？有些人说人工智能可以做艺术，可以弹钢琴、可以写曲子，可以画画。但是对不起，如果艺术作为一种创作、作为一种本体论上找不到力量的一个"力量的呈现"，这种定位的艺术恰恰不是人工智能可以做的。人工智能能够自发研究科学吗？巴迪欧讲的四个真理程序，人工智能都无力可施。

所以我们今天讨论哲学，不是在人类主义话语里面讨论哲学，而是走到人类主义外面，走到后人类主义里面。因为我们所熟悉的那些方面都可以靠边站，人工智能做得更好，我们的话语是苍白无力的，我们自我吹嘘的很厉害，但真的上去就会败下阵来。我们发现在某些点上，仍然存在某种需要；比方说需要政治哲学，因为人工智能解决不了政治问题；我们需要爱，因为人工智能可以速配你们，大数据很符合，但是真的在一起你们能够创造出"二"的真理吗？对不起，这是需要另外一种哲学式的思考，才能够帮你往前走。

在艺术领域，靠大数据的方式，永远出不来毕加索，永远出不来真正的艺术家，因为以前所有的油画都是用写实的方式。本雅明说：在复制时代，艺术不需要了。因为复制时代导致所有的试图接近现实的那些作品不再有效。但是，真正的开创式的艺术呢？如何走出一个前面所有数据所没有的作品的时代呢？它不是人类的力量，它是后人类的力量；它不是理性的力量，它不是算法的力量，它不是数据的力量，它是在本体论上意义的存在。今天找不到爱在哪里——大脑全部打开，看到的是所有的化学电信号。同样的，我们面对这个陌生的本体论，比如今天解决科学需要依靠大型对撞机、粒子对撞机，靠随机的方式而不是人类规划。反过来，真的突破靠这种 AI、机械很难，还是需要一些力量，这个力量似乎在人身上又似乎不在人身上，Ta 跟人有关又冲出人类主义的话语，我们只能把 Ta 加一个"post"，Ta 仍然跟人有关，但是"posthuman"。在巴迪欧所说的四个通向真理的序列里面——"爱"、"政治"、"科学"、"艺术"，我们或许可以抓到未来不一样的曙光。

最后我用一个经典哲学家布莱士·帕斯卡（Blaise Pascal，1623—1662）的一句话作一个结论，这是他的原话"The heart as its reasons that reason knows nothing of"。我翻译成：心有其理，理性对其一无所知。我们以为的启蒙以来的理性对这个 heart——这个 heart 不是在解剖学意义上的 heart（心脏），而是一个本体论层面上的黑洞式的、我们都不知道在哪里的力量——我们人类也变成一个虚假的存在，变成话语层面的一个虚假的存在。至少繁体字里面，"愛"曾经是有一个——心。今天爱的话语里面"心"都被挖掉了。哪里有帕斯卡讲的理性对其一无所知的这颗心呢？所以今天的本体论不是全知，不是我们所知道的知识，而是一无所知，让这些"一无所知的力量"打开我们不一样的未来！

对话

梅剑华： 非常感谢冠军老师的分享。爱与本体论都是非常重要的问题，但是我从未想到把爱和本体论结合在一起。爱是如此重要，以至于我在生活中不敢去面对它，在学术研究中也很少碰触这类话题。

哲学与爱是有内在关联的，但是我在读大学到现在二十多年的学习过程中确实没有关注过以爱为主题的哲学研究，所以今天"爱的本体论"给我打开了一个新的视角。

我是从事心智哲学研究的，关注的是另外一种本体论，可以称之为"物理的本体论"，即世界上所有的事物最终锚定在微观的物理世界上，这样一种本体论是受科学引导的，最终形而上的图景是世界里面没有人，而只有微观的东西存在。这样的物理主义本体论跟当代的人工智能有联系，会出现你所说的"本体论的黑洞"，用科学的手段研究发展出人工智能，不太会产生出那种有爱的机器人，这样会造成一个很根本的缺憾。

另外，我也注意到在中国传统中，儒家主张"仁爱"，至孟子时形成了一个更明确的爱人观——"爱有差等"，墨子秉持"兼爱"的观念，一直到当代李泽厚先生讲"情本体"，他也关注到"情"作为本体论，但他的意思近似于取消形而上，他想表达"情"非常重要，它是我们生命的意义，这并非传统的本体论。在这个意义上，李泽厚先生的"情本体论"和巴迪欧的"爱的本体论"有一种内在呼应。

我主要关注的是英美本体论而非爱的本体论，以前对巴迪欧以及法国哲学也知之甚少，所以今天主持讲座对我是个挑战。

接下来的时间进入讨论环节,欢迎艺术理论家、独立策展人藏策和清华大学哲学系在读博士黄竞欧。

藏策: 吴老师的分享非常精彩。因为艺术界对巴迪欧比较陌生,所以我非常期待这场哲学讲座,在听的过程中我得到了两点启发。

第一点关于"二"。首先,服务器艺术就与这个问题有关,因为艺术本身解决不了艺术的问题,所以服务器艺术从成立那天起就是要与科学、哲学进行更广义的爱的联结,这一切生成了一种新的走向真理的途径。在这个意义上,整个服务器艺术基金会就是一个爱的家园,就是在生成一种关于"二"的走向真理的路径。

第二点是吴老师说的"事件"不是一种规定性的,而是偶然性、突发性、遭遇性的。作为一个事件,爱要在时间的绵延中继续前行。这里有个问题:事件不是单一性的事件,而是在时间的绵延中,事件会不断地发生。新的事件如何可以保持一种"爱"?因为爱有各种各样的生成,它是一种向量性的生成。

比如爱有可能会产生恨,有可能会怨,有可能产生负面的情绪,它有多种可能。就像大家非常熟悉的一篇小说,鲁迅的《伤逝》,爱过之后又发生了一系列的事件,使爱在时间的绵延中走向了一个不同的道路。所以我的问题是,我们如何理解,在事件之后的"爱"能够走向真理而不是相反的方向,这是我刚才想到的第一个问题。

吴冠军: 当今全球资本主义中的种种资本流动、基金会运行等,它们都遵循一条非常富有逻辑的、理性的线索,而"爱"恰恰可以破除它们。由"爱"创造的共同体结构完全在全球资本主义逻辑之外，是真正以艺术、科学、哲学、爱为真理序列的方式组织起来的，这其实很难做到。

从最原初爱着的两个人自发的、各自的情怀性质的结合，到一个多人的、组织共同体的形式，我们今天仍然在探索。虽然如巴迪欧所说，这非常难、非常少，但是它带来希望。在历史中，在我们的身边，都能看到非常具体的"爱"的事件。既然有这些事件，我们就有可能将这些事件做进一步展开，去形成更有力量的共同体。我很认同藏老师的第一个评论，即我们要把这个小的共同体作为一个爱、艺术、哲学和科学的实验场和共同体。

第二个评论也很有价值，这不是针对我前面的一个讨论，而是针对巴迪欧哲学里非常关键的一点——"事件"和"在时间中"是如何形成的，它们是一个连贯的还是一个彼此有冲突的结构？"在时间中"再一次发生的事件性的打开，又如何走向的是真理，而不是非真理或者是伪真理？

我代巴迪欧作一个回应。巴迪欧对很多概念进行了一种全新的运用，这也是欧陆哲学家的特点。梅老师刚才讲得很好，在英美哲学传统和欧陆哲学传统中存在一个分野，这个分野引起了较多的争议，即欧陆哲学家对概念的使用会有变化，而这对于英美哲学而言是一件很麻烦的事，因为如果概念与语义一直在变，就没法展开一个准确的对话。

巴迪欧虽然也使用"真理"这个概念，但是对"真理"的运用与此前哲学家所谈的"真理"完全不同。我自己虽然研究欧陆哲学，但在这一点上倾向于站在英美哲学家的立场上批评欧陆哲学家，因为后者对概念的使用有时缺乏明晰性，有时在玩弄一些模糊性，齐泽克也是如此。欧陆哲学家在重复一个词汇时，每每都会对其内在语义做出一定改变，拒绝用一种非常清晰的方式界定自己的概念，这使得他人很难准确把握其内涵。

我们在传统意义上判断"这是一个真理 / this is truth"，它的反面必然是一种错误的、虚假的对象。而巴迪欧的"真理"是没有客观指涉的，它可以不断地经由事件去创造，他认为两个人也是在事件中，并非一次性就结束了。巴迪欧恰恰鼓励每一次不断地打开，而这个"打开"所抵达的同样是真理，这个"真理"不是一元的。他的本体论是多元性的本体论，或者是"关于多元性的多元性"，这不同于我们所理解的多元性仅是一种多元性，就其实质而言，多元性是多元的多元性，真理永远是打开的。

如果仍然将"爱"作为一个讨论的范畴，两个人恰恰是在一个"二"的语境中不断地创造共同的真理。关于这个真理，在巴迪欧的《爱的多重奏》中有一个很有意思的例子：孩子的降生，这就是一个事件。孩子会带来一个全新的创造，这个创造会促使二人重新组织观看世界的方式，这是一个创造性的组织，需要去面对各种各样事件的发生，去面对各种各样的挑战。又比如再有一个孩子降生，二胎是一胎的重复还是一种全新的不同？这种共同体的扩大会带来两个孩子之间的相处，这种相处不只是多了一个数字而已，而以前似乎养孩子都是做一个简单的加法，是可重复的状态。

因此，对巴迪欧而言，每一次都是一种事件性的打开，恰恰这个时间不是对事件的关闭，而是对事件不断地支撑，呼唤，甚至期待。所以巴迪欧所说的"宣言"和"忠诚"是在每一次事件之中，不会是事件打开以后又马上恢复到日常的状态。而我们往往在看到一个孩子降生时感动、欢欣，不久后又恢复到日常生活状态，进入到以往的序列中，此时这个事件就消失了。

巴迪欧强调的是不断地咀嚼对事件的忠诚,遭遇到爱、重新组织以后,不是过一段时间又恢复日常,导致爱的消失,或是碰到另外一个人又开始乱爱的状态;而是在有一种"宣言"、"忠诚"的状态以后,不断地让这股力量贯穿在我们的生命中。因此对巴迪欧而言,"日常状态"跟"事件性状态"的区分被打破了,事件在时间中是不断地存在的,事件才是常态。

另外一个思想家阿甘本也表达了类似观点,他认为在时间中处处充满了弥赛亚时间。在这个意义上,日常就是例外,例外就是日常,日常跟例外进入了一个无可区分的状态。

我的理解是,他们对时间的认识不是我们现代性意义下的线性时间。在线性的时间里,我们不断地重复,明天的后面永远有一个明天。在他们看来,每一个明天都是一个重新打开的口,就像本雅明这句非常美妙的话:"每一秒时间都是弥赛亚进来的入口。"

因此,每一个瞬间都可以有一个事件打开,就如艺术家在每个时刻都可以期待一个新的创作,甚至于他的每个行为都是一次创作。在这种充满激烈感、张力感的状态下没有日常,他尝试将自己的每一刻都当作艺术创作。这是很难的,就如同爱也是非常难的。但是这些哲学家始终期待去冲破那种将日常、线性的时间概念组织起来的可怕装置。用什么冲破呢?用事件去冲破!用爱去冲破!用艺术去冲破它!否则我们不可能脱离现代性的掌控,只有借助一种在我们身体里面但又不属于我们的、非人类的、后人类的力量来作出一种突破。

哲学家有时也会借用一些神学话语,他们称之为"神性的创造(divinity creation)",正如艺术家有时也会说,这不是我在创作,而是某种力量通过我的画笔在说话。就像有的人在爱情中能够写出很多很美妙的诗,他是作者,但其实"爱"这种非人的力量更是一个作者。在这些思想家对"主体"的讨论中,主体不一定是人,真理不一定是客观的,时间不是线性的。

这也解释了为什么他们的书会写得很厚,会有很多二手、三手的书出现,因为每个概念都在变。比如巴迪欧在专门写了一本关于真理论的著作后,为什么他的讨论前后不一致,在哪些地方又有所不同?第一手的作家写完自己的内容后,一些英美的二流思想家就写一些二手的著作,试图把一流思想家的思想明晰化。

梅剑华:我想接着请问两个问题。你谈到主体,谈到爱是一个事件。这一点特别引起我的兴趣。维特根斯坦会讲世界到底是事实的总和还是事件?我们有争论,到底世界的总和是由事实构成还是由事件构成?

我想问一个相关的问题,这种爱在最基本的意义上,到底是主动的还是被动的,是一个过程还是一个关系?如果把"爱"定义为事件,它跟其他事件的关键性区别在哪里?

吴冠军:第一个问题非常好,我觉得维特根斯坦在此展现出了其思想的重要性,因为他对很多当代欧陆思想家来说是一个解读器。对维特根斯坦而言,说不清楚之物不妨保持沉默。当代以巴迪欧、齐泽克为代表的这些思想家,他们的言说诚然需要进行一些概念明晰化、去模糊化的工作。

运用梅老师提到的这一组"主动—被动"的界定,虽然巴迪欧本人不会使用"主动"或者"被动"这样的表述,但我认为他的"爱"肯定是被动的,所以才会是一种遭遇、碰到的状态,而非主动去爱的、去设计的状态。这是一个事件性的打开，所以巴迪欧会提出一个事件性的地点（eventual site）的概念，即到了一个事件性的地点上才可能发生事情，而不都是自己主动去做。绝非好像爱在你身体里面，然后拿出来去爱别人，而是"爱"碰到一个事件，然后被事件所打开。

巴迪欧的讨论也符合我们对爱的体验，我们有两种体验：一种是理性主义的爱情观，这种观点认为爱都是可以去计算、可以去准备的。比如 28 岁就要结婚了，这似乎是可以放到一个日程表里做的事情。另一种也是今天我们比较熟悉的爱，就是一种"fall in love / 陷入爱河"，被动的爱没法准备。你可能以为只是去参加一个讲座，结果碰到一个人就爱得死去活来。那就是改写你生命的一种事件，你无法预知结果是好是坏，甚至有时它会带来一些灾难性或者你不期待的结果。这种事件并非可以去策划、去计算的，你是被动的，是被冲破已有的状态。

第二个问题也非常好，这样的"事件"与日常生活中其他的事件、作为爱的事件有什么区别呢？我认为有两种区别：

一种区别是我们可以从因果关系中挣脱出来。就如前两天在我家门口的马路边，面对一辆车驶来时，我如果走得稍快些就会发生车祸。这样一个甚至会导致生命死亡的事件，其实完全是在一个因果链条和概率学里面。只要出门，就有亿分之一的机会被车撞、摔一跤或者出什么事情。但是巴迪欧所说的"事件"不在既有的因果链条中，个体碰到"爱"这样一个事件的背后没有因果链条，并非之前没有准备出门或者是做了什么事情的"因"从而导致这个"果"出来，这个"果"不由前面的"因"所确定。因此他的"事件"是一个断裂，是原先因果序列的断裂。

生活中很多事情只有"果"（effect），但是找不到"因"。有时在一些爱情话语里说，这是前世种下的"因"，用缘分来形容，但其实这些词语都是我们在无法确定"因"时才用的一些语言，因为我们说不清楚、想不明白。这不是我们去相亲，不是托哪个人帮我介绍，我什么都没干，我甚至没有期待要找这份东西，但是我遇到了这个人，这不是我主体的行为，所以它只有"果"没有"因"。在这个意义上，这个事件就是另外一种事件。因此，巴迪欧对"事件"的描述有一个很独特的界定，它不是日常生活中序列里推导出来的事情。

梅剑华：非常感谢，讲得非常清晰，解答了我的两个困惑。我们下面请竞欧老师来评论并提问。

黄竞欧：老师们好，我是一名学生，特别感谢服务器艺术基金会的邀请，让我有这个机会请教。在收到主题后，我又重新阅读了一下巴迪欧的《爱的多重奏》。这个文本中，"爱"几乎等同于爱情，而不是指其他种类的爱。

首先这与爱情话题本身有关。如果从上初中时候的早恋开始算起，可能每个成年人基本上都自认为经历过爱情，当然如果用巴迪欧的方式来定义爱情，大部分不见得能算是爱情。

一位八十多岁的法国老爷爷（指巴迪欧）一本正经地在这本书里跟我们说："你看看我，我的情感生活从1968年就定型了。"那时巴迪欧三十几岁。至今，在他五十多年的婚姻生涯里一直秉承着爱的信条，保持着绝对的忠诚，甚至在71岁接受采访时还特意坚持说自己依然没有忘记性欲的力量。虽然采访中他也列举了很多其他喜获爱情的人的例子，连《罗密欧与朱丽叶》的例子都被光荣地请了出来，但至少对于我来说，这样的表述多少有点儿凡尔赛的嫌疑。我想这也是为什么每次听完冠军老师的演讲，在跟身边90后、00后的朋友聊起时，我们一个共同的感觉就是相对于巴迪欧而言，冠军老师的表述方式更容易切进我们的生命体验，强化我们对于爱情的信念感或者是用冠军老师的话来说，更能触动我们。这件事，虽然巴迪欧在《爱的多重奏》中也反复试图去做，但是我有一个理解上的困惑想请教冠军老师。

巴迪欧说："爱是一种永恒的宣言，应该在时间之中实现或者是展开。"这里的"时间"是否有边界？或者说巴迪欧特意强调"爱不只是相遇，因为那个只是爱的胜利并不是爱。爱是一种要克服种种困难、波折之后的一种所谓的坚持到底的冒险"。如果我们按照巴迪欧所说的，不断地用我的忠诚使得偶然过渡为一种命运，这里的"坚持到底"是否等同于坚持到我生命的终点？如果不是的话，在何种程度上我的这种不断地对偶然性持续的克服可以被认为是忠诚于爱的表现？

我们也经常会听到身边的人说两个字——爱过。老师觉得像这种"爱过"但又没有达到所谓的"坚持去爱"，在巴迪欧的意义上算不算真正的爱？

基于我对巴迪欧"事件哲学"视角的理解，我还想向冠军老师请教第二个问题。在巴迪欧这里，为什么作为构成真理程序之一的"爱"的概念，似乎没有真的那么打动我？这个可能与我最开始接触到巴迪欧的文本《存在与事件》和《世界的逻辑》有关，他在这两本书里为我们展现了他的"事件哲学"。当我们遭遇到事件，就会形成一个新的集合，一旦发生，事件就会具有某种普遍性。但是面对已经发生的事件,他告诉我们会有不同的处理态度,也就是巴迪欧所谓的"类性延展",我们可能会"类性延展"成一种忠诚主体,也就是承认事件的发生,并且遵循着事件的痕迹形成一个新的身体或者"合体",就像我现在遇到真爱,我要忠诚,我觉得这就是我的命运。

我们可能也会延展成另外一种反动主体,虽然我也承认事件的发生,但是会对它进行一种还原,就比如我现在是对他很心动,但好像与我上一次心动差不多,这就应该是我花痴,但绝对不是真爱。或者说我们还可能会类性延展成一种蒙昧主体,去彻底否认这个事件的发生,就好像说:"怎么了?我哪里有心动?我只对我的毕业论文心动好吗?"在巴迪欧的哲学里,总的主体场域是由忠诚主体带来的,一开始忠诚主体是清晰的,但同时由于反动主体和暧昧主体的出现会发生互相作用,他们会形成一种共谋从而削弱忠诚主体在场的实质或者是掩盖这种在场。

我的理解是,就算我真的遭遇到了所谓的爱情,我大概率也会因为无法分辨自己的主体身份而悲惨错过。

还有一个问题,无论哪一种主体都是一个事件发生之后的追溯,也就是说在事件发生之后,是"爱"让主体产生,将事件带来的真理延展成一种普遍,然后又是"爱"让主体成为一种忠实主体,并且充当一直忠诚于事件的一个最终的保证,这也是巴迪欧强调的"在世界上只有爱能够在思想和行动之间建立统一"。

可是在我的理解中,巴迪欧意义上的事件,包括老师谈到的阿甘本意义上的弥赛亚,似乎都带有某种政治神学的色彩。那么事件与主体之间的逻辑是否真的能够通过一种所谓的爱得到稳定持久的保证?或者说,当巴迪欧将爱,包括爱情在内的事件诉诸一种超验，因为事件本身突然降临又是断裂性的，那么这种超验是无法被规定的，我们只能等待并忠实。所以，老师觉得巴迪欧对于诸如爱情这个事件的理解是否存在对于偶然性过度追求的问题？或者是否太过浪漫主义了？

就算我相信忠贞不渝、至死方休的爱情真的存在，也相信巴迪欧本人五十多年的爱情生涯真的是纯洁无暇，但是问题在于，我凭什么相信这种爱情同样也会降临在我身上？因为毕竟他老人家说这个事件既无法预测又不能言说。这就是想提给老师的两个问题，谢谢！

吴冠军：竞欧提的问题非常有价值，非常感谢。竞欧是90后，是新一代的思想者，她的表述完全代表了90后的力量。因为你很年轻，这些问题更贴近你的生命，而且很多都是你自己在思考和困惑的问题。"爱"这个主题既是在生命中，又是一个哲学研究的对象，还是你在日常实践层面去感受、去体会的一个主题。

你刚刚在陈述的时候我也做了一些笔记。

首先回应第一点。因为巴迪欧出生于1937年，在年龄上对你而言确实是祖父辈。你谈到的问题有他们这一代学者的时代原因。激发他思考的年代跟我们现在所处的一个吃瓜时代完全不同。其实每一种思想都与时代有着密切的关系，所以当年巴迪欧提的很多问题或者他给出的很多想法，有必要在我们这个时代中进行重新检验和思考。这些问题很尖锐，包括对巴迪欧本人而言，其实也是一个比较有力量的外部冲击。比如老先生可以通过他的哲学、通过他的人生展现五十多年坚贞的忠诚。就如同他所说："我把生命中的一个偶然性变成了一个命运和必然。"

我相信这是很合理的一个质疑，今天很多听众也与你同龄甚至比你更年轻，就会产生类似的疑问：这个老爷爷的哲学是不是一种很简单的教条，就如同我们碰到爱情，用这个方式走完一辈子，就把它当作一种最美好的东西，这是不是一种保守主义的价值？还是反过来说，它能够激发别的力量，使我反思"一个很过渡、很仓促的状态"或者一个偶然性，我们有必要把这个偶然性过渡强调为一个生命中的必然，甚至用神学式的话语做包装吗？

首先，我很认可你对巴迪欧这一代思想家的思考，思想是有时代背景的。在今天这个时代，每分每秒都在发生着非常剧烈的变化，我们如何确信一个偶然性值得变成必然，变成永恒？在巴迪欧的时代里，时间没有那么快，人跟人之间的遭遇没那么复杂，因此巴迪欧认为他遭遇到一个人，就觉得这个人可以是真正的事件，也是他的一个必然，是他有信心坚持到底的一个美好。而对你们这代人来说，情况则有所不同。我们可能不断地从这个偶然性的岛跳到另一个偶然性的岛，从这个偶然性的打开遭遇另一个偶然性的打开。而任何一次偶然性的打开，当其在未固定到必然之前都会是一次冒险，这不只是思想的冒险，同时也是生命的冒险。我认为竞欧的第一个提问是一个思想者在不同时代重新检查原有命题的一种非常好的思考方式。

第二，我尝试从正面回答。我也是巴迪欧思想的研究者，同时我自己也在思考这个话题，那么我尝试在巴迪欧的线索中加上我的一些思考来回应竞欧提出的这个非常具有生命力量的问题。"爱过"是不是也可以认为是一个很值得正视的状态，或者是不是应该把"爱"变成过去时态？在巴迪欧的思想中，爱既然是通向真理的通道，值得去忠诚；那么"爱过"是不是变成了一种"反动主体"

甚至是一种"蒙昧主体",甚至可以假装看不到事件?我们之间是否需要去贴一个标签,还是去认可"爱过"也是值得正视的一个状态?

巴迪欧自己晚年提出了一个说法,他关注的是一种叫"非人类主义/后人类主义的人类主义",因此他所提的通向真理的序列(包括"爱")都不是一个人类主义的内涵,或者说这些可以跟人类主义结合,可以跟每个个体有一个结合度。比如可以和年轻人有一个生命的结合度,但是本身它是一个后人类或者是非人类的话语。而有时当你说"爱过"的假设之时,是在人类主义的主体性背后。但是,对于巴迪欧来说,"爱"不是你可以选择去爱的,或者是选择把它变成一个过去式、完成式,它不是你主体性的选择。可以说巴迪欧做了一个话语游戏,但是他提前预设好了一个话语答案用来回应你们这一代人——当你碰到事件时,你以为的"爱过"跟你的生命抵达的时刻没有事件性的打开,仍然是"前事件性"的一种生活方式。你很偶然地碰到一个人,擦肩而过,又开始进入另外一个状态迎接新的偶然性。

巴迪欧也并非认为每一个偶然性都值得抓住,而是唯有那种以事件的方式到来的偶然性,它能够打乱你的生活,你是完全能够知道的,但不是以一种知识论的方式知道,而是从生命角度知道,所以才会有蒙昧主体。明明被击中而偏离了日常生活轨迹,却出于恐惧、担心、惊乱等等又退回了以往序列,这就是蒙昧主体的"鸵鸟心态",即假装事情不存在,就像鸵鸟把头放到沙里面去,屁股露在外面,假装不知道,其实知道一切。齐泽克也批评"其实知道一切,但是假装把头塞进意识形态里面去"的做法。巴迪欧可以提前回应你的问题。真正的偶然性是以事件性的方式到来的,这才是对它忠诚的价值，是对事件的忠诚，而不是对偶然性的忠诚。对事件的忠诚是你经历过事件，其实已经沧海变桑田，一切都不再是原来的样子，看似一切都没有改变，但其实你已生活在别处，已有一个哲学力量将你的生命拉到另外一个向度里。这可以说是一个话语游戏，因为提前设定了没有别人可以知道什么是事件，而只有你自己知道，这是一个无法对话的状态。

正如我们都认为某事是偶然性，可能会劝你这个人是傻人，不要和他在一起，但是我的话不重要，因为这个事件对于我而言并非自明，是无法作为一个主体间印证的事件。因此别人说好说坏无关。只有你自己知道这是不是一个事件，只有在这个意义上才可以谈论是不是有忠诚，是不是能够让它变成一个普遍、变成一个必然、变成一个命运的价值。所以你也可以说有一种"看不见的价值预设"。比如他的共产主义就是一个价值预设，很多非左翼的学者不喜欢他，但是认可他，认可把"爱"作为一个事件，把共产主义作为一个事件。在这个意义上，背叛是非常可怕的，明明有力量创造一份美好，最后却处于慌乱的状态。所谓的保守主义就是你面对一个全新情境时的不断后退。

回到爱，回到两个人的日常状态，一种事件到来，作为一种非人的力量，真正的爱其实是很可怕的。因为你没有预计，没有准备。保守主义的方式是：我回去，不承认他，不承认我会爱上这个人。我的理性设定是我会喜欢一个非常帅的男生，但怎么今天对这个一点不帅的人念念不忘呢？这不是我的意愿，一定出问题了，必须快点把这个忘掉，他又没钱又没有前途，我怎么会对他心动？他完全不符合我的幻想，这怎么办呢？面对这种恐慌退回到工作中麻木自己，把自己包裹得严严实实，这就是一种保守主义，或者是巴迪欧说的蒙昧主义。这种行为拒绝事件，拒绝事件把你的生命打开而重新检视你自己，像黑格尔所说的"在另外一个地方确认你自己的机会"。这个人可能不是你预期的，这个人可能是理性的反面，在这个意义上说或许会打开一些全新的可能。因为事件无法预期，这些思想家也不会提前告诉你事件解决的方案。

保守主义者告诉我们要尊崇市场、尊崇保守主义价值，因为保守主义是以前都有的。对于非保守主义的思想家来说，他们给不了你答案，因为提出的东西以前是没有的。以前没有的东西只有靠事件打开，他们没有给你答案，但这种答案也是没有答案的答案。在这个意义上，或许他们给了你一个窗口去找到一种力量的可能性。不要让这些窗口、这些机会稍纵即逝，而要用它来改变你自己，如果你是政治家可以用它来改变共同体、改变这个世界。在这个意义上，马克思主义者们不是解释世界，他们是要改变世界，而用什么改变？不是靠一个人的主体改变，而是借助主体之外的一种全新的可能。

藏策： 刚才竞欧说的非常有意思。忠诚主体，从另一面来讲，也可以说是屏蔽了下一个事件的发生。这两者之间我感觉可能有悖论关系。忠诚反而是封闭了，不再敞开了，屏蔽下一个事件的到来。在这个层面上，对婚姻的忠诚，不也是对新的爱情的屏蔽吗？这两个之间我认为有一个悖论关系。

巴迪欧"爱"的范畴与精神分析学是十分接近的，现当代艺术对精神分析学的影响也非常大。在弗洛伊德的精神分析学里，所谓力比多投向自我，就成了自恋，变成了那喀索斯；投向了他者就变成了所谓"二"的爱，投向物则变成恋物。比如弗洛姆把爱欲视为一种本能,荣格又回到两性之爱的范畴里,男人的集体无意识有一个原型——阿尼玛,阿尼玛原型是男性集体无意识中女性的一面。阿尼姆斯则是女性集体无意识中男性的一面。与他相反的是拉康,拉康不承认这个主体,你根本就不是你,你的主体是他者的话语。讨论主体的时候,爱有一个前提,即什么样的主体才能生成"二"的爱?

吴老师刚才谈的内容很有价值。我们不断在事件中生成新的主体,这与德勒兹哲学中不断地与他者连接生成新的主体存在相似之处。在这种情况下,主体不是固定的主体,而是在事件中、在偶然遭遇中生成新的主体。但是我认为爱不仅仅是一个意识层面的问题,而更多的发生于前意识层面。它不仅仅是计算,不是算计出来的,爱具有非理性。而忠诚更多源自理性,爱欲是源自无意识,遭遇也是跟无意识相关。比如皮格马利翁,他在现实中遭遇不到"爱",于是他自己做了一个雕像,他的爱最终激活了雕像,遭遇了一场爱情。中国也有类似的故事,比如有人画了一个人,天天看画,最终画里的女人走了出来……

用拉康的理论来讲,爱应该源自想象界。所谓白马王子、梦中情人都是一种想象关系。而遭遇爱情,则是这种想象关系在象征界里遭遇到了"对象",但这种"对象"不可能百分之百跟想象界重合,它永远有缺口,这就变成一种所谓"爱的动力学"。

拉康讲的对象 α 永远要跟你擦肩而过,它永远不可能跟真正的主体遭遇,就像是贴在鞋底上的口香糖一样,永远跟随你但是永远不可能遭遇。艺术也是一种爱,艺术跟哲学的对话恰恰是前语言形象与语言概念的对话,甚至可以说就是一种形象与符号的对话,以及符合与话语的对话。艺术家以形象召唤无意识,使之衍生为符号。这些符号中，可以被语言转换为表述的部分，就是作品的意义，但作品的力量其实恰恰在于那些不能被语言所转换的剩余物。因为艺术符号一定不是日常意指层面的，形象有可能是前符号的。二者呈现这样一个复杂的关系。这让我想到，遭遇、事件不仅仅是在意识层面上，可能更多发生在前意识层面，在这一点上不知道巴迪欧是如何应对的？

吴冠军：谢谢藏老师第二轮的分析和问题。我先补充一个小插曲，关涉到爱情是不是拒绝后面的爱情或者是第三者。

这一代思想家对于很多人尤其是年轻人而言，可能带有一种保守主义者的色彩。我想到一个轶事，朗西埃几年前来上海参加一个圆桌论坛，当时学者提了一个问题："我们对法国哲学并不理解，好像很保守的样子。法国哲学是不是提倡我们可以反复地去爱，在生活中不断地爱？"而朗西埃当时一拍桌子说："我知道我应该教你什么，我应该教你伦理学，你缺乏伦理。"

对于这些思想家而言，肯定不可能接受所谓的第三者，以及所谓的爱是可以不断地去面对新的对象，不断地游走的状态。这可以说他们的思想具有年代感，但也是他们在坚持一些共同捍卫的东西，他们不可能接受一种重复的、不断展开的新的爱情的状态，他们认为这是缺乏伦理生活的一个方式。

第二，我前面的表述中没有谈论的一个面向就是精神分析。我们知道巴迪欧，尤其是齐泽克，他们的思想都与精神分析有很大关联，尤其是他们对于拉康的精神分析有着继承和发展。

我简单地回应藏老师前面做的一个精神分析史的梳理。他们其实是对拉康尤其是晚期拉康有一种继承，如果用拉康话语三元结构来表述"爱",就有符号/象征的、想象的、真实的三种结构。对应爱的三种可能:一种是作为爱的话语,比如流行歌曲或者是大众文化里各种各样铺天盖地的爱的话语,这是在符号和象征层面上;二是想象层面,脑海里构想出一个爱的对象,这是一种想象性的爱。但是我要提的是,巴迪欧讲的爱是从晚期拉康那里延伸过来的,他自己的提法是"Passion of the Real / 真实的激情"。真实的激情才是爱,这个爱并非想象中的一个对象。这种力量可能与你的想象完全不符合,故而称之为"Passion of the Real"。这种力量是一种令人恐怖的、令人倍感陌生的、甚至刷新对自己认知的力量,这个力量是革命性的而非传统的。

我们现在想象的爱越来越狭窄化,女孩子一定要是瓜子脸,所以网红脸都是一模一样,描述变得工业化、标准化。这个就是想象的爱,而不是 passion,所以巴迪欧讲的爱与符号的爱无关,与说出来的爱无关,与想象的爱无关,而是要真实的爱。精神分析仍然是与其相关的,但后期拉康的精神分析聚焦于真实,所以才会谈论真理与 truth。Truth 肯定是非想象的。

梅剑华: 谢谢吴老师。听众提问有很多,我想最后的 20 分钟聚焦在人工智能与爱这个问题。我先把问题抛出来,然后自己尝试着进行一个小的回应,再请吴老师来回应这些问题。

有人问爱可以计算吗?我认为爱肯定是不可以计算的。

机器人会有爱吗?很多人说机器人没有爱,刚才你做了很多表述,说我爱你的容颜、爱你的肤色、爱你的性格,好像这些东西都是可以计算的。巴迪欧说的是另外一种爱。

我思考的是,是否可以暂时放弃掉我们一些直觉,承认可能会有两种爱。我们也不妨假设机器人有爱，人类有爱，看看他们的共性。这样可能会对我们理解爱、拓展爱的视域有帮助。如果我们发现爱有一种截然不同的形式，也许会有一些相似性，也许会对我们反观人类的爱有帮助。这里面就有一个问题关涉到巴迪欧谈论的"真实的爱"。坠入爱情的那一瞬间，你不清楚到底是哪一点被击中，所以有很多人用直觉说爱是不可量化的。

还有几个问题我念一下：

后人类有没有反人类的含义？

怎么去学习爱？

每个人都是独立的个体，怎么保证双方的忠诚呢？

失去爱情之后，曾经的爱情塑造更新过我们这个"一"的个体，我们难道不可以继续将自己活成爱情吗？

所谓"爱"是不是心动的感觉？

怎么阻止爱走向仇恨？

这一系列问题都是跟爱相关的。我也想问下你怎么看待人工智能跟爱的关系？人工智能、机器人、我们和爱，怎么去理解我这样一个视角？

我的想法是完全可以有两种爱，也许可以打开我们的视角。

吴冠军：谢谢，这是一组好问题，一个一个来。

先回答怎么理解 AI 也可能有爱？而这种爱有可能打开我们对爱的理解。

我们知道，今天这代 AI 之前的那一代 AI 是用一种象征主义的方式来构造的，它先对规则进行清晰定义，用它的方式来清晰地告诉你什么是爱，让你来展现它。而今天的人工智能则可以称作数据主义，其并非象征主义的。数据主义的爱不靠定义而靠无数次数据采集，将所有跟爱相关的行为、所有社交网络的点赞互动采集出来汇总出一个爱的表现方式。它对爱的接近是通过学习的方式，这个学习永远是无限接近、捕捉到我们所有爱的一个呈现方式。

我认为这两种方式都很难打开我们对爱的认知，无论是用象征主义、符号主义的方式下定义，告诉你什么是爱，但这个的前提是我知道什么是爱，或者是我给爱进行一个两性或者表现层面的定义；还是用数据采集的方式，但它也无法离开人类已有的经验、行为模式。在这些意义上，恰恰是巴迪欧或者是齐泽克对"爱"的理解对我们既存方式有一个打开、一个补充，那是一种真实的方式，或者是一种在本体论意义上的缺失的方式，一种无法用语言提前表述、无法用数据提前捕捉的方式。

因为无法捕捉一个人 fall in love（坠入爱河）的状态，人工智能不可能知道 fall in love 是什么东西，告诉它也无法清晰表达，我们只能描述一系列茶饭不思的行为，而这些行为本身也可以有别的原因，而不一定是爱。在这个意义上，这就是一种主体的事件，它是一种非人类的人类主义，它与你相关，但是它是一种非人类的本体论的力量打入进来。我认为今天的人工智能仍然无法抵达这个层面。

因此，我们仍然是通过哲学性的方式，而不是通过数据性的方式讨论爱。今天的人工智能非常发达，我们在很多方面已经远远落后于人工智能，但是有一些方面，包括艺术、爱，这些概念仍然向我们打开各种各样新的可能性。简言之，今天是"爱"带给我们新的可能性，而不是人工智能带给我们对爱的一个全新的理解。这是对刘畅老师和剑华老师关于人工智能与爱的关系之问题的回应。

第二个问题：后人类跟反人类的关系。

这个问题很有价值。自20世纪以来，反人类成为了一个加入太多政治内容的概念，比如将纳粹称为反人类。从这个意义上说，其实最早的一代，如福柯这些学者批评萨特这一代将存在主义与"humanism"（人文主义）等同起来的思想家时，他们提出的反人类主义确实就是反人类，但是他们发现这是一个很可怕的话语陷阱。所以1990年代以后有了"posthumanism（后人文主义）"这个词，我把这个词理解为一种话语解毒剂。他们批判人文主义或者说人类主义，但在当时却被拉到反人类的层面上，尤其是在20世纪60年代与纳粹关联起来以后，这使得学术的话语无法进入讨论，产生了一个话语的僵局。谈论人类之死、人之死就引起很多人反感，导致学术话语无法往前推进。其实我们可以把1990年代以后、最近二十年兴起的后人类话语看作一种绕开的方式，是一种话语的创新。

第三个问题：爱与学习。

这与人工智能也有关系。爱与学习是完全相反的一个东西，"事件"是不能通过学习来进行的，而只能在一个后事件的过程中去形成一种对自我主体的改造。这个改造不是经验性的学习，无法从另外一个人的身上学习如何去爱。

巴迪欧提到每一次都是"二"的创造，艺术是创造，"二"也是创造，你跟这个人的创造与另外一个人的创造是不一样的。比如说竞欧同学，现在单身，假设之前的恋爱是失败的，但你很难从你闺密的成功里复制你的成功。这不可以直接靠经验学习，只有靠主体的创造，只有靠两个人用你们的"二"的场景中创造一个不同的可能性，打开一个全新的环境。每个共同体也都是一次创造，不同共同体的构造会有另外一个方式，绝非复制的。艺术不是复制的，同样爱也不是复制的。

第四个问题：爱是不是把自己变成一个奴隶？

这个听众的提法也很好，齐泽克当年对爱有一个表述："爱其实是一种让你自己变得很脆弱的方式。"当你爱一个人的时候其实是给予对方摧毁你的权力，但你期盼对方不使用这份权力。在这个意义上，爱反对人类主义的自利倾向，反对自我利益的最大化，就像作为市场的理性经纪人恰恰是不能爱的，因为爱的一切行为都暴露在对方面前，给了对方过来摧毁你的可能性。

爱是一个很傻的行为，他们可能曾经有过爱，在爱中给予对方所有的东西，他有你的录音、照片、一切，他掌握你所有的材料，然后希望对方不用这份资料摧毁你，但一旦二人有裂隙就"撕"、"怼"。这种互撕的行为，让今天成为一个很可怕、很渺小的时代。这两个人不是什么都没有过，可能真的有过一些美好的东西，但是没有后面的哲学思考，没有抓到那些可能将生命与思考联系在一起的力量，于是就演变成用一切的方式摧毁。任何的要挟在两性关系中都是非常卑鄙的行为。

在今天这个时代，我觉得爱是如此脆弱。齐泽克说，最后就是你愿不愿进行一次哲学家的勇敢冒险。齐泽克经历过两次结婚和离婚，他说："我已经在碎片中，但如果再问我一切值不值？我仍然认为值得。"齐泽克也是一个名人，每次都会被对方掌握很多材料，那怎么办呢？生活在这个时代里面，你愿不愿意让自己变得脆弱？

第五个问题：心动是不是爱？

藏老师的一个分析很有洞见，心动不一定是爱，心动很可能是在想象界里面出来的东西，你的心动可以是很肤浅的。事件不能靠心动来判断，是说在事件之后他已经呈现为一种改写你生命的方式,你无法将这个人驱逐出脑海,而他在你生命中驻留的方式是你不熟悉的,甚至很陌生、不认识。这个方式才是一种力量,这个力量不是心动地想去拥抱,而是心动地想去逃跑。你也在心跳,但这个心跳不一定是喜欢的方式,只有他进入你的生命中才会造成真正的心跳。

最后一个问题:怎么阻止爱走向仇恨?这与前面问题是相关的。

今天这个时代的仇恨真的太多了,我们作为学者有时也很无奈。作为大众文化的观察者,我们写了很多文章,觉得我们能改变大众文化,但这其实很难。今天我们用各种各样的方式表达我对你的恨,包括用暴力的方式呈现出来。我不知道用什么方式去消解,我不知道这个时代有没有一个简单的答案。也许我们没有答案,所以通过艺术、爱等迂回的方式试图回答。科学家也使用迂回的方式,但甚至最后科学都变为一个名利争夺的场域。

我们没有一个既定的答案,或许在那些非常艰难地挣扎着的,以非常稀有、非常珍贵的方式的一些打开中,我们才能共同对未来那些不可能的可能性抱有一丝希望。

梅剑华: 谢谢吴老师这两个多小时关于"爱"的讨论。虽然吴老师从事的是法国哲学、后现代主义哲学、后人类主义的研究,但吴老师的哲学观、基本爱情观其实是非常古典的。这是一种本质主义的爱情观,爱情就是那个最真实的、唯一的、人类的状态。希望以后有机会可以进一步深入讨论这个问题,关于爱情本体论、数学本体论等等,以便于我们不断地理解人在世界中的位置。

非常感谢三位嘉宾老师的分享和讨论,由于时间关系今天的讲座就到这里。感谢观看直播的各位观众,下次再会。

万物生长

德勒兹的哲学与革命

主讲
夏莹：清华大学人文学院哲学系教授
主持
梅剑华：山西大学哲学教授、《认知科学》期刊主编
与谈
顾振清：当代艺术批评家、独立策展人
藏策：呼吸公社社长、艺术理论家、独立策展人

夏莹： 今天，我想跟大家分享的，是我一直在做的关于德勒兹哲学的研究。讲座的题目是"万物生长：德勒兹的哲学与革命"。

为什么叫"万物生长"？因为对我来讲，德勒兹思想不是静态的。我们想到哲学，一般认为它都是抽象的、本质的，因此是一个追求概念固定不变的静止状态。但德勒兹的哲学永远充满着动态、动感，充满着一种生长力。如果我给德勒兹的整个哲学找一个概念，我会想成"生成性"，所以我用了"万物生长"这样一种观念去表达我对德勒兹哲学的基本认定。

今天我想给大家分享的是我对德勒兹哲学的一个整体把握，因此是在一种大而化之的状态里谈论德勒兹的哲学是什么，想干什么？这种谈法可能更符合它的基本属性，因为德勒兹从来不想让任何东西以它"是什么"的方式呈现，而是一直想让它"做什么"。我今天想传达的是：一个充满着能动性的、要去做什么的德勒兹哲学。因此，我最终会把这样的哲学概念引向他的晚年，特别是我正在努力翻译的一本书——《反俄狄浦斯》(*Anti-Oedipus*)，他最后要完成的是一次反资本主义的革命。这种"革命"在德勒兹那里又将是以何种方式展开的？这是我想传达给大家的一些想法。因为要跟各位热爱艺术或从事艺术创作的朋友们来分享德勒兹哲学，所以我借用了建筑专业的艺术家朋友给我提供的一些资料。

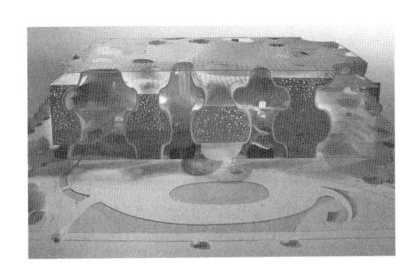

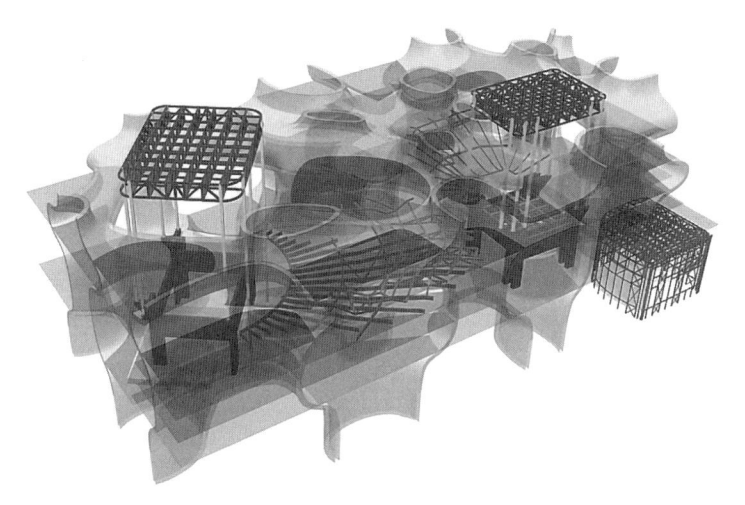

台中大都会歌剧院（模型），中国台湾 2005年9月—2016年9月

　　这组照片是台中大都会歌剧院内部构造的一个模型。这栋建筑的建筑师是伊东丰雄（Toyo Ito），他最重要的设计理念就是"如流水般的建筑"，这也是业内对他的一个评价。台中大都会歌剧院的造型当中之所以做成孔状，是为了有一个流动感，让每个音乐厅在穿行过程当中都能有效地保证收音、放映的效果。

　　这是日本的仙台媒体中心，也是伊东丰雄设计建造的。大家看这个建筑外围，是一些繁茂生长着的树木，建筑内部有一些钢管状

万物生长　　047

仙台媒体中心

的生长物，与外面的树木交相辉映。这样的一种螺旋式的造型会让由静态的钢管构筑的东西充满一种能动感，这种向上的漩涡状，会让建筑看上去是在动的，这就是让静态的物质具有动态化的一种表达。因为建筑本身常常是凝固的音乐，但凝固的音乐在伊东丰雄的建筑当中表现出正在流动中、正在生成，这就是伊东丰雄宛如流水般的建筑。我刚才已经说过我对德勒兹哲学的理解是"生成性"，法语当中的 devenir 在英语当中表达为 becoming，表达的是一种静态中呈现的动态感。如果大家不理解德勒兹的思想究竟是什么样子的，可以把这个建筑理解为：让一个钢管构成的静止的建筑充满着动感，表现出向上生长的过程。这其实就是德勒兹哲学一个特别要害的地方。

德勒兹做了一个什么事情呢？他大约是让整个西方哲学的形而

上学，从原初充满着静态固定的观念，到让它自身变成一种生长性的状态，让哲学的概念和表达都充满着能动性，就像这个如水般流动性的建筑充满着一个悖论性的表达。我用伊东丰雄建筑的这种意象来表达我对德勒兹的想法，如果大家不理解德勒兹哲学是什么，这些图片在某种意义上会给大家一个直观的印象。这就是一个"哲学的意象"，我也特别希望在我讲完之后大家能够在头脑当中形成一个 image（意象），这也是德勒兹哲学最希望大家形成的，因为他觉得所有的哲学最后可能就是一个思想的意象，一个 image 是最好的哲学表达。

一、谁是德勒兹？

其实讲德勒兹非常困难，因为在我见过的以及有限的阅读当中，德勒兹可以说是当代最博学的哲学家之一了。在 1925—1995 年的整个人生经历中，他恰恰经历了当代法国哲学的黄金五十年，这个过程当中，形而上学经历了完全的没落以及在法国些许的复兴，这个复兴很大的一个推手就是德勒兹。在一个主体已死、作者已死、人已死、艺术已死……所有的东西都在死亡的时代，唯独德勒兹还在不断地去为这样一个已死的艺术和哲学奠基它的生命，并一直在维持着这个似乎趋于死亡的状态，让它不断地重生。

讲德勒兹是一个非常大胆的行为，我觉得在德勒兹的思想面前，没有人敢自称自己完全理解他，我只是在德勒兹的世界中照出我的无知。

在法国哲学黄金五十年的发展过程中，有无数关于哲学家的八卦，唯独德勒兹的八卦比较少，因为他是一个为思想而生、为思想

吉尔·德勒兹（Gilles Louis René Deleuze，1925—1995）

而死的人。这么说一点都不夸张，据说他晚年得了肺病导致不能思考，于是跳楼自杀了。因为他觉得不能思考就没有了活着的意义，这是德勒兹非常动人的部分。

二、德勒兹的著作

德勒兹涉猎十分广泛，在整个人生当中写了非常多的著作，比如《什么是哲学》《普鲁斯特与符号》《福柯褶子》《斯宾诺莎与表达问题》《电影 1: 运动-影像》《电影 2: 时间-影像》《千高原》。其中，《反俄狄浦斯》这本书我刚刚翻译完成，正在做最后的校对然后交付出版。

我认为在他完成的二十五部著作当中，的确有非常多需要大家了解的东西，怎么样完整地表达一个写了这么多大大小小著作的思想家的发展历程？我做了一个分类，从这个分类大家可以看出我们今天理解德勒兹要花费多大的功夫，跨越多大的一个宽度。

德勒兹的思想背景：

－哲学本体论形构的基础：休谟、柏格森、康德、尼采、邓·司各特、斯宾诺莎、莱布尼茨；

－应用性分析的理论背景：马克思、拉康、普鲁斯特、弗朗西斯·培根、卡夫卡、福柯、阿尔托（Antonin Artaud），二战以后的电影发展历程；

－德勒兹的理论目的：批判表象哲学，在哲学上建立富有创生性的存在论（差异化的本体论）。

他也符合今天所谓的哲学与艺术的对话，因为他的思想资源当中既有哲学本身的、形而上学中的重要思想家，也有当代艺术家，甚至包括戏剧、小说及电影。

三、德勒兹的哲学形而上学

德勒兹首先是一个哲学教授，这是毫无疑问的，他从进入大学讲堂开始，一直在讲各种各样的哲学人物，比如休谟、柏格森、康德、尼采、邓·司各特、斯宾诺莎、莱布尼茨，以及黑格尔、福柯等。他的第一部著作《经验主义与主体性》是谈休谟的，还有《柏格森主义》以及《康德的批判哲学》等，其中《康德的批判哲学》被学界公认为对康德理解极其深邃又极其精准的，仅仅用了一百页就把康德的三大批判讲得清清楚楚。

如何开始学习德勒兹呢？我认为，如果有一定的哲学功底，应该先从他的《尼采与哲学》来入手，这是德勒兹比较早期的一部研究著作。德勒兹也正是凭这本书成为法国新尼采主义的开创者与推动者。如果想理解德勒兹，尼采哲学是很重要的理论背景。他写过两本关于斯宾诺莎的书，《斯宾诺莎与表现问题》《斯宾诺莎的实践哲学》，都非常晦涩。关于莱布尼茨的著作是《褶子——莱布尼茨与巴洛克风格》。他非常重要的著作《差异与重复》，尽管已经翻译成汉语，但是读起来仍然非常晦涩。

德勒兹在晚年也说过不太喜欢这本著作，因为太学院化了，他用自己形而上学的观念去重构传统的形而上学。如果没有一定的哲学背景直接去理解德勒兹是非常非常困难，因为他涉及了非常多当代的、古典的哲学。我一直有着这样的看法，20世纪的法国思想有一个普遍的特点，他们解读一个人思想的时候往往是以一种曲解的方式。所以，我非常认同德勒兹在《哲学与权力的谈判》的访谈里说的一句话："我对一个哲学家的研究，是逼着这个哲学家生出我自己的孩子。"

他从来没有试图清清楚楚、规规矩矩地把这个哲学家原本的思想完整地表现出来。我们也知道，他研究康德是为了勘察敌情的感觉，他先看看要反对的敌人要做什么，然后再去想出办法重新解构。所以他在研究某个思想家的时候，都是希望借助这个思想家说出自己的哲学。所以，他看似做了很多关于某个人的具体研究，但是在他对每个人的研究当中其实都是对德勒兹哲学的表达。一直到1968年，在法国的学生运动轰轰烈烈的时代，德勒兹却在静谧的书房中编出了一部非常抽象的学院派形而上学哲学再造的著作——《差异与重复》。而要理解《差异与重复》就需要首先理解我刚才说的这一堆思想家，对于他们的研究，最后都凝聚在《差异与重复》中，《差异与重复》也成了形而上学的顶峰。

如果大家是从事艺术、文学的，或者只是德勒兹思想的爱好者，可以选取某些著作来阅读，以此来慢慢接近德勒兹。比如你很喜欢普鲁斯特，那《普鲁斯特符号》这本书可以作为一个入口，如果你对电影非常了解，那你可以读他的《电影1: 运动-影像》与《电影2: 时间-影像》这两部电影的研究，特别是把二战以后电影史的研究作为一个佐证，从里面可以看到具体案例来反思和印证他的哲学。

比如我对弗兰兹·卡夫卡（Franz Kafka）的文学或者弗朗西斯·培根（Francis Bacon）的绘画有些许了解，但不是那么透彻；如果我再用德勒兹对他们的研究去理解卡夫卡、理解弗朗西斯·培根，并以此来理解德勒兹，就会比较困难，因为德勒兹也可能在用他自己固有的形而上学的重构路径去解读这两位艺术家。像阿尔托的"残酷戏剧"，包括二战以后的电影、卡夫卡、弗朗西斯·培根的三联画都在印证他已经反复讲过的形而上学。于是在这些应用性分析当中，他可能做一些案例性的表述，如果你不太了解这些表述的思想背景，不了解上面这一堆形而上学形构基础的时候，就会对这些问题的理解出现很多的偏差。也就是说，德勒兹自己的著作就是一个哲学与艺术的对话，在对话、交融、互文式的诠释的过程当中，德勒兹的思想得到了一个比较完整的呈现。

应用性分析也包括马克思、拉康、福柯这些人，因为德勒兹虽然没有为这些人写过专门的著作，但是马克思、拉康在我翻译的《反俄狄浦斯》当中有非常系统的表达，我们也会作为一个小的方向给大家简单地介绍一下。

前面说德勒兹有着诸多繁杂的思想背景，我今天所要做的就是把握他的主线、主脉，德勒兹哲学要干什么？要做什么？我后面会谈到哲学与革命，因为德勒兹本人对"革命"这个话题不那么介意，但是我会把它放在里面，这也算是我对德勒兹解读的一个独特视角。

四、德勒兹的思想源流

我希望大家能够理解这么一个问题：德勒兹实际上是要批判表象哲学。什么是表象哲学？不是 expression（表现的哲学），而是 representation（再现的哲学）。他要批判再现哲学，在哲学上建立一个创生性的，devenir 和 becoming 的生成性的存在论，这个存在论的核心本质是差异化的本体论。

其中差异化本体论的"差异性"最重要，德勒兹不是第一个提出差异的人，海德格尔和黑格尔也谈"差异"，但是德勒兹是第一个在哲学史上把差异极致化，并且以此为目的的哲学家，大家去了解德勒兹都会看到"差异哲学"这个关键词。那么差异哲学该怎么谈？我虽然不想过多涉及细节，但确实也需要把一些环节简单给大家谈一谈。在差异性哲学触及德勒兹独特的形而上学的核心要点的时候，我们无法回避的是这些人：

-源自休谟：经验主义者（感觉本体论）；

-源自柏格森：生命哲学（反概念哲学）；

-源自康德：先验经验主义；康德：探寻经验的可能性条件，并由此回溯出先验主体；德勒兹：用生命创生性所诠释的经验的发生来代替这种回溯，因此无主体的生命之流；多元化的一元本体；

-源自尼采：差异性重复，无超验性的总体性；

-源自邓·司各特：单义性原则（univoque）；

-源自斯宾诺莎：表现理论（expression）以对抗表象理论

（representation）；

刚才我已经讲了，德勒兹是要在静态形而上学中去表达一种生成性或者流动性的。我们对于哲学的理解从柏拉图开始，都知道他造的两个世界：一个是理念的世界，一个是现实的世界。在现实的世界里，风花雪月、春夏秋冬交替轮转，我们每天都在看着事物的流变。所以柏拉图觉得这个太不真理了，真理应该是固定不变的，是在时间性的敞开当中始终保持如一，所以他构造了理念世界。

但是在这两个世界的构造之后，哲学家似乎永远徘徊在理念本质的、唯一的规定世界当中，因此流变的世界是不应该在哲学当中讨论的，是不真的。但是我刚才说了，德勒兹的哲学就是要用以前哲学家惯常使用的概念，用把握不变的"一"的概念去讲述一个流变的世界。把这样一个所谓的理念的抽象的概念世界与现实的经验世界有效地结合起来。

我们首先要知道，德勒兹是20世纪哲学非常盛大的经验主义回潮的推动者，他最早的一部讨论休谟的书叫《经验主义与主体性》。这个起点很重要，康德以休谟为起点，构筑科学形而上学，但是德勒兹以休谟为起点却是触及了一个感觉本体论。在这场盛大的经验主义回潮当中，伴随着海德格尔对形而上学的解构，尼采宣布的"上帝之死"终于被大家体验到了。

大家知道上帝的死亡意味着什么吗？超验的世界不存在了。我们要在一个纯粹的、没有上帝、没有超验的经验世界当中存活。这种"存活"有一个最大的麻烦：我们不可能每天都是一个随波逐流的、吃了睡睡了吃的经验主义者。我们总还是有点念想，人生的意义是什么？我们在追求一些形而上的东西的时候该怎么办？如果没有上帝，没有超验，没有普遍的真理的唯一怎么办？

万物生长

德勒兹认为休谟的经验主义提供了一种"感觉本体论",或者说提供了一种以经验的方式去构造主体性原则的方向。比如"习惯",复杂抽象的逻辑概念是通过我们的日常习惯而来的,我们看到太阳升所以石头热这样的流变经验,我们就构造出关于因果性的抽象逻辑。超验的逻辑原来是来自经验习惯性的联想,超越于经验逻辑的概念和思维被还原成一个经验的习惯,其实我认为这种方式本身是德勒兹很喜欢的。

我承认上帝死了,我不需要上帝,我也不需要一个所谓的形而上学的柏拉图为我们构造一个理念世界,我就让经验自己成为自己的主体,主体的经验成为自身超验的构造者。这是我要给大家交代的,我不知道大家能理解到什么程度,但这的确是他后续牵扯到康德的先验经验主义的一个重要环节。康德有一个先验哲学,探寻的是经验的可能性条件,并且在这个经验的可能性条件中回溯出一种先验主体。这是康德先验哲学当中很重要的部分,不是一个简单的超验,先验是要以经验为前提的,但是他探索的是经验的可能性条件。德勒兹在这里要构建一个先验经验主义,这从康德来说又有他自身思想背景的一个主导。如果深入德勒兹的哲学当中会发现一个很重要的方法论,我们都会说他是一个先验经验主义者。

那么这个先验经验主义怎么谈呢?类似于我们刚才说的休谟,我们要从经验当中自己生成出一个超验的维度,不需要上帝,不需要形而上学预先给我们的规定,他认为这一方面源于康德,又高于康德。因为他觉得康德只是去探索所谓经验的可能性条件,德勒兹说我们借助于休谟会发现我们要探索的是经验的现实条件。经验的现实本身会自我生成出一个无主体的"主体性",这里面就包括了柏格森哲学的"潜能与现实"的自我转化。

我们也常常会界定先验经验主义是在潜能与现实之间来回游荡。我们要知道，德勒兹作为一个经验主义者的推动者，他不会再去试图让经验回顾到超验。"再造一个上帝，上帝长着人的模样"，那不是他要做的。他要做的是没有了上帝之后的"我们"，怎么还有能力去寻找一个所谓的主体、所谓的形而上学。这可能对于整个传统的西方形而上学都是巨大的突破，因为我们之前把先验、经验、超验这几个维度放在不同的层面，但是德勒兹借助于柏格森潜能现实化的过程完成了彻底的经验主义诠释，也完成了对康德的超越。我希望大家先记住一点：他是一个彻底的经验主义者。

作为彻底的经验主义者，他要构造的是：经验是多样性的存在。德勒兹的差异化哲学或者流动的哲学本身就是要讨论生成和流变，他绝对不能忽视"多"，一定要在"多"的维度上，多元、繁杂、流变这些问题上下功夫，拒绝把"多"还原成"一"或者还原成超验、主体。大家注意，"主体性""超验""一"这些东西都是柏拉图式的传统形而上学，德勒兹是反对在经验世界当中抽象出一个普遍的观念，他希望建立一个自身就是"多"的形而上学。

德勒兹的思想特别丰富，他可以深入中世纪去讨论一个神学家如何谈论上帝。上帝和人之间的关系有一种单义性的原则，非常独特，这是阿奎那在神学论证里消灭和掩盖的东西。我们总说上帝无形无相，但总是以相似的方式去造人，相似的方式去构造耶稣，作为三位一体的耶稣降到人间是上帝的复制品，是再度呈现的状态，这个"多"不过是"一"的 representation。但德勒兹不是这么认为的，他觉得"一"自身应该是"多"，这才是单义性原则。待会儿我们会通过斯宾诺莎把"一"和"多"的关系再稍微触及一点。

我希望大家记得刚才展示的建筑图片，一个静态的建筑背后

万物生长

充满着一个繁杂的生长性,流动不息的状态。静和动被融合在一起,"一"和"多"也被融合在一起,这就是德勒兹思想中内在的张力,他要用一个纯粹的形而上学之"一"去表达同时也是"多"。这怎么可能呢?"多"不能仅仅是"一"的一个 representation、一个再现、一个表象,而是它的一个 expression,一个表达。也就是每个"一"也是"多",这就不仅又牵扯到邓·司各特的单义性(univoque)原则,更多的是斯宾诺莎式的表达泛神论。

斯宾诺莎在他的泛神论体系中曾经有这么一个观念:上帝是实体,是无限的,所有事物本身都可能是这个实体的一个 expression,一个表达、表现或者样式、样态、属性。在斯宾诺莎那里,上帝是上帝,杯子也是上帝,我也是上帝。并不是说杯子或者我分有了上帝的某部分,不是再现上帝,而是我就是上帝。德勒兹有一个泛神论的倾向,"一"就在"多"当中,每一个"多"同时就是"一",杯子也是上帝,上帝也是杯子,这是一个非常奇妙的泛神论的架构。

我在这里像绕口令一样给大家讲这件事,并不是说我想把问题搞复杂,而是德勒兹在面对这个复杂问题的时候的一种状态。这个姿态非常难拿。为什么说难拿?主张"多"很容易像传统的经验主义那样,承认流变,把"一"放弃掉。没有什么能够规定流变的,这就变成了"怎么都行"的后现代主义。但是他又不想放弃"一"的维度,还是有形而上学根基的那样一种基础为这个"多"去奠基,奠基的同时又不是一个纯"一",就像我们说要把世界流变都忽略掉,一切都在共相的意义上获得它唯一的规律。不是的,他要这个"一"自身就是"多"。推荐大家看一本书,巴迪欧写过一本纪念德勒兹的著作——《存在的喧嚣》。"存在"是西方形而上学最高级别的一个"一"的概念，存在是它的本质规定，存在自身是喧嚣的，它自身是繁复的、是多的，这就是德勒兹形而上学最复杂的一部分。

其实我认为尼采的"永恒轮回"、"无超验的主体性"，充当的就是我刚才讲的在"多"中去直接表达"一"，或者是经验世界直接构造自己的超验和主体性原则的方法论。永恒轮回是一个方法，我们会在重复当中再去谈论这个事情。

如何介入德勒兹的形而上学？这是最复杂的，如果大家这一部分没有听懂，在后面展开的过程当中希望大家回溯性地去了解，所谓的先验经验主义如何在经验横流的过程当中去凸显一个主体的超验原则。我也希望大家体会这中间的困难，姿态的难拿，不纯粹的"多"，不纯粹的"一"。

德勒兹这么难拿的一个姿态到底要干什么？我认为有三个路向可以帮助大家去重新认知德勒兹。如果你不知道他是什么，那反过来，可以通过他不是什么去理解他是什么，也许在某种情况下能理解我刚才说的东西。

大家要知道，德勒兹反对的是什么？传统形而上学。这是没有问题的。传统形而上学包括几个方向：主体性哲学、诉求同一性的形而上学（或者是追求一的）、表象哲学。这种传统形而上学强调主体。当我们在事物当中去强调主体、主体性，不管主体还是主体性的时候，都可以在事物当中去找出那个能动的、唯一的、主导性的力量。所以尼采喊出上帝之死的时候是主体性、统一性哲学的死亡，因为上帝就类似这样，他创造世界，而我们是没有力量去创造世界的。唯物主义者又说上帝不过是我们的一个异化的表现等等，实际上也是把人推到上帝的位置。

整个西方思想史，从柏拉图构建理念到基督教统治西方思想，到德国古典哲学绝对精神的形而上学的建构，我们都会看到很强烈的同一性或者是主体性哲学的一个构造。在这个世界流变的过程当中，总要有一个主导性的东西去推动它，在这个过程当中我们似乎获得了一个真正的心灵的安宁。我们不被今天叶子黄了，明天叶子绿了，这些四季更迭流变的事实所左右，因为我相信冥冥中有神规定它，有规律可以把握。

一直到现代，人们觉得整个西方两千年形而上学发展过程当中固有的底色都是主体性哲学。所以，我为什么特别强调德勒兹很重要？就是他的差异，他的重复，他的经验主义都同时是一个"多"，他希望这个"一"同时是"多"。因为如果完全采取经验主义或者后现代的立场，人们就会发现他们毫无建构。人死了，人是一张在沙滩上不断被抹去的脸的时候，我们也感到很沮丧，产生一种莫名的恐惧，发现没有任何东西可以值得追求、值得溯源的时候，其实产生了一种巨大的虚无主义恐慌。

德勒兹没有让自己的哲学走向虚无主义，他推崇"一"，这个"一"只不过同时就是"多"。他的对手很强大，是两千年西方哲学构筑的主体性哲学、同一性的形而上学。这一类哲学在处理"一"和"多"的关系的时候，一般会说有一个上帝在，或者有一个理念在，或者有一个绝对精神在，这个"在"的东西，它们作为一个主导者、统一者、唯一者高高在上。那么它们如何与现实的经验世界打交道或者是沟通呢？就要通过一个表象，通过让所有的世界变成我的表象，变成"一"、变成上帝的一个再现，所以他们就获得了一和多和平共处的关系。所以我刚才说过，德勒兹不是第一个谈论差异的哲学家，但他是最彻底的一个。在他之前，黑格尔、海德格

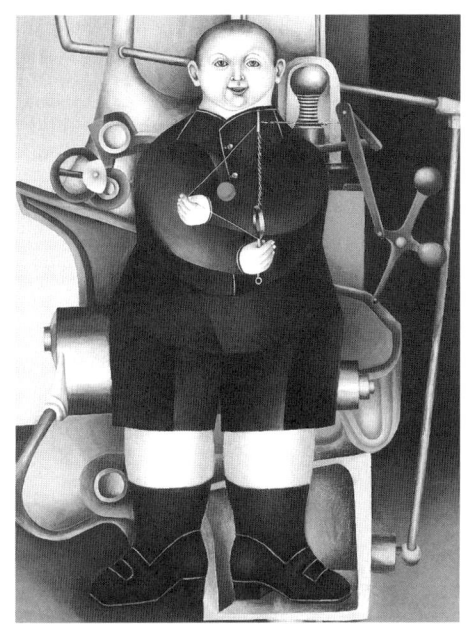

理查德·林德纳（Richard lindner），《男孩与机器》
（*Boy with Machine*）102 × 76.4 cm 布面油画 1954

尔都有触及，德勒兹的很大部分也来自海德格尔，但是海德格尔没有把"差异"作为一个纯粹形而上学的东西构造得非常完整。

黑格尔是最早谈论差异并注重差异的，他从来都觉得辩证法当中是有异质性存在的，这个异质不过是我的对象世界，不过是绝对精神的 representation，它是一个再现，所以它是表象哲学。康德、黑格尔的整个哲学当中都是这样。我想造一张桌子，于是我就拿一块木头，把木头造成一个桌子的样子，当桌子按照我的观念被创造的时候，它也是主体性原则的再现。因为我想让它变成方的就是方的，是圆的就是圆的，这就是表象哲学，它的主体性和同一哲学是一套话语。但是这套形而上学在德勒兹看来为什么是有问题的？因为在德勒兹的头脑当中有着斯宾诺莎的泛神论的特点，整个世界是一个大的"一"，在这个完整的"一"当中，万事万物都是相关联的，我们根本无法区别在这样一个所谓的现代性的社会发展当中谁将是主导者。

德勒兹把理查德·林德纳（Richard Lindner）的画作《男孩与机器》（*Boy with Machine*，1954）放在《反俄狄浦斯》前面的扉页上，这个画作表达的是什么？我们今天都是机器旁边的人，都是电脑旁边的人，都是手机旁边的人，我们会发现我们与手机的连接是我们和这个世界连接的全部中介。当你在用手机，必须按照手机的诸多功能、要求去点击的时候，你会发现这个手机究竟是你延长的手臂，又或你不过是手机延长的手臂？大家注意到男孩与机器的表达，这个男孩不仅站在机器旁边，他的身体、血液都是这个机器连接起来的，也许他的内在循环也是靠机械本身的压力促成，机器-男孩、男孩-机器是一个生成性机构。

五、德勒兹说了什么事儿？

整个世界正在连成一体，特别是在现代社会当中，随着机器化或者现代互联网的发展，究竟是我们创造了这个网络、让网络为我们服务，还是我们就是被困在这个网络系统当中，这是我们需要反思的。现代社会已经几乎没有谁觉得谁在主导，一切都在一个体系当中，系统是人创造的，每个人又在系统当中。在如根茎般、网络般铺开的状态里，我们用什么样的形而上学才能够真正地表达这件事？德勒兹就在用一种纯粹哲学形而上学的方式表达一个铺陈开的网络化的时代。这个时代当中没有谁敢说我是这个时代的造物主。

德勒兹希望从他反对和他肯定的那些东西里面，阐明他为什么要建构一种是"一"同时也是"多"的形而上学，因为这个时代是我们和机器已经完全融为一体的时代。

德勒兹的思想是充满动态的。动态哲学的核心是生成性，这就是为什么我今天的主题用"万物生长"，这个"物"里涵盖着思想、人以及客观事物，所有一切都处在生长过程当中。而德勒兹一直说我们这个生长是如何可能的，我们是如何在一个似乎被各种各样的东西束缚的地方还不断地能够有所创造。哲学家常常把各种各样的桌子，大的、长的、高的、圆的桌子归结为一个桌子的概念——一个面、四条腿。但是现实中，桌子可能有三条腿的，有圆的、有方的、有色彩的，哲学家对这些是一概不关心的。德勒兹觉得这种做法是扼杀生命、扼杀生成的，是要事物走向一个"一"、走向静止，是非常枯燥乏味的。

今天，我们每天不断地喊着创新，但我个人认为当我们把创新本身当作常态的时候，这种"创新"在德勒兹看来恰恰是一个没有创造的创新。当它变得有套路、有规约的时候，就已经不是德勒兹说的"新"，反而变成了旧。德勒兹要说的，是要在大家认可的传统或者经典的东西中不断地求新，是思想的求新或者创造、自我生成。怎么面对现代资本主义社会的问题，这是他之前所有形而上学的一个巨大的应用，这个应用非常有魅力。

我们先说哲学上的求新，求新就涉及思想如何创造，思想本身就应该是一个创造的东西。

如何求新？哲学中的两类重复

非常吊诡，德勒兹的整个差异化哲学，是通过区分两类重复而表达出来的：一种新的差异化的重复本身，才是真正的突破旧有体系来完成创造的一个点。所以如果要理解思想的创新，我们首先要回溯哲学中的两类重复。因为没有创造的重复在传统的西方形而上学中比比皆是，比如刚才说的表象性的哲学。在整个西方哲学中，柏拉图把世界分成理念世界和经验世界。在这样一个哲学创造当中，柏拉图说现实经验不过是理念的一种重塑，黑格尔的辩证法也是这样一种重塑，没有创造，只有类比。桌子的形态只不过是分有了桌子理念的重复。而另外一种重复则是一个非对称性的重复。所有的重复都是一种能动性的突破，这个就像尼采的"永恒轮回"。因为我们在不断地重复当中就是一种差异，为什么这么讲？德勒兹有一个非常吊诡的关于重复的理解。他说，当我们去重复一件事情的时候，我们恰恰想在里面求索一种新的表达，想去表达那个无法表达的究竟是什么。重复它的原初样态，也是在重复当中去创造，去寻求一种新的创造。

如果我这样说大家觉得太抽象，我举几个例子：比如莫奈的《睡莲》，莫奈画过N多幅《睡莲》，后面的睡莲是不是第一幅的representation呢？我想搞艺术的人都会觉得不是。我在巴黎看到他《睡莲》系列的时候感到非常震撼，每一幅画的都是睡莲，而且色调很接近，但是仍然觉得每一幅画都有一种冲击感，会在这种重复当中看到一个新的差异的产生，这是德勒兹所讲的真正的创造。所以真正的"重复"和"差异"是一体两面的，它的差异哲学自身就是重复。怎么表达一个事物的差异？就是在重复一遍A等于A的时候，不是一个简单的同一性逻辑，而是差异性逻辑，因为把后面一个A重新提出来，一定与前面的A完全不一样，这就像莫奈的《睡莲》，在无数次的重复当中，每次重复都是对最原初事物的差异化的再创作。

德勒兹在他的《差异与重复》当中开篇就谈到节日本身，如果每一个节日都是完全一样，就进入传统形而上学了。而真正的节日意义是作为一个打破（break），作为一个事件性的介入，它自身就应该是一次新的创造。法国的国庆是为了庆祝大革命，但是反过来也可以说大革命的爆发就是为了我们的节日性的再重复，以及对它不断地再创造。因果关系颠倒过来了，这是一个非常重要的哲学创新如何可能的问题。

我们只有在一个重复当中去显示事物自身差异化表达的时候，才能构筑一个思想的意象。那么这个思想的意象需要一种新的表达方式。德勒兹把这种表达方式叫作创造概念式的哲学意象。德勒兹在 1990 年代和加塔利（Félix Guattari）合著了一本书——《什么是哲学》(*Qu'est-ce que la philosophie?*)。大家都无比期待能够给出一个答案，然后他却说创造概念。怎么又说是创造概念？柏拉图不就创造了概念么，桌子是 N 多个桌子的理念共相。但是，德勒兹所谓的概念不是这样的。他这里的概念有一个独特的表达，它其实是一个差异化独特性的存在，只能够通过不断地重复表达的一个东西。

我在这里简单把德勒兹所说的概念分成三个环节。

首先，创造概念，概念所表达的是什么？传统哲学的概念是在本质上对事物共相的表达，德勒兹却说创造概念从来不是一个共相表达，德勒兹所推崇的概念是表达事件，但不表达本质和事物，是纯粹的事件，一个单义性、一个实体。

事件是什么？是脱离了固有解释系统之外的偶然性。9·11 恐怖袭击突然进入了我们的世界，我们为之命名为恐怖袭击。之前是不知道有这样一种攻击方式的，它脱离了我们固有的解释系统，它是一个事件。所以它是一种脱离固有历史性序列的艾甬的永生，"艾甬（Aion）"是德勒兹实践概念非常重要的环节，它是瞬间的意义，所以德勒兹的概念是瞬间、是事件。

单义性来自邓·司各特，这又是一个掉书袋子的东西。单义性是差异化重复，它不是本质性的规定，它具有完全的独特性和差异性，是一个 singularity，它是一个特立独行的、无法去表达的、只能作为一个类似于黑洞的存在。对于黑洞的这样一种表达，我们只能不断地重复它，在不断地永恒轮回的重复当中去接近单义性的独特意义。

实体概念是事件、是单义性、是实体，这里的实体是从斯宾诺莎继承过来的实体，它是"一"也是"多"，是脱离了表象逻辑的表现逻辑，它让每一个杯子、每一个桌子同时就是实体，实体也是上帝。所以"实体"概念是所谓的事件、所谓的单义性，实体本身就证明了这个"概念"，当他说创造概念时实际上是创造了一个完全异质性的存在，一个脱离了我们固有解释系统的事件化的东西。这样一个概念绝对不是实物的共相和本质，它是敲碎那个同一性环节当中突如其来的闯入。这是他讲的所谓"思想创新"。

思想意象的创新构造也应该是这样一种闯入，它往往让你忽然感到很惊愕，怎么还有这样的存在。

思想意象

我们说一个动态的形而上学究竟是一个什么样的状态时，德勒兹会构造一个动态的思想意象，这个意象是讨论一切的生成，生成——男人、生成——女人、生成——动物……卡夫卡的《变形记》中有一个官僚体系的人，有一天变成了甲虫，但竟然还保留着他作为人的意识、观念，看到他的母亲、姐姐对他态度的变化，以及那些围观他成为甲虫的人，似乎还认定他曾经是他们的弟弟、儿子、哥哥。在这个微妙的中介阶段，在becoming的过程当中揭示出官僚体系对人的束缚、人情冷暖、现代性批判等等。这种思想意象是德勒兹推崇的，他最终想构建的东西类似于一种生成性的概念，可以对应伊东丰雄的静态当中有动态的建筑体，或者在文学上就是对应卡夫卡《变形记》当中的甲虫和动物的意象，这种意象就变成一个事件，突破了人对他自身的理解。

资本也处在这种状态里面，资本其实是一个巨大的网络，是一个能够渗入我们血液当中、激发我们自身行动的内在的泵，它支撑着我们的行动。资本类似于一个网，一个蔓延的根茎，我们在资本的逻辑下完全处在一种同质化的状态。这也是为什么最后德勒兹把思想落在对欲望和资本的分析。尽管他在《反俄狄浦斯》当中似乎做了很多对资本的批判，希望通过一种肯定性的欲望去突破资本，但他后来发现，资本有能力将所有肯定和否定的欲望都收归到它的一个体系当中。所以他认为真正的革命策略完全没用，我们还需要沿着资本，让资本的洪流不断地作为无器官身体不断地延伸，它要在解域化和结域化交替的不断蔓延过程当中完成一种可能的翻转，但是这个翻转无法预知，也可能不存在，所以我们只能在资本大流的生成性当中随波逐流。我感觉这种解读是非常悲观的，是后革命时代的一个宣言。

他把整个静态中有动态的形而上学架构落脚到资本，资本也是我们今天真正的上帝，真正的神，真正的形而上学，真正的一。但是大家看到，今天金融资本的一个神操作就是，我可以变成任何一个实体性的存在，但是每个实体性的存在背后都是"我"在发挥着作用。如果大家理解不了所谓的"一中的多，多中的一"，如果你在斯宾诺莎那里找不到，那你可以在今天的金融资本家那里找到。今天的投资公司的投资者们需要同时懂非常非常多的行业，因为他们不是专业的某一个行业的存在，他们不是一个杯子的制造者、一张桌子的制作者，他是资本的运营者，他是那个"一"，这个"一"只有在无限的"多"当中去变化自身，才能像根茎一样蔓延开来。

通过这些例证，我们发现德勒兹貌似是最后一个形而上学家，但是他的形而上学其实离我们的现实生活并不那么遥远。他的两卷《资本主义与精神分裂》虽然写得也不好懂，但是已经没有早期那么强的学院气。因为，在这个时代他已经找到了思想的切入点，这就是资本。

时间有限，我讲的很多地方不是很清晰。留待我们一会儿和各位老师、各位同学和朋友进一步交流。

对话

梅剑华：非常感谢夏老师精彩的讲座，这是我第一次比较系统地听德勒兹，以前也没有接触过。

我是做分析哲学的，听到很多对传统形而上学的批判，也深有同感。现在的学术的确比较强调生成性的，强调动态的形而上学，这是一个趋势。看到您的电脑演示文稿，会感觉到维特根斯坦和德勒兹有相似的东西，特别是对概念的理解，甚至今天您讲的很重要的概念——"生成"。最近几年，中国哲学界讲生生不息这种本体论，包括在心智哲学里面强调生物学的维度，生物学的"力"和

"创造",这种维持、运动也是相合的。我能读到包括从表征、再现到一种斯宾诺莎表现主义;在分析哲学里,我们叫"表征"不叫"再现",其实是一个意思。从表征到表现,这样一种整体的转向让我们重新能够理解哲学该怎么做,这种形而上学像您说的一样,跟我们的生活更有关系,而不是传统静态的形而上学。

听完您的分享我收获很多,让我们重新思考形而上学本身是一个什么样的形态,要从静态的形而上学转向动态的形而上学,可能我们在做哲学各个点上,甚至做心智哲学的时候不要理解心智的状态和心智的性质,而是要理解心灵的过程,可能过程是最重要的。

接下来请两位嘉宾讨论。有请当代艺术批评家独立策展人顾振清老师,艺术理论家、独立策展人藏策老师。

顾振清: 听到对德勒兹哲学、德勒兹思考的综合分析,我觉得非常有意思的一点在于,德勒兹对哲学的创新的看法跟艺术圈里对艺术的创新的理解有异曲同工之妙。

因为当代艺术是一种终结过去一切艺术叙述模式以后而发生的艺术。当代艺术已经不把它自己归在一个线性的艺术史的叙述链条里头。

对于当代艺术来说,过去一切的艺术都是一个整体。而每一个当代艺术家都可以随时跟过去世界、跟艺术史叙事结构中的任何一个艺术节点,比如一个样式、一个概念、一个事件对接。他可以对接这一对象,以此为缘起、为灵感、为文化基因,推动他自己的一种创造。对于对象的再思考、再创造,可以是对抗性、反讽性、戏仿性、批判性的,也可以是挪用性、对话性、类比性、借题发挥性的。当代艺术对于既往人类历史中的文化基因的一再挖掘、反思和激活，无疑形成了一种独特的文化传承。现在，当代艺术家的生存方式是游牧性的。很多艺术展览的发生方式也是野生的、根茎式的，基于一种机构批判的，不再呈现为既往艺术史树状的发展结构。在既往的树状的文化演变结构中，艺术家总是在追求一种创新：我的艺术跟以前的哪位大师或哪个艺术史线索是否有一点点不一样？是否在一种节外生枝的生态中形成自己艺术的一个独特性？然而，当代艺术并不属于艺术史上某一种线索、某一个流派、某一个思潮上的节外生枝，而是在于针对人类总体存在经验和知识系统的一种超脱、逃逸。当代艺术其实是在颠覆已经发生过的所有艺术认知的条件下蔓延出来的一种创新。

所以，当代艺术的创新已经不再是一种发展主义的单一视角上的出新、刷新。艺术家如果只是比前面的一位大师的形式系统做得更过一点、更异样一点，这样一种出新、刷新其实是规定在一种展望未来的视角主义逻辑里边的。他所做的只是既有艺术史逻辑基础的一种升级、迭代，而不是另起炉灶的一种创新。人的理性是有限的，而逻辑具有规定性。后人寻找艺术史逻辑的行为本身，其实也是一种规训与反规训的博弈。如果艺术家的创作行为是一种已经被过去的人类理性和形式系统规定死了的所谓出新，那只是被既有语境带着跑的一种结果。对当代艺术家来说，这正是亟待扬弃的一种关于"新"的障眼法。

所以，新的创新的思考往往是像德勒兹所说的那样，是一种自主生成的、涌现性的东西。只有历史上任何概念都尚未定义、尚未描述的一种事件，才有可能成为一种创新的艺术。创新是一种前所未有的、意料之外、不可预测的对象生成。其实就我的生存经验来说，21世纪以来历史总是对人类提出全新问题。对于许多问题，全球社会并无现成的应对预案和策略。今天，人们的日常经验里头有大量的差异性事件、或者说跟过去所有的历史逻辑不同的事件在不断发生。这种事件构成了对艺术家的启发。艺术家也希望他的艺术创作不仅是对于过去艺术的一种传承，而且是一种超越性的生成。这种生成究竟跟既往的整个艺术史的哪个潜在线索有关联？他也只是有一种艺术直觉的感知。所以，当代艺术家的灵感和启发很可能来自一个中世纪图像，来自一个数学公式，甚至来自一个物理学的实验或一个量子力学新的进展。当代艺术实践的这样一种事件涌现、观念涌现，完全打破了以前艺术的生产逻辑。如果一个当代的行为艺术家，只是在前面几任行为艺术大师的线索下往前走，或者是从前人的阴影下挣脱出来，这已经不是一种真正的创新，而是一种规定性系统的持续扩展和绵延。

我特别想和大家探讨的，是艺术家对"时间"观念的思考。他们的思考是否跟德勒兹对时间观念的探讨接近？

美术史并不是一个录像片，可以快进，可以倒带。录像片的快进和倒带是可逆的。但对于美术史的每次快进和倒带，却是不尽相同的。就像你回到一个台球桌，回到用前面一个黑球去击打、去开球的那个状态。其实每一次开球的结果都是不同的。一百次开球有一百次的不同结果。拿历史中任何一个艺术事件来重新思考，就会涌现出跟以前艺术史的线索完全不同的线索来，也在打开一种网络上脱离具体时空语境的思考。

我特别想问的是：艺术这样的一种解放和创新，是否跟德勒兹所说的哲学创新有接近之处？

夏莹：这个问题牵扯到刚才我想举的很多例子，因为时间关系没来得及展开。艺术创作就是一个主体性生成，就是自我要表达一种东西。顾老师刚才说的那一点特别重要，也变相地为我刚才讲的极其复杂的差异化的重复——为什么重复何以每次真正制造差异或者创新做了解释。因为在重复当中，会无限地去表达那个不可表达的东西，在再次表达当中达到了表达的极限，然后就会突破，就会有新的东西产生出来。

创新的确是主体性生成的过程，而德勒兹哲学当中，对于主体性生成的过程与他对生成整个看法是一样的，是与时间轴有关的。在德勒兹那里主体是被动生成的，它不是一个主动性，这是一个非常诡异的说法。

我们一般想到主体都是能动的，但是在艺术家创造那里也会有这样的感觉，有时候会觉得究竟是我努力构想出的这个东西，还是如神助一样、天启一样地忽然理解了这个东西。如果去掉形而上学、上帝已死、没有灵感的时候，从经验主义来讲，你是一个被动生成的过程，这个被动生成有一个时间轴的理解。这个时间轴当中，德勒兹有两种时间观念。

一种时间观念是三类被动综合。德勒兹整个时间观，即瞬间、当下、事件。顾老师所谈及的，当代艺术的确是在突破一个时间轴上都在强调瞬间和当下，哲学家在每次创造上都是有一种瞬间当下的超级体验，突破一个常规体验才能够有所谓的艺术，否则就是无限的复制，所以时间基本是现在的。但是，德勒兹说的第一种综合，现在就是现在，我们会很规整的在现在、过去、将来当中按照时间序列方式理解，现在可能就是一个当下的体验，比如说我现在感觉到怎么样了把它表达出来，这是一种主体生成在时间当中。

还有一种主体生成是"过去"，柏格森有特别重要的一个潜在现实化的过程，每个当下都是过去沉淀成的一个当下。比如我对阴天、下雨的体验，我会很伤心，可能在某个过去的记忆当中在这一天我遭遇过什么，或者是有什么样的一个事件它沉淀成一个记忆，使得我对当下这个体验产生了与任何一个人都不一样的感觉。

有一些人看到红色激动，有一些人看到红色伤心，有一些人看到红色恐惧，每个人看到的红色都是去体验当下的一个沉淀，这种就是过去即是当下，这是第二种综合，就是记忆、沉淀的东西，这是一种创造。

德勒兹所说当下有什么样的感觉，或者是把过去拉到当下都不是真正的创造，真正的创造恰恰是由之前的一个断裂，所有的认知在这个时间点上。顾老师说的非常清楚，他会打破一个固有的时间轴作为一种自我主体的内感，忽然觉得这是绝对的特异性、差异性或者是事件化的体现，打破了固有的过去、现在和将来，表达为指向未来的一种生成，但是这种"未来"本身既不是沉淀的过去，也不是当下，它是一个绝对特异和断裂，是一个事件性的东西，所以他特别强调时间三种综合当中只有最后这种主体性是真正创新主体的产生。这里的"主体"，如果有主也应该在这个点上，所以他的时间观是三种不同的时间综合，但只有最后一点，即和过去，和将来线性三分法毫无关联的断裂才是真正的创新点。

刚才我提到"艾甬"这个词，是和历时性的时间观完全不一样的东西，原来有它自己拉丁文、古希腊文的渊源都不重要，本身就是生命的体验，这个体验他认为才是一种类似于独特的空间感，事件爆发降落是一个线性脱节的时间，所以他特别提到中文翻译成"艾甬"的时间性的东西才会真正的生成一个创新的点。

所以德勒兹对时间有两个问题：一个是时间性综合产生主体的

问题；一个是事件"艾甬"的产生类似于空间性的时间。这些是从哲学史甚至从康德那里出来的，他不需要和任何的思想脉络相连，可能就是一瞬间，甚至可能从一个数学公式，涉及领域甚至出圈，完全不在一个艺术史的范围内。关键是你自己本身可能看到一个非常异质化的东西却引发了一个类似通感式的东西，可以画出来，画出一个数学公式对你的感受，或者是看到一个数学公式作出一首曲子，这可能是他真正杂糅出生成性的一个"艾甬"的诞生，这是一个特别的时间点，因为他把所有的创新都和时间性相关，时间性又与主体生成直接有关，而我认为艺术家就是在一个经验的世界中维持自身主体最重要的一个体现，也就是先验的经验主义的一个表现。

梅剑华：我有一个跟着的问题先问一下，然后再请臧老师来讨论。比如一个艺术家，看了一个数学公式，知道了一个物理实验，就可以创造出他的作品，我觉得非常好。我们作为观众，不管艺术家的创作思路是从哪儿来，只要是一个很好的作品都可以。但是我读德勒兹、巴迪欧，法国哲学好像跟艺术很亲近。

我发现法国哲学跟英美哲学很大的区别，甚至跟海德格尔有区别。比如海德格尔、维特根斯坦都是非常强调哲学和科学的区分，尤其是当代哲学，引用科学是非常严谨的，甚至反对所谓的科学主义。在当代的英美哲学和德国哲学里面，到底要不要用科学的方法和证据？由此划分了不同的流派，很多人是主张不用的。我发现在法国哲学里面，巴迪欧用数学本体论，德勒兹用黑洞，用各种各样的科学概念。所以我理解了臧老师、顾老师特别喜欢法国哲学。

但是，我有一个困惑，在艺术里面似乎怎样的方法都可以，因为最终呈现的是作品。但是在哲学里面，这两块连不上，我发现这些哲学在思辨论断和数学公式、物理公式之间来回跳跃，我看不到两种之间的内在关联，这让我比较抓狂。他讲的重复和差异，很多东西是有跳跃性，我在英美分析哲学可以一步一步找到结论，但是法国哲学我看不到。甚至，我对法国哲学保留批评，在艺术怎么都可以，但是在哲学里面看不到这种一致性。

夏莹：因为您的思想在传统形而上学上具有必然性逻辑，而法国学界整体上体现出的是偶然性。

藏策：我一直非常期待夏老师的分享，听了之后很兴奋。为什么很期待呢？因为德勒兹的哲学思想非常庞大、概念非常多，夏老师虽然不可能把每个概念都梳理一遍，但却能高屋建瓴。尤其是她提到德勒兹不应该归为后现代主义，人们很容易把德勒兹跟后现代主义混淆，但他真不是。

刚才梅老师说到了法国哲学，尤其是巴迪欧为什么跟艺术这么契合。我个人的看法是，首先在艺术的理念上，我非常讨厌所谓的"再现"。

比如说模仿，德勒兹就讲生成绝对不是模仿。以国内当代艺术界为例，为什么会出现那么多抄袭事件？就源于一种拙劣的模仿。我本身对摄影更熟悉一些，摄影圈里很多都是文艺青年模仿成名艺术家，艺术家们则模仿国外的艺术大师。所以他们对看展很有兴趣，对看书却不感兴趣。这就进入了一个"再现"式的模仿思路，而这个思路就是艺术界最大的弊端。

生成是什么？生成一定与他者相连接，生成不同的主体。艺术本身，包括哲学本身都是一个辖域空间，因为哲学必须以语言为媒介，以概念推理来推导和生成概念。但语言本身不可能承载真理，所以巴迪欧一直说哲学不能产生真理，但是能进入真理的程序。因为语言本身就是一个牢笼，不可能承载真理。所以，哲学本身也面临一个解域的过程，巴迪欧可能是在哲学领域里对哲学本身进行解域的，至少是我所知道的走得比较远的一位。

艺术更是一种解域，艺术进入辖域就毫无意义了，必须是一种所谓差异化的永恒回归。举几个例子，比如"反表象"。摄影被很多人认为其本质就是模仿和记录，所有人都认为摄影是最真实的。然而摄影实际上是最不真实的，因为摄影营造了福柯所说的"真相机制"，让你认为摄影是真实的。连我们看到的世界本身都不真实，摄影怎么可能真实？

为什么我要强调连接他者？因为摄影根本就解决不了摄影的问题，艺术也解决不了艺术的问题。我甚至有一个观点：摄影最大的敌人就是摄影本身，艺术最大的敌人也是艺术本身。朱锐老师在一篇神经科学理论的文章里讲得很清楚，在人的视觉中，来自外部世界的信息只有5%，45%都是大脑皮层生成出来的。霍金说，人类看到的外部世界，就是人类意识建构的三维模型。相机没有大脑，相机拍摄的图像之所以跟我们看见的不一样，摄影是一种相机与大脑视觉之间的一个差异，而不是一个同质化的、同一化的"一"的模仿。

虽然我们在重复的过程中，比如说"戏仿"，"戏仿"虽然也类似于一种模仿，但是却打破了那个"一"。在这一点上，我觉得德勒兹给了我们非常重要的启示。

我跟梅老师说过，哲学本身也需要连接他者，连接其他领域。

因为在一个领域里永远都会一叶障目。哲学有它的媒介,有它的局限性和辖域空间,包括精神分析也是。哲学主要是意识层面,包括逻辑哲学、认知哲学等。无意识牵扯到精神分析和拉康。我记得德勒兹对精神分析也是有批评的,"反俄狄浦斯"很重要。超现实主义画家达利的画,就是对无意识对梦境的一种模仿,无意识如果能被意识所模仿,那还是无意识吗?无意识如果能够被意识所捕获,那也就不是无意识了。这本身就陷入了一种悖论。

我十几年前就写过一篇文章,提出文学不是驾驭语言而是解放语言,视觉艺术也不是驾驭图像而是解放图像。在话语的海洋里,在图像的海洋里,包括精神图像与物质媒体承载的图像里,自我不是外在于这些对象的,而是被辖域其间的。只有不断地连接他者并生成新的主体,才有可能把我们已有的先在主体打破,从而激活我们的主体——不断地越界,不断地突破自己已有的身份,不断地生成新的主体。今天的我听完了夏老师的讲座,我可能就已经不是昨天的我了。永远不断地生成新的自我,这就是生成之后差异化的永恒回归。

夏老师刚才还有一个非常好的问题没有展开——资本的问题。在我理解,资本既是辖域空间,也是解域空间,资本本身就是解域化的。比如巴尔扎克的小说,贵族阶层就被资本给解域了。从符号学角度来解释,资本最重要的是一切都可以因货币而兑换,所有的东西都可以被货币所兑换。货币还有货币的货币,比如美元就成了货币的货币,成了能指的能指。我自己有一个不成熟的想法,比如有资本的人被有知识的人所替代,人们称之为"智本主义",说是资本主义向前的进步,但还是逃脱不了资本。那么我就想,假如说我们能够进入"智本主义"——智慧是不可以兑换的,智慧不可以被货币所兑换，当智慧超越了货币的作用，或许就破解资本主义唯一的道路了，其他可能再也没有办法。当然了，我指的只是社会的局部意义上，不可能是全部的。

夏莹：我把刚才藏老师的问题归结为两个：一是关于语言劳动非同一性的问题，为什么要不断连接他者完成创新；二是资本问题。

第一个问题需要不断连接他者突破其界限勾连一个创新的时候，我也变相回应一下梅老师的困惑。我知道梅老师做分析，巴迪欧为什么构建数学本体论？当时他雄心壮志，作为一个欧洲人，你们认为我玩不了分析，我就玩给你看看，清晰化给你表述一下，利用被认为最准确、精准没有异议的数学去推。但是，显然他推得并不好，数学本体论非常失败。作为法国哲学的研究者，我们向来认为那是画蛇添足，本来他说的那个共产主义在事件主体还能说清，但如果用数学推导，必须加一些数学公式都无法推出的公式弥补他的漏洞，这就是最大的问题和漏洞，实际上欧陆和分析之间的隔膜很难根本去除。

这里有一个关键环节连接到藏老师刚提的这个问题，为什么欧陆这样跳跃？我今天有一个前提性的预设没有讲好，就是他的"非同一性逻辑"。藏老师也谈到，从福柯以来，我用摄影去突破摄影，用绘画突破绘画的一个东西，不是复制。为什么？从词与物之间的断裂，到语言的牢笼这一点上，法国人意识非常强烈，如果分析哲学更在乎概念、命题之间的逻辑推导，就慢慢地把物的那一面牺牲掉，避而不谈，只谈已经生成为语言的这些概念的准确度，我在里面推出，只要这个逻辑是推出来的就可以。

可以说苏格拉底是人，人是什么，人是两足动物，再推出苏格拉底是动物之类的，只要大前提、小前提逻辑是完整的就可以。当然这是我对分析哲学的偏见，肯定分析哲学是更详细的东西。所以分析哲学看法国哲学的概念完全是模糊的、跳跃的、不知所云的。但是它的不知所云的前提是发现了词与物的断裂。

当看到马格利特的"这不是一个烟斗"，他画了一个烟斗说这不是一个烟斗，这是界域性的突破，你的所说一直不能真实地表达，我把这个叫作"法国的唯物主义"，真正唯物主义一定是有概念的剩余。

我们的概念语言一定是有所剩余，无法真正地去把握这个实在，因为法国人从来不想吃掉那个客观物质世界的客观性。客观性一定是逃逸出任何观念语言概念的架构，所以它老想着在逃逸当中、剩余当中去做一点工作，彰显出这种词与物之间的裂缝，我正在这个裂缝中间。而分析哲学不想要这个，所以就不谈事实，谈概念。概念当然具有它自身生成的逻辑体系，它完整就可以了，但可能不管物与概念如何同一的问题。法国人发现概念再完善，无限地自我重复去表达，无限地陷入表达欲，但表达的东西与物之间永远有一个无法契合的东西，不能完整把握这个世界，这就是真正的唯物主义，否则就是观念论者，哲学就是观念论者，就是一个创造概念。

刚才讲德勒兹创造的概念恰恰是一个包含着这种非同一性，概念本身就是事件，就是告诉你，你的语言无法说清楚这件事，这是他的非同一性逻辑。为什么德勒兹哲学会带来一种创新，一个生成的动力，因为他的哲学本身是界限突破的一个核心。我完全同意臧老师所说的用摄影突破摄影的界限，用语言打碎语言的牢笼，这就是德勒兹想要做的事情。

现在的年轻人经常用 1.5 倍速、2 倍速看视频，会看出另外一个东西，类似于鬼畜的重新剪辑，这些东西都是藏老师谈到的戏仿，这些东西对德勒兹来讲是差异化重复，这种重复是有创造性的，会让一个平淡的、原初的东西重新激发，因为彰显出是非同一性的重复，绝对不是一个再现的逻辑，是不断地生成的，既表达了分析哲学和欧陆哲学的区分，也是德勒兹形而上学需要去谈论的问题。

说到资本的问题，的确是关涉到我所翻译的《反俄狄浦斯》。德勒兹后来特别关注资本，因为1968年五月风暴到最后属于半失败状态，只是在政治上做了一个简单的交迭，而文化上似乎吵得热热闹闹，所谓很多学术生产并没有实质性的改进。他觉得是因为精神分析起到了很大的作用，资本主义、资本解域化和结域化的能力正在把溢出的剩余全部重新规训到资本体系当中去了。

有了德勒兹对资本的重新界定，他的无器官的身体、无限的蔓延的界定或者是他自身就是解域化与结域化，以及对马克思的批判都产生了一种无力感。马克思自己谈过剩余价值是危机诞生的一个契机点，因为剩余价值，因为劳动，产生劳动价值，但是这明显是把整个马克思的无产阶级，包括劳动力，都整编进资本的蔓延逻辑里，资本也可以在解域化、结域化过程当中完成收编过程，这个过程可以作为一种危机，但是每次危机都是发现是资本再膨胀的一个非常好的方式。这是德勒兹看到的形而上学，在资本化逻辑当中一个有效的推演。

他在《反俄狄浦斯》当中最初满怀信心，希望通过对精神分析的批判，通过对欲望的再解读去反资本。后来，他发现所推崇的欲望的逻辑本身就是资本的逻辑，马克思也说过资本就是欲望，无欲望根本谈不上资本，因为资本是钱生钱，不是简单的货币积累，不是100块钱存在银行里，而是100块钱要生出10块钱，那10块钱叫资本。

这个资本从开始就是财富，是剩余，是欲望，如果没有这个欲望就不是资本，不是资本家，而是守财奴、财主，真正的资本家会让资本本身流动起来、转动起来，不断地需要找出自己发展的界限，在界限突破当中换取剩余，要让它产生新的东西。这就是一个创新过程，资本和创新是天然勾连的，当我们今天试图以创新，以越界的方式反资本，这本身就是陷入资本自己的内在逻辑。

为什么我说资本将人的欲望变成肯定性的冲动，尼采的权力意志不是一种匮乏性，精神分析是把欲望当作匮乏。大家知道，精神分析的基本逻辑俄狄浦斯情结，是杀父娶母，父亲、母亲、儿子之间的匮乏性欲望构造的三角架构变成有所缺失，要去弥补这个东西当作欲望，其实不是欲望匮乏，欲望是一种充盈的肯定性力量，反过来讲"五月风暴"是充盈欲望也许就突破资本了，后来发现根本不行。

资本在充盈抑或是匮乏的当中都获得所谓求新、求剩余的部分，这个地方使得整个资本批判、欲望和资本成为一个共谋关系。不仅是精神分析与资本主义是共谋，甚至反精神分析所有努力最后的欲望也是生产性的，欲望生产的就是资本，资本是在里面又有反生产和生产两个维度。这台机器一旦运转起来，所有反对他的东西都迅速被纳入其体系当中。

因为全球新冠肺炎疫情，我们要隔离、反全球化、逆全球化。最初，我一直判断这很像一个反资本的逻辑，因为所有逆向的东西都是与资本主义原初的扩张逻辑反过来，逆全球化是另外一种隔离状态，病毒本身似乎有这样一种反资本的力量。但是，全球疫情持续这么久，资本逻辑也没有灭亡，资本获得一个新形态而更加的繁荣。在德勒兹那里，这是资本自我扩张的有效机制，是走到资本解域边界，每次都期待这个界限，突破界限再获得一个资本的新的事物的诞生。

刚才藏老师提出"智本主义"，我觉得太乐观了。在智本主义完全统治的时候，我们是不是已经被人工智能统治了呢？这个智本主义也许是一个机器。

在马克思时代，前金融时代，金融化发生之前我们对资本的判断是从实体经济开始，我们认为资本产生应该是在生产领域，而不仅仅是靠货币的自我增值。但是现在不一样，藏策老师刚才说到货币是所谓美元体系，但现在是信用体系发行货币，首先估量今年经济形势是怎样的再发行，信用发行货币的时候，发现货币增值就是财富的增长，货币的自我繁殖就是一个经济增长量的表现。这种情况下，其实资本主义已经完全颠倒成特别符合于德勒兹所说的"资本就是一个流，就是一个无器官身体，是要靠生成、靠流动本身获得自己存在的意义和价值"。我虽然判定以货币为轴心的资本是资本的最终形态，但是我仍然觉得是不可突破的。

如果我们认为货币是资本流的本质性规定，很容易觉得取消货币即可，取消货币有没有可能完成资本的自我克服？我们看到马克思老早就批判过取消货币，恢复买与卖之间直接对接性好像是非常困难的一件事，他认为不可思议。我的看法不是像藏老师那样期待用不可交换的智力统治时代，这个很容易被资本收编。

现在，没有资本在后边推动，根本无法形成一个所谓的"智"，怎么去统治这个时代？我们说的那个智很容易被机器的人工智能所替代，成为知性思维的蔓延，而不是真正的智慧。

我现在致力于一个什么工作呢？从德勒兹这种以流为核心的状

态里面，我们看现在整个资本主义正处在一个大数据的流量资本的状态，流量资本依赖算法和大数据统计，有可能在某种程度上取消实体货币，或者取消以交流为中介的方式，恢复人与人间的交换。

比如，可以通过大数据计算出梅老师现在需要什么，我就可以以精准投放的方式去投放，这在马克思年代是不可能的。所以买和卖必须要分离，先存货币再去另外一个地方买自己想要的；但现在通过网络大数据有可能实现使用与交换之间的直接对接，这种情况下，能不能克服资本以一种货币幽灵化或者是消解货币中介的方式完成资本的自我克服，但这都已经陷入空想状态，真正能看到的还是德勒兹在《反俄狄浦斯》最后给大家的策略，是一个无限的解域化与结域化的蔓延，这个过程当中我们只能是随波逐流。

顾振清：刚才大家讲到资本无孔不入，无所不在的控制，真的是非常有意思。艺术家不只是应该学习哲学的创新性，甚至应该研究资本的创新思路和模型。

从德勒兹这样一个哲学背景下，我是看到了一个类似于地理文化观点的一种哲学，辖域和解域、《千高原》与游牧，真的像是一种在地球表面上分布的思考。这样一种思考用了一种流的方式、一种解域化的动力，不断地突破各种边界和束缚，形成德勒兹哲学的一种扩张性、创新性。这一点其实对很多艺术家是有启发的。艺术家把过去的时间看作现在创作的一个前提条件。

艺术家如果去面对既往的艺术，或者是面对既往的知识，须具备有点儿像"鹰眼""上帝之眼"的一种"全视之眼"。这是一种类似从四维看三维、从三维看二维的降维打击式的能力。这就像我面对墙上一张世界地图一样，我同时看到世界上所有的国度、所有的城市，我要选择跟哪个点发生关联？我直接就连接了，而无须交代我跟那个点的前因后果，也无须梳理、总结、借鉴前人的方式方法。那样的话，我觉得艺术家在创新维度上其实是突破了人类所感知的二维和三维日常的经验，这是一个更高维的、脱域的层次。这样脱域思考为既有艺术档案库提供一种额外的、全新的抽屉。当代艺术家实际上是在一些新的领域当中来弥补词与物之间的永恒裂缝，或者是在这种永恒裂缝里头找到他的生存空间。艺术家必须面对语言已经覆盖的所有地方，必须在语言实境之外去建构额外的、全新的抽屉，让现代的语言继续溢出，继续成为一种流的存在。

比方说服务器艺术与一家国内民营卫星公司合作的 Astro 小组，在 2021 年 4 月 27 日把一个艺术作品直接投放到距地面 500 公里外的外太空去。在采矿机器人卫星的操作下，Astro 小组设计了在太空当中弹射并迅速捕捉这件名为《探针》的艺术作品。整个艺术作品的展示过程并不是在地表的情况下实施，而是完全在太空中实现。这样一种作品可能对德勒兹的地理思考和文化观点而言，是一个越界，是一个解域。这种越界和解域使得事件性的或单一化的创新概念得以产生。人们现在还没有为这类颠覆现有认知、打破既有思维的作品赋予新的艺术概念。但是很多艺术家都在做同样的创新努力。比如美国纽约的迪亚·比肯极简主义美术馆（Dia Beacon）藏品所展示的上世纪七八十年代非常重要的极简主义思潮，艺术家们有很多作品在大地背景下制作并展示，他们反对照搬以前艺术作品的叙述方式，反对须有一个美学支撑的博物馆容器呈现他们的艺术，完全打破艺术既有的表达模式。罗伯特·史密森（Robert Smithson，1938—1973）在美国西部内华达盐湖做了一个防波堤；沃尔特·德·玛利亚（Walter de Maria，1935—2013）在不毛之地

罗伯特·史密森《螺旋形的防波堤》(*Spiral Jetty*) 1970 (Great Salt Lake, Utah) (photo: Gianfranco Gorgoni) ©Holt-Smithson Foundation

放了很多钢管，让雷电打在钢管上形成作品存在；迈克尔·海泽（Michael Heizer，1944—）在内华达沙漠里开一条沟，形成人为改变地表的一种新的存在。这些艺术家的创作对地球几亿年的地质学物理叙述形成一种干预。迪亚·比肯美术馆中集中呈现的这些代表极简主义思潮的大地艺术，正在影响着很多艺术家的思考。

艺术家罗伯特·雷曼（Robert Ryman，1930—）画的一张画完全是白色的，除了有笔触以外，这张画是根本没有任何色彩，甚至就像一张画布。仔细看，才能发现原来白色是有厚度的、画面上起起伏伏，有那么多微妙、复杂、丰富的白颜色的笔触所堆积起来的色块。在这一张画面上，以前的美术史就被艺术家逾越了、解域了。

这些艺术家的创作思想又暗合了一个科学发现的规则，就是奥卡姆剃刀定理：如无必要勿增实体。极简主义者每一次走到最后，都成为对既有艺术的一次逃逸、一次超越、一次解域。所以，为什么当代艺术对人类的知识生产、对人类抵抗资本变得如此重要呢？因为当代艺术就是一种流的存在，它永远是在建构一些新的领域、新的抽屉，然后借此回应人类以前整个哲学系统和思想体系既无法解释、又没法应对的一个个新状况。

当代艺术为什么对人类的存在如此之重要？实际上有一个现实性。刚才您讲的"多"和"一"的一种同一性问题，以及德勒兹所勾勒的无器官身体的特征问题，在我的现实生活当中也出现了。我最近在苦恼的事情是不是要搞一个种植牙。一旦种植牙进入我的身体，我相信我的身体已经不再是一个自然人完整的生物有机体，我有了一颗嵌入的种植牙。那么，我既然有了一颗种植牙，以后要不要装个支架？要不要装一个脑机接口？这些问题都会迎刃而解。我相信，作为一个生物圈的有机体，我以后不会拒绝一个脑机接口，像我的朋友打一个耳钉一样。以后人和物可能更加无界。人和机器的同一化就会成为一个巨大的新的洪流。既然德勒兹认为身体是生成的、流动的、永不停息的。那么，他所谓的无器官身体也会不断地成为现实。当代艺术总是面对无穷可能性的变化。德勒兹为什么在艺术家当中如此受欢迎？他的思想真的是跟艺术整个存在机制和发展机制相关，而且这个机制就是当代的，就是生成性的，就是涌现的，就是溢出的。因而今天我们讨论德勒兹不只是在讨论他的哲学，讨论德勒兹的哲学就是在讨论当代艺术本身。

梅剑华：谢谢顾老师的评论，也回答了我的一些疑惑。科学家做技术，哲学家做观念，艺术家做连接，沟通哲学、科学、艺术也是服务器艺术的应有之意。

夏莹：（笑）是不是背后都要和资本连接？

顾振清：是的，我们在给艺术、给哲学开疆辟土时有可能我们又做了资本的排头兵，资本的疆域也变成一种多星球、多行星的存在，这是免不了的。所以这是一个巨大的悖论。

夏莹：当年，德勒兹把艺术看作拯救哲学和形而上最后的堡垒，但是现在艺术和资本如此共谋，这个愿望实践也很难。

顾振清：可能艺术每次对资本的逃逸最后都给资本开拓了新的疆域。

夏莹：就是这样，现在资本就是把艺术当排头兵，进一步普泛化之后，艺术是它开疆拓土的先锋队，先锋性就是资本性的前兆，所以资本和艺术的共谋是非常诡异的。艺术表现出"我要反资本"的姿态，似乎才真正有艺术性。如果真正波普艺术顶多是当一个广告牌的设计，真正独立艺术家又无法脱离资本，像顾老师说的把艺术作品升到太空，这不仅是科学和哲学，还是资本支持。

梅剑华：谢谢夏老师。下面进入观众问答环节，这些观众也很有德勒兹风格，有一些问题我读得不太懂。首先问一个最具体的，夏老师提到的最后两本德勒兹的书是什么？

夏莹：《资本主义与精神分裂》的第一卷和第二卷。第一卷是《反俄狄浦斯》，第二卷是《千高原》，但不是德勒兹最后一本书，最后一本书是《什么是哲学?》。

梅剑华：这位听众问,"重复"不应该区分尼采式的重复和柏拉图式的重复吗?

夏莹："重复"是尼采式的重复,柏拉图式的重复是他反对的。我个人认为,尼采式的重复是永恒轮回,这是一种差异性重复。在永恒轮回的重复当中,重复是一种行动,这是德勒兹的原话。

梅剑华：我对重复也有一些困惑。我们讲科学可重复实验,给定条件下重复,德勒兹的"重复"是什么样的?

夏莹：艺术创造了重复,每一次重复是一个有机体,比如说孩子的DNA是你的重复,但一定不是完全拷贝你的,他希望在有机生物体上重复。

顾振清：德勒兹的重复包括生成,包括差异性,不是拷贝,不是纯粹的模仿。

夏莹：他反对拷贝式的模仿。

梅剑华：这位听众问,什么叫作科学的神性?

夏莹：我刚才有提到,现代的科学主义认为世界也是神学家。科学主义,包括梅老师的分析,天生有内在逻辑性或者必然性,这都是一种神学观念的遗存。你会自然而然地认为必然是有规律性隐藏其中，但是德勒兹或者是法国哲学是掷骰子的，甚至用概率也不太合适，我觉得概率也是科学的规律，其实就是一种纯然的偶然性。第一次投下和下一次投下应该是完全不同的，虽然重复了这个动作，但一定不一样。德勒兹希望每次是绝对不能被重复的情况下才是重复的，我没有办法表达出来，只好用重复的方式。科学家就是做类比性重复，他把无限多样的东西归入一个种属类，有一个同一。所以科学家是神学家。

顾振清：科学家追求所谓的确定性就是一种科学的神性。

梅剑华：还有读者问，夏老师可以讲一下分裂分析和精神分析的差异吗？

夏莹：精神分裂是对抗精神分析的一个方式，精神分析是把欲望作为一种匮乏，仅仅把自己束缚在父亲、母亲、儿子。为什么反俄狄浦斯？俄狄浦斯固定到每一次分析都是无非找童年创伤记忆，和父亲的关系、母亲的关系。都是在我是什么，我是我母亲的儿子、我是我父亲的女儿，这是身份的自我认同，是同一性原则。

这种无意识不是无意识，而是绝对意识层面上完整的三元架构，而且是固定不变的同质性逻辑。精神分裂是失去自我认同，他经常举一个小说的例子，警察问一个人：你是谁？他说我是我母亲，我是我父亲，我是我自己，这三个词在他那里完全没有违和感，你会觉得这是一个精神分裂者，失去了一个"我是谁"的自我认同，从根本上突破了三元架构。

梅剑华： 他讲的是分裂分析和精神分析的差异。

夏莹： 因为分裂分析就是精神分裂，就是分裂症。《反俄狄浦斯》中就是资本主义精神分裂，分裂分析即无数次不同的无法归类的差异。当出现我是我，我是我爸，我是我妈，面临这种情况就没有办法规约到所谓父亲、母亲、我三元架构当中，这才是无意识之流的一个无限展开的过程，而不是很容易被规约到意识三元架构当中，那个显然被同一性逻辑收编了。

梅剑华： 有听众问，解辖域化和尼采描述的酒神式的狂喜之间有什么关联？

夏莹： 我没有考证过，但这一看法是跟尼采太近了，有可能是有关联的，我没有确切的学理考察。

顾振清： 我觉得精神分裂可能是对抗控制论、对抗同一性的一个重要的工具。但是，我们是否也要其中找到一种平衡？怎么样才能找到有序和无序的平衡？请教夏老师。

夏莹： 当我们把它作为创伤记忆分析的时候，已经陷入精神分析的框架了。其实德勒兹是坚决反对任何归入框架之中的东西，这样才能真正解构掉，还原意识领域解释无意识，真正保持无意识。面对这种事情，不能给以任何的回溯性原因，我觉得这样一个表达本身才是恰当的分裂分析。如果把它作为一个创伤性记忆又回归精神分析，还是精神分析的语言框架。

梅剑华：为什么很多西方哲人，尤其是自尼采以后，都喜欢把最终解释权交付给希腊神话史诗？比如尼采的狄俄尼索斯，弗洛伊德的俄狄浦斯，巴塔耶的爱斯梅拉达，斯蒂格勒的埃庇米修斯，感觉他们好像有意识地把自己的哲学做成一种神话的戏仿，这背后有什么深意吗？

夏莹：从表象来说，这是不是一种学术的凡尔赛？我觉得是归宿于古希腊情结。除去这个表层原因，希腊神话的独特魅力在于以理性表达非理性的元素，它是在一个宇宙论的情境下架构人类社会的一些理解，充斥着理性的元素，但是又有一些神人共在。像宙斯这些人既是神又是人，有人性的情感又有神性，希腊神话不能完全算是希腊哲学的前身，我觉得是一个非常有魅力的、含混性很大的一个体系，这恰恰代表人原初智慧的东西。我一直觉得希腊的神非常独特，他是有情感的，这跟我们天上的玉皇大帝非常接近。

希腊的神是有他创造部分，有他对自然事物的理解，同时也有超越他自身人性的部分，又很奇怪地保留了人性，因为宙斯和赫拉克利特这些都是人性和神性、理性和感性共在。

顾振清：我的推断可以用差异与重复来解释，希腊这些神跟我们言必称希腊的固化模式不一样，这些代表最高智慧的希腊神其实是把希腊神话原型进行了再阐释，进行了一个解域的思考。这些神的意义变得更加开放。人性和神性、理性和感性共在，反而让它们既有一个人性，成为人们可以依靠的理由，又有一个神性，成为走向无限的可能。

梅剑华： 还有好多问题，我只能择要了，最后一两个问题。德勒兹对资本主义的批判研究方法可以归纳为分裂分析吗？

夏莹： 是的，可以。但是分裂分析到最后，发现分裂本身就是资本主义，资本主义自身就是分裂的。只能说对着精神分析是有效的，但后来发现资本恰恰是精神分裂者，这是他自己的判断。

藏策： 我插一句回应一下夏老师。我说的不是取消货币，不是完全跟资本对立的，可以跟资本形成"褶子"的关系。智慧不是要消灭资本，而是要超越资本。就是德勒兹说的，召唤真实而非现实的民族，而不是改变现实社会，那太乌托邦了。

梅剑华： 最后问一个资本问题，请问夏老师您译的《反俄狄浦斯》什么时候上市？

夏莹： 如果买的话是一个资本的问题。今年（2021年）一定交给出版社，看出版社什么时候出来，非常厚。千呼万唤，大家在网上花式催译，我尽最大努力译得精确。但我怀疑大家有多大耐心看完，将近50万字。

顾振清： 本来读德勒兹的书就是翻到哪儿看到哪儿，德勒兹也不要求从头到尾看到完，所以大家还是很欢迎的。

夏莹： 一定要把这句话写到前言里，免得大家看到拿不起来了。

巴迪欧的事件哲学

从本体论到现象学

主讲
蓝江：南京大学哲学系教授
主持
梅剑华：山西大学哲学教授、《认知科学》期刊主编
与谈
顾振清：服务器艺术艺术总监、当代艺术批评家、独立策展人
陆丁：首都师范大学哲学系教师

蓝江：首先简单介绍一下巴迪欧，以便大家不要以严格的数理逻辑和分析逻辑的方式来看待巴迪欧的哲学。国内对巴迪欧的研究，现在集中在他的艺术领域，对他的数学和哲学方面关注相对较少。

巴迪欧（Alain Badiou）是法国大陆学派学者，受到父亲雷蒙德·巴迪欧（Raymond Badiou，巴黎高师数学系毕业）的影响，喜欢用数学思考问题，后来他在巴黎高师读哲学系时，也大量学习了数学，所以他的著作，尤其是最主要几部著作都含有较多数学篇幅。这导致一些人对巴迪欧的哲学存在误解，认为他的哲学是数学本体论。

他在《存在与事件》中虽然写了大量数学的东西，但是他的写法和分析哲学、数理逻辑的写法完全不一样。因为数理逻辑有很严格的论证、定义、公理一套严格的推导过程，但巴迪欧只是给出结论，让读者自己去推理，没有严格的论证体系，他的数学是不被逻辑哲学界、数学哲学界和分析哲学界承认的。他提出过自己的运算——忠实运算，但这个运算并不被数学界承认。巴迪欧也并不是因为他的数学才能获得名誉，而是在谈论政治、艺术、诗歌哲学领域出了名，并写出了《存在与事件》《哲学宣言》《世界的逻辑》之后，再加上好友齐泽克的大力推崇，大家才得知他的"事件哲学"。

巴迪欧的《存在与事件》系列到现在为止有三本。1988年出版的《存在与事件》，我已经翻译成中文并出版；2006年出版的《世界的逻辑：存在与事件2》(*Logiques des mondes*)，我也已经翻译完成并准备出版，这本书已经大量减少了数学相关的东西，重点是讲政治主体，更加靠近黑格尔的精神现象学。2017年出版了《真理的内在性：存在与事件3》(*L'immanence des vérités*)，正在翻译之中，所以今天讲座内容不包括第三本书，只讲前边的两本书《存在与事件》和《世界的逻辑》。

一、数学与哲学

今天，我不会把巴迪欧的思想完完整整介绍出来，主要任务是重点解释一些问题。巴迪欧为什么要用数学解释哲学？这是第一个重要的问题。如果脱离巴迪欧的数学能否谈论他的"事件哲学"？可以，但是巴迪欧自身坚持形式论数学，即认为哲学不能脱离数学，即需要形式论数学来解决哲学问题，从这个意义上，巴迪欧的哲学离不开他的数学基础。

他的第一本书在很大程度上依赖于康托尔集合论，尤其是后康托尔集合论——即公理体系的集合论。并且在集合论的基础上提出"数元"（matheme）的概念——数元是让数学成为数学的东西。在论及事件时提到如何通过数学方式思考世界。这些想法也受到了逻辑学、数理逻辑、数理哲学、分析逻辑学者们的批评。他的第二本书改用了另一套自称"现象学"的东西，抛弃了纯粹形式论的数学，而使用了格罗滕迪克（Grothendieck）的"层论"（layer theory，然而我并未从中看出他在多大程度上使用了格罗滕迪克的层论）。从最通俗的角度理解巴迪欧数学和哲学的关系：巴迪欧曾著"四个颂"——《数学颂》《爱情颂》（中译：《爱的多重奏》）、《戏剧颂》《政颂》。在《数学颂》中提到自己的数学和一般所认为的数学之间的关系，历史上有两大数学的争论：实在论（realism）和形式论（formalism）。

实在论数学是第一次数学危机导致的。在古希腊时期产生了"自然数"——1，2，3，4，5。在考虑到"分数"即"有理数"(rational number)时产生了问题：对于一个边长为1的正方形的对角线长度能否用有理数来表示？（当时没有"根号"即"无理数/irrational number"这个概念）数可能是无限连贯的，无法用数学符号去穷尽的东西。但是一般意义上的"数"，不论是整数、自然数还是有理数，都是有空档的一个点、一个点的跳。那么为了穷尽数学的real，出现上述问题时，古希腊人被迫发明一种新的数的类型，即开根号的无理数。这是数学发展史上重要的贡献。

问题未得到完全解决，发明无理数以后并非所有的数都能找到对应的形式上的标签，最经典的一个案例是 $x^2+1=0$ 这个方程有没有解的问题。一般情况下 x^2 不可能等于-1，所有实数（有理数和无理数）都无法解决 $x^2+1=0$ 方程解的问题，所以出现了虚数（imaginary number）。数学发展史上不断地发明新的概念、新的形式，来面对所谓的数学对象，这就产生了数学实在论和数学形式论的区分。

著名的芝诺悖论（Zeno's paradox）也说明这个问题——数学对象是无限的，按照巴迪欧的说法是真正的无限真实（infinite real）。但是对于数学的表达形式又是有限的，是一个形式论的问题。最著名的四个芝诺悖论中较难解决的是"阿喀琉斯能不能追上乌龟"以及"飞矢不动"的问题。芝诺用点的概念相对应的是形式数学；而乌龟跑的问题、线上的无限多的点的问题，是一个无限真实的问题。芝诺悖论就是有限形式的数学去面对无限形式实体。这是两套系统，不能达到完全的对应。

在巴迪欧看来，所有的形式不能够穷尽所有的 real（真实），就一定会出现悖论（paradox），著名的罗素悖论也是这样出现的。形式上的数学虽然能够自洽成为一个完整的体系，但是一旦面对 real 就一定会产生悖论。为了解决这个悖论，必须要在形式上进行创新，发明很多新的数学概念。

第三次数学危机导致康托尔集合论以及相对应的公理体系的出现，否则数学统一性就成了问题。数学原来是在数论的基础上建立起来，现在则要通过集合论进一步地解决。法国数学家埃瓦里斯特·伽罗瓦（Évariste Galois）很年轻就去世了，但是留下一个重要的贡献"伽罗瓦定理"——论证了五次方程以上不能用形式解和公式解。二次方程有几种解方程的方法：配方法、因式分解法、公式法。公式法是给出一个方程的公式，只要二次分成对应的系数存在，就可以根据公式直接把方程的两个解写出来。伽罗瓦发现五次方程以上不可以用这个方法解出，但是所有方程和系数的关系可以构成一个群，因此产生一个新的数学概念——群论。巴迪欧非常推崇伽罗瓦在"群论"上的贡献，认为原来的数学理解是关于运算的问题，而伽罗瓦改变了思考数学的路径，将其变成一个排列组合的问题。因此，巴迪欧的理论是形式论，而不是实在论。实在论是不可接触的，整个实在对象不可穷尽，是真无限。巴迪欧在最后一本书《真理的内在性》中处理 real 的问题。

无论是《存在的世界》还是《世界的逻辑》，讨论最核心的问题仍然是形式论，也就是如何创造新的数学形式。

二、真理程序与哲学：科学、政治、艺术、爱

巴迪欧认为真正创造事件的只有四样东西：科学、政治、艺术、爱，但他认为的科学很狭义，就是数学，不谈物理、化学和生物。他说："物理本来就是形而下学。数学才是真正的可以上升到形而上的东西。"他谈的艺术也很狭义，重点是戏剧和音乐，很瞧不起电影和诗歌。

简单说一下"爱"的问题：用数学的方式解释爱情为什么构成事件。原来的一男一女属于不同的集合，两个人相爱之后诞生了一个新的集合，新的集合在原来意义上不能命名，现在被迫把一男一女相爱以后的集合称为"爱的集合"。巴迪欧的"爱"实际上是一种数学之爱，也是一种直男之爱。

三、本体论：存在之所为存在

现在进入《存在与事件》的部分。巴迪欧对哲学的理解承袭了法国认识论的传统，尤其受到拉康的影响非常大。巴迪欧认为在数学中永远找不到一个形式能将所有 real 穷尽，所有能找到的数学表达、象征都是有限的，这个概念就来自拉康的概念"真实"。它像一个黑洞，当我们刚挖掘出一点东西时，又会产生新的东西，永远不可能穷尽。巴迪欧对数学和对精神分析的思考是一致的。

世界的源头是什么？庄子会讲"道生一、一生二、二生三、三

生万物"。老子道家认为是有一个"一"也就是太极。西方哲学史亚里士多德会告诉你有一个东西叫作"第一推动力"（the First cause）。柏拉图也是这样，最重要有一个"idea / eidos"，翻译成"本相"，就是有"一"。巴迪欧的观点不是这样子，他说没有一个叫作"一"的本源，他的《存在与事件》开篇就是"一"不存在。不是说我们都不存在，而是世界的源头是没有区分的，他经常用的一个概念是"in-difference"，没有办法把它区分出来的东西。

现在我能把一本书拿出来，是因为有一个函数能够定义这本书是什么，我的感知和动作才能把这本书从这个桌子和环境之中区别出来，海德格尔的《同一与差异》（*Identität und Differenz*）也是在讲这个。也就是说在你做出区分 identity（同一性）的时候，产生了实际的 difference（差异）。原初的世界是一个 indifference（无差分）的世界。[1]也就是说我们不能把某个东西和周遭环境区分出来的时候，这个是一个混沌（类似于道家所讲的混沌）。他用另外一个概念，"纯多"（multiple pur），也有翻译成"杂多"，表示不存在一个衡量的标准将某物和另一物分开。不是说它们相同，而是我们看不出其中的区别。所以我们将世界看成"一"，就已经是一个人类作用下的结果了。

象征界和真实界（Le symbolique-le réel）对应数学的形式论和实在论的区别。L'un est le resultat de la opération，意思是一是运算得出来的结果。我们有了某个运算的尺度以后，拿这个尺度衡量一切，这个时候才把所有的东西看成"一"。

---

[1] 我们能区分同一与差异之前，是一个没有办法区分同一与差异的世界，所以这个世界叫无差分（indifference）的世界。

四、情势与情势的状态

1.情势→结构→属于关系（∈）→呈现

Situation → structure → appartenance（∈）→ présenté

这个时候巴迪欧做了一个很重要的区分：事物呈现出来总是需要一个结构。我们总是存在一个环境之中，（他用了 Situation 这个词）但是便于区分用了一个不常用的词来翻译这个概念——"情势"。相当于给定了一个集合，这个集合有一个"架构"，产生了属于关系（appartenance）。举例子，我在这个房间中，我的书属于这个房间，我的鼠标属于这个房间。这些东西向我呈现，我可以看到这些东西，但是我不知道它们叫什么，于是有了第二层结构。

2.情势状态→元-结构→包含于关系（⊆）→再现

État de la situation → méta-structure → inclus（⊆）→ représenté

有了这些东西之后我需要对它进行分类，于是产生了"情势状态"（État de la situation）。这个时候的"关系"不是元素和集合的关系，而是在集合下面生成了若干个子集，他是包含（inclus）的关系。

举一个例子：我喜欢收集电子书，电子书在我这里是杂七杂八的呈现。为了找到某本电子书，要对所有电子书进行一个分类。没有分类前，它就是在一种情势下以属于关系向我呈现出来的东西。被迫分类之后，它具有一系列子集结构，变成了"情势状态"（État de la situation）。

按照语言来分，我的电子书有英文、法文、德文、意大利文等等，中文又分简体、繁体。然后进一步按照中文目录下的出版社来分，比如商务印书馆作为一个目录，商务印书馆下又按照《科学史译丛》这个系列来分成若干子集。分类之后，这本书不仅是属于我，它现在保存在我电脑中"中文-商务印书馆-科学史译丛"的子目录中。任何世间万物，除了向我们直接呈现出来以外，还要通过一定的"属性"向我们"再现"出来。

3. 计数为一→可辨识之物（朗西埃：感性分配）

Compte pour un → le discernible（Rancière: partage du sensible）

在这个情况下，每个集合下都有一个"计算"，我翻译成"计数为一"。有一个计数的规则放在一定的计数的结构下面叫计数唯一。经过计数为一的操作或者是处理运算之后这个事物才被我们可认识，变成"可辨识之物"。我们是在一个很庞大的分类体系下认识各种各样的事物，任何一本书都是在一定的结构下重新认识。一旦在这个结构下认识它，则是通过某些属性和概念对它进行再现。

比如我们很容易将一个走在面前的人还原成各种子集，他是男人还是女人或者是第三性别。在欧美国家，会考虑这个人是黑人、西班牙裔还是亚裔？从子集看问题，而不是从"纯多"元素考虑问题。任何一个摆在我们面前的事物我们都会对它进行计算，这是巴迪欧做出的重要区分。

五、ZF 体系和 ZFC 体系

有了这个区分之后，又出现了新的问题。巴迪欧的《存在与事件》花了 2/3 的篇幅做铺垫，大概到沉思 43 到沉思 46 的部分才开始真正阐发。在集合论体系内有两套公理体系，一个叫 ZF 体系，一个叫 ZFC 体系。它们的区别在于承不承认一个公理。在康托尔创立了集合论以后，重要的是策梅洛（Ernst Zermelo）撰写了一堆关于集合论的公理。后来，弗兰克尔（Abraham Fraenkel）质疑让集合论成为一个连贯的理论必须要补充一些定理，所以被称为"策梅洛−弗兰克尔公理体系"（Zermelo-Fraenkel Set Theory）。

其中有一个公理非常重要，这个公理就是"选择公理"。举个例子：我上课的时候，下面坐着很多学生，我要挑选出某个学生。这个时候不是随机挑选的，我们会按照一定的属性来进行选择。比如所有穿红色衣服的学生，就是一个分类函数。

在集合论里有一个公理叫"分类公理"可以把一个集合分解成若干个子集。分类公理先赋予它一定的定义和属性，然后可以根据属性或者函数方式把所有符合这个属性的元素从整个情势中间全部挑选出来，所有穿红衣服的学生，所有戴眼镜的学生。这个集合有很明确的定义、明确的函数、明确的量标准。

这里有一个争论：在数学界，任何一个情势中间必然存在着一个函数 A（不是空集）属于该情势，那么是否可以在函数中间随机选出函数使它成为新集合？给出了 5 个情势，随机从这 5 个情势中抓取一个元素构成一个新的集合还是否成立？公式表达为：从 S1、S2、S3、S4、S5 分别抓取了 X1、X2、X3、X4、X5，这时新的组合会不会成为一个集合的问题？数学界对此争论很大，因为原来的集合中所有穿红衣服的学生、戴眼镜的学生都是有明确的函数可以定义。但是在随机抓取的集合中间，最大的问题是存在对这个新集合无法定义，那么这样的情况下是否还能构成一个新集合？

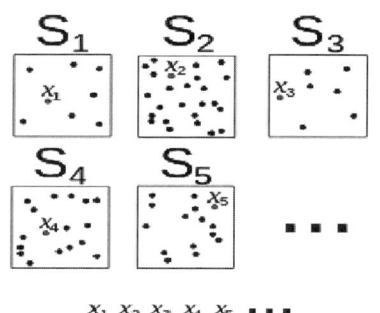

S_1 S_2 S_3
x_1 x_2 x_3
S_4 S_5
x_4 x_5 ...

x_1 x_2 x_3 x_4 x_5 ...

康托尔集合论对这个问题分成两派：一派认为这个东西绝对不能构成集合，这就是 ZF 体系；还有一派认为可以构成新的集合，这就是 ZFC 体系。

对于这个问题的探讨有何用呢？巴迪欧在伦敦音乐学院举了一个例子。

桌子上摆了很多东西，有苹果、梨子、草莓，还有石头、蜗牛、烂泥巴、死青蛙、蓟草……桌子是一个情势（situation），我们可以对水果进行明确的定义，能够分出水果的集合。也可以分出一个非常令人恶心的集合：烂泥巴、死青蛙等等这些东西。但问题在于：有没有可能将梨子、蜗牛、烂泥巴等杂七杂八、各种类型中挑出一个东西组成新的集合？这样的集合在 ZF 体系下没有办法命名，因为没有属性。

巴迪欧则告诉你，实际上是可能存在这个集合的。他说假定旁边有一杯水不小心泼了，这些水正好打湿了苹果、烂泥巴、死青蛙，它就构成了一个集合。在水泼之前这些集合是不可能命名的，即在以前的情势状态（État de la situation）中是没法命名的。但是水泼了以后，这些东西都被打湿了，所以可以命名，我们可以将其定义为"被水打湿了的东西的集合"。在事件之前，苹果、烂泥巴、死青蛙没有办法命名，甚至无法看成一个集合，但是水泼了以后，由于这三样东西被随机打湿，构成一个新的集合。所以这个新的集合在事件之后可以被辨识。事件之前和事件之后有明确区分。之前一个不可能被辨识的集合，在事件之后突然变得可以辨识，这就是选择公理。巴迪欧的重点在于在某种特定情况中选择公理下的集合是可以成立的。

六、事件

溢出点——不可能之物，无法辨识之物

1. 事件与忠实运算

《存在与事件》中巴迪欧对事件的理解，有一个溢出点和水打湿是类似的。突然让之前不可能的东西和无法辨识的东西变得可以认识，这个东西就是"事件"。

在《存在与事件》中，重点不是谈事件如何发生，而是事件发生之后怎么办？既然巴迪欧是承认选择公理的，那么选择公理下就有随机组合，那么如何将所有这样的"集合"标识出来？所以他发明了一种忠实运算的东西（忠实运算是不被数学界所承认的），还有运算符 enquête。

2. 忠实运算：a □ Ex

a □ Ex 相当于找到了一个元素忠实于计算，如果要进行一个计算 enquête，就要做标记。这个元素受事件影响写作（+）例如一个青蛙被水打湿写（+）；没有受事件影响写作（-）。所有受事件影响的元素集合起来就构成一个新的事件之后的集合。

2019年，黄马甲运动并非某个组织运作的，就是一些破产农民、青年学生、反劳动法的工人对当时的马克龙政府表示不满而走上街头。他们互相不认识，原来不可能构成集合的一些人在特定的情况下构成了新的集合，构成了所谓"革命主体"。这些带（+）的东西构成所谓的忠实运算。

《存在与事件》最后要得出一个东西是"类性延展"（S→S（♀））。"类性"这个词的法语是générique，翻译成"类性"是因为巴迪欧强调générique这个词来源于马克思的《1844年经济学哲学手稿》。《1844年经济学哲学手稿》讲四个异化的时候，马克思曾经谈到人与自己的类本质异化用的就是类性（générique）。类性在数学中间有一个专用的名词"脱殊扩张"，而我在《存在与事件》中根据巴迪欧所谈的哲学含义翻译成了"类性延展"。

这有一个像静止的维纳斯的符号♀，这个符号代表着不可辨识之物，类似于刚才我讲的死青蛙、蓟草和苹果组成的完全无法命名的集合。由于发生了事件导致这个集合可以在新的环境下被认识，代表着从之前情势（situation）变成一个可以认识之前不可辨识之物新的类性延展。

新的情势中间，我已经可以认识那个原来不可辨识的东西。比如刚才讲数学的例子讲到 $X^2+1=0$ 这个方程在实数的范围内无解。由于在形式上拓展出了虚数，这个时候就可以让 $X^2+1=0$ 的方程有解。X^2 可以等于-1。我们发明了一种新的形式，导致了原来不可认识的东西在新的形式下变得可以理解。巴迪欧一直在强调这一点，我们要不断地发明形式，重点不是事件的发生，如果不创造新的形式就无法认识事件，重点是要通过新的形式去认识所发生的事件，如果没有新的结构发生，那个事件等于没有发生。

七、三种主体

巴迪欧在《存在与事件》中认为事件发生以后一定会被人们所认识，但是在《世界的逻辑》里不是这样。有人提出批评，为什么事件发生大家一定会认识到不可辨识之物呢？所以在《世界的逻辑》中巴迪欧发明了三种东西。

1. 忠实主体；
2. 反动主体；
3. 蒙昧主体。

忠实主体很好解释。他很坚定地认为这个事件发生了，而且认可了这个事件的发展。比如斯达巴克斯起义，巴迪欧说他们创造出"大家一起回家"这个口号，所以大家都忠实于这场运动，让斯巴达克斯起义真的成为一场起义，而不是一场杀死奴隶主的暴动。

比较难理解的是反动主体。塞弗（Cypher）是《黑客帝国》中非常经典的形象，Cypher这个词恰恰是"解码者"的含义。这个人物的经典之处在于他吃过药丸，见过真实的情况，经历过事件。他有一句话非常著名的台词："我知道这个牛肉是假的，是数字创造出来的感觉，放在口中的感觉也是数字给我的，但是我依然选择去相信。"他说了一个很重要的台词是"无知是福"（Ignorance is bliss），他知道这一切都是假的，但还是去享受。巴迪欧把这种人叫反动主体。

彼得·斯洛特戴克（Peter Sloterdijk，1947—　）在《犬儒理性批判》把塞弗叫作犬儒主义。齐泽克也写过一本书，过去我们讲意识形态是假的，但是今天的情况恰恰相反，明明知道是假的还愿意相信它，那么这就是反动主体。

巴迪欧讲的反动主体是经历这个事件，虽然不认可它的存在，但是还很享受地按照原来的情势去思考问题。反动主体和蒙昧主体区别是什么？反动主体是知道事件发生，装作看不见；蒙昧主体根本不认为事件发生，把所有与事件的关系全部消灭。巴迪欧在《世界的逻辑》举的例子是基地组织，基地组织不认可任何现代化的东西。

巴迪欧认为《存在与事件》讲得过于形式化，大家没有做出强烈的反应，他希望写一本更通俗的书，那就是《世界的逻辑》。《世界的逻辑》要解释的问题是什么？解释在这个世界上怎么看待事件。事物和事物之间是有区别的，但是在一定程度（degrée），一个值的范围内，这个区别是不重要的，基本上可以把它看成是一样的东西。

巴迪欧在《世界的逻辑》和《第二哲学宣言》（*Second Manifeste Pour la Philosophie*）中都举过一个例子。我在路上行走的时候，一棵树和另外一棵树肯定有区别，但是它不重要，我只把它都看成差不多的树。在开车行进的过程中这棵树和那棵树都只是树而已，在这种情况下它们之间的区别不会向我显现。

巴迪欧讲的这个例子让我联想到《街霸》这款游戏。玩过《街霸》的人都知道这两个人，一个叫隆（RYU），一个叫肯（Ken）。我最开始玩《街霸》时，不知道他们之间除了衣服不同以外有什么区别。时间长了之后才知道肯的破坏力更强，隆的防空更厉害。对于一个不常玩街霸的人来说,他们其实长得差不多,通常把他们看成同样的一个人。在国外的时候,那些外国人知道你是亚裔,但是如果不主动介绍,他们分不清你是中国人、日本人还是韩国人。

这个世界的架构就是如此,我头脑中的 X 和 Y 可能差不多,ID（X, Y）,我把它视为"一"。绝大多数时候我不关心它们的区别,它就不向我呈现。

八、实存（existence）

在 Id、x、Y 的基础上发现了新的函数 Id(x, x)=Ex 就是实存函数（existence），来表示是否能从这个世界上显现出来。一个人肯定在世界上存在,但是由于他自己和自己的同一性不够高,导致不可能被呈现出来。巴迪欧最核心的问题就是有些东西虽然是实存的,但是它并不向我们展现出来。举一个例子,周星驰最开始演《射雕英雄传》中跑龙套的宋兵乙,大家都没有关注他。后来周星驰出名了,所以大家去关注宋兵乙,而且成为一个事件,周星驰就获得了一个实存的地位。相反,如果他没有出名的话,那么他就和宋兵甲一样是一个非实存（inexistence）的状态。

我很喜欢电影《电锯惊魂 I》（*Saw*, 2004）,它带给我震惊的视觉体验。我第一次看这部电影的时候,一直关注医生和大学生两人的对话,关心他们怎样逃出去,解各种谜题,并没有注意到地上躺着个老头,以为只是一具无关紧要的死尸,直到他突然从地上爬起来,才知道他才是最大的 boss。

之所以第一遍看的时候没有注意到他,是因为这个老头没有在我看电影的架构中显现出来,实存值是不存在的,是 ID（x, y）=0。

当第二遍再看的时候已经发生了很大的区别，我紧紧盯着地上的死尸，因为我知道他会爬起来。

九、四种现象上的变化

巴迪欧在《世界的逻辑》给出一个重要的图：与刚才的实存函数相关联，有四种变化：

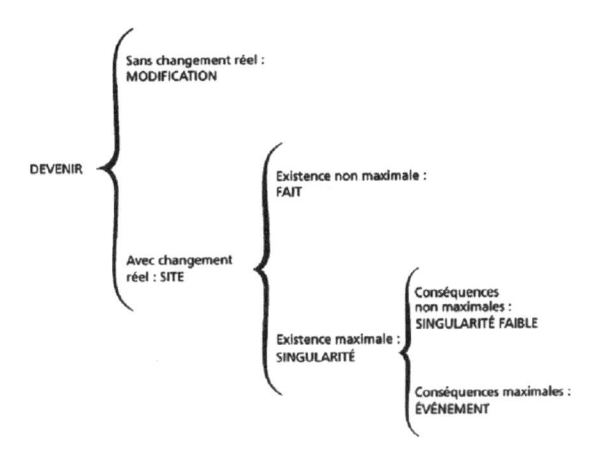

```
                  ⎧ Sans changement réel :
                  ⎪ MODIFICATION
                  ⎪
         DEVENIR ⎨                    ⎧ Existence non maximale :
                  ⎪                    ⎪ FAIT
                  ⎪ Avec changement  ⎨
                  ⎩ réel : SITE       ⎪                           ⎧ Conséquences
                                       ⎪                           ⎪ non maximales :
                                       ⎪ Existence maximale :     ⎨ SINGULARITÉ FAIBLE
                                       ⎩ SINGULARITÉ              ⎪
                                                                   ⎪ Conséquences maximales :
                                                                   ⎩ ÉVÉNEMENT
```

1. Sans changment réel：比如从穿黑衣服变成穿蓝色衣服这种变化叫作 MODIFICATION，即没有发生真正的变化。因为这个变化不构成事件。

2. 有一些东西有真正的变化，Avec changment réel：SITE。

SITE 又分成两种：

（1）实存没有获得最大值的实存函数；比如突然牙齿很疼只能叫作事实（FAIT），虽然这个东西让我感觉到一些变化，但是不对整个存在造成影响；

（2）造成巨大影响就是奇点 SINGULARITÉ。

实存会获得一个最大值的结果，如果结果不到最大值只能叫作弱奇点（SINGULARITÉ FAIBLE）。获得最大值，即使得整个世界的天翻地覆的东西叫作 ÉVÉNEMNET。

我把两本书（《存在与事件》《哲学宣言》）的情况和大家介绍了一下，谢谢各位。

对话

梅剑华： 蓝老师讲了法国哲学中的事件、存在、本体论、主体、同一性等概念。这些概念在分析哲学中也常常讨论。但是今天是以不同的方式切入的，让我感觉到法国哲学与当代艺术，可能比要比法国哲学和英美哲学的关系更紧密。分析哲学中什么都可以算是一个事件，事件是很平常的，如何去定义一个事件却非常严格。但在巴迪欧这里，事件是非凡的，是介入性的东西。它使得不能认识的东西变得可以认识，给我们形成一个互动的契机。

下面进入讨论环节：有请当代艺术批评家、独立策展人顾振清老师、首都师范大学哲学系陆丁老师。

顾振清：《存在与事件》中，巴迪欧的集合论导致他产生新的思辨。那么当代艺术这个概念作为一种新的集合、新的定义，与之非常有可比性。当代艺术和后现代主义艺术不同，后现代主义艺术是对现代主义的一种回应，无论从哪一种媒介发现、材料创新、思想实验和思潮运动出发，都在不同的集合当中做推演。

在当代艺术领域，以前各种集合的边界都被重新干预。如果以当代艺术这样一个新的条件来看，所有的艺术集合都可以指向一种未知的或者未显的意义，指向一种知识生产领域可以无限发展的目标。这样，各种艺术集合都可能被大家接受为一种当代艺术。有这样一种可能：某种艺术集合中的一个新表达貌似传统，所使用的媒介也并非最新的，但是它指向的意义是一种以前未显的、不可见的意义，那么，它就表现为一种当代艺术。所以，当代艺术能干预到各种既有艺术集合，使其成为新的集合。当代艺术的条件是一种类似光学机制的条件，它将以前不可视、不可见的新的实体通过一种艺术集合的形式表达出来，使之成为当代艺术这样一个新的集合。巴迪欧这样一个新的"实在论"可以跟当代艺术的对象分析方法作类比，我觉得彼此的理论与实践之间，都有可以匹配、互补的地方。

蓝江：巴迪欧的艺术观之一是我们要去重新发明一种观看艺术的方式。举几个例子：他对杜尚（Marcel Duchamp）的现成品艺术的评论。小便器在杜尚拿到蓬皮杜中心前后，这个物体完全没有发生变化。但就这个行为，导致出现了一种新的艺术形式——现成品艺术，我们开始从一种新的角度去思考艺术如何定义的问题。

乔治·迪基（George Dickie）对艺术的定义是一种体制性的问题，艺术之所以成为艺术，和数学一样，是不断地创造新的形式。而不是画一个之前没有的东西，也不是创造了一个自己觉得很新的东西。

巴迪欧认为，更高的艺术一定是让我们突然捕捉到全新的考虑问题的角度。巴迪欧和阿多诺一样非常喜欢音乐，对勋伯格

（Arnold Schönberg）非常尊重。

在一种新的框架之下重新思考艺术定义的问题，这是巴迪欧对艺术做出的贡献。他不仅讨论勋伯格《十二音平均作曲技法》，而且讨论韦伯恩（Anton Webern），讨论和德勒兹共同喜欢的音乐家布列兹（Pierre Boulez）。他们都属于序列音乐（serial music），并不是说他们喜欢这个序列音乐，而是由于序列音乐的存在，让我们体会到了另外一种感知世界的方式。

我上次和做游戏的艺术家们讨论后出现一种想法：今天，所有人包括从事艺术和哲学的人所面对的问题是：我们是否穷尽了去理解世界的方式。那么答案是没有，人是有限的。巴迪欧一直在强调这一点，不管集合多么完备，特别是针对哥德尔完备性定理和可建构全集，这个问题总有一个例外，总有一个东西不能被原来的框架所理解，这个理解迟早有一天会刺破外壳，让我们知道不能全部按照这个角度来思考。

今天艺术的使命，在巴迪欧看来恰恰在于要去制造事件，让事件发生！原来不能被我们看到的东西通过某个作品、通过某个艺术事件，突然被我们看到了。原来不认为是问题的东西，由于这个问题出现，以至于一部分人看待世界的方式被迫要发展出一种新的形式、新的观念。

我比较欣赏葛宇路的做法，北京有一条路没有路牌，他自己做了一个以他名字命名的路牌——葛宇路。最有趣的地方在于，当地居民写快递地址的时候都会写上葛宇路多少号。这是今天艺术可以做的事情，不仅仅是创造一个原来别人没有画过或者是没有想过的东西，而是有无可能让事件发生，让人们自己概括出新的形式概念、想法、框架来理解这个事件。巴迪欧认为只要观念框架发生改变，世界也会随之发生改变。

顾振清：巴迪欧的观点为艺术史上的事件制造赋予一种新的视角。如果从美术史的角度来追溯，艺术总是呈现为一种线性发展的视角，希腊人的世界是一种视窗的世界；文艺复兴是透视法的世界，后来绘画的世界逐步发展成为摄影、电影、VR的世界。虽然整个世界在递进，但是整个透视法的规则没有改变。巴迪欧的"事件"像发明一种新的形式、新的思维方式，从此改变认知艺术的格局，甚至改变看世界和理解世界的格局。

比如禅宗的指月公案。任何人再怎么样去塑造一个手指，但是人终归还是要看月亮本身，而不只是看指月的那个手指。如果艺术家做的事，只是将老和尚的手指变成了美女的手指、机器人的手指、激光虚拟的手指；那么，这样的手指万变不离其宗，其本质没有改变。巴迪欧的集合论所说的并不是艺术家对于指月的这个手指的创新，而是对于月亮所代表的实在界的理解的不断加深，如此才有意义。今天，如果人们仍然以带有文艺复兴传统惯性的单点线性透视法认知世界，这个世界仍然会被再现为一种规约化、规训化的存在。所以，作为一种艺术史事件，新艺术语言的发明与新艺术形式的创造能否改变艺术本身，能否改变大众对艺术的看法，还在于艺术家怎么让这个事件的视角真正指向一种最终的意义。

蓝江：巴迪欧在《存在与事件》第三部中有一个真正的对照物。人类发明新的形式、产生事件，最终是要告诉我们是处在一个有限封闭的球体里，最重要的是走向球体之外看到真正的无限（infinite）。艺术也是如此，艺术并非要让我们身处一个安乐窝之中，而是要撕破一道裂缝，让真实的黑夜可以从中涌出来。我们要让自己走向外部，走向无尽的黑夜。

顾振清：黑夜的无尽如果是一个真的无穷、实的无穷，那么，人类所有创造的形式只是一种潜无穷。形式系统的潜无穷是可以接近实无穷的。潜无穷可以在不断的积累中有所突破，虽然这种突破可能看上去是西西弗斯式的、无意义的。但是人类认知很可能就在这种西西弗斯式的方式中得到真正的突破。

蓝江：巴迪欧为什么将维特根斯坦树立为自己的对立面？维特根斯坦在做哲学研究后期开始玩语言游戏，他把语言变成了人类最后的囚笼。维特根斯坦认为语言使得我们成为关在玻璃瓶中的苍蝇，你不要飞出语言的玻璃瓶。但是巴迪欧说：我们的任务就是要去说不可说之物，不要在不可说的地方保持沉默。我们的目标就是要飞出玻璃瓶。

顾振清：很多西方知识分子给了艺术家一个特权。2019年我与波兰策展人在波兹南联合策划了一个展览，这个展览是关于对黑洞事件视界背后的想象和猜测。黑洞的事件视界连光都无法逾越，因而，事件视界也是人类知识系统的最后边界。科学家没有办法在黑洞里面做任何一种可证伪的科学假设，只能允许艺术家继续前行。艺术家可以将这一层薄膜穿透，因为艺术家可以用各种各样的经验假设和猜想黑洞背后发生的事情。这种假设和猜想可以被认为是科幻，也可以被认为是纯粹的艺术想象。但是每种假设和猜想都有可能成为新的知识。由此，艺术的想象可以在科学无法突破的终极边界继续前行。

梅剑华：禅宗指月的比喻里，手指的变只是一个工具的变戏法，最终要跟实在有关系，也就是手指指的月亮要有变化才有意义。另外一种可能性，是认识世界本身，这个"认识"，比如我们对艺术、对哲学真理的认识会改变事物本身。有一种是柏拉图式的观点，有一种是非柏拉图的。我们对世界的认识会使得事物在我们的认识中不断成型，对事件的每一次新的介入会让我们对艺术的本真性有一个理解，这也是一种艺术作品，并没有一个完全超然在外的东西。

另外你评论维特根斯坦，对不可言说的语言，我觉得他在后期，当然肯定是跟巴迪欧不同，但肯定也不是那种智者派。实际上他的语言和思想，跟我们的生活形式有紧密关联，这也就是说不可能我们有一个独立于人的世界，这样的思路是维特根斯坦不承认的。

陆丁：哲学和艺术的关系，我比较关心"实在性""真理性"的问题。巴迪欧提供了一种本体论，这种本体论在什么意义上保证了实在性或者是解释了实在性的来源？如果谈论 being as being 的情况下，在什么意义上确实给出了一个实在的对于 being as being（作为存在的存在）的一个解释？向蓝老师请教两个问题：

第一，是因为有新集合，所以能够确认发生的是一个事件，还是因为这是一个事件所以产生的是一个集合？也就是事件和集合在存在论的判断上面哪个是优先的？

第二，巴迪欧现在讲的这一套，包括后来《世界的逻辑》现象学的部分，主要是把存在和差异捆在一起。能够作出区别的地方就有存在，identity 也是依赖差异的出现来考虑。那么有没有另外一种关于确认"一"的办法。比如我们将一个球用一块板子挡住，然后给小孩子看，再次把板子拿下来，如果在小的时候他不会认为这是同一个球，如果孩子长大的话他就会意识到这是同一个球。另外他会通过你做的操作来判断这个球是否产生变化。只是放置和移开板子的话，他会认为这是同一个球。如果你做出了一个拿走球的动作，那么他会认为这是两个球。这其中是利用时间轴上 sameness（相同）去考虑 identity（同一），这就和一般欧陆哲学常见的用差异考虑同一的路线不一样（相同往往是两个东西在某个方面或者某个性质上的相同，即使是极端情况，即在所有方面和性质上相同，仍然两个东西之间的相同，而不是同一）。结果是把能够识别出一个"一"的这件事本身作为一个认知的过程。

如果还有一种不依赖于差别和现象的分割、对情势下元素重新组合的确认同一性的办法，是不是可以更加自然地把"我/主体"跟世界捆绑在一起？当我将这个东西看作"一"时，意味着我和这个东西共同持续地存在于时间的流动之中。某种意义上，我也保护了自己的同一性。这种同一性是否可以解释？

在这种情况下，可以用"事件"去确认集合，也可以反过来用集合确认事件。我觉得巴迪欧的路线里还缺了一个比事件和集合更基本的东西，这个基本的东西可能需要用另外一种不同于差异的办法来确认同一性。

蓝江： 首先，实际上当我们谈"是"的时候，对巴迪欧来说已经算是运算了。以刚才的例子来说，巴迪欧认为青蛙、蓟草、苹果在事件发生之前它们不是集合,只是一个潜能,类似于亚里士多德很著名的行动和潜能的区分,只是成为集合的潜能,但是没有成为集合。但是,巴迪欧说要认识到这种集合是可能存在的,事件发生之后成为"一个集合",就要被迫要对它进行命名,对它进行定义。由于对它进行定义被迫要去改变原来的结构,出现了这个结构之后大结构就要跟着改变,这是类性延展的概念,原来的框架没有给新集合留下任何空间。必须要产生一个大的结构将新的集合给包容进去。但是巴迪欧一直在提,你不能因为死青蛙、蓟草,在之前不能命名它就认为完全没有可能性。

第一个回应:你提的问题我赞同,但是这个不在巴迪欧的思维之内,他根本没有考虑过这个问题。比如他谈到认识,一定是在一个抽象的整体上去谈,而没有谈个体认识。他是从整体的维度上去谈论,没有涉及个体尤其是个体的大脑和认识能力等方面。

第二个回应:在个体的成长过程中形成的对"一"的认识,巴迪欧没写,我也不敢替他随便解释。我猜测他认为一个原来是"一"后来不是"一"的事物,也是依赖某种特定事件的发生。比如,有一次我儿子在玩耍时弄伤自己,那么下次他就会注意。这部分超出我的经验范围,不能给予明确的回复。

关于"一"和"差异"的问题,巴迪欧在《世界的逻辑》和《存在与事件》中的观点有很大差异。《存在与事件》基本利用分析哲学的模式,讲分离函数的时候讲到定义"一",就是能把"一"和其他的元素区分开来,这是差异的区分。

但是在《世界的逻辑》中发生了改变。他认为差异不是一个绝对差异和绝对同一的问题。差异和同一之间存在一个"程度"(degrée)的问题。这个"程度值"取决于更高的框架环境(T)。举一个例子，前段时间参加关于巴西亚马逊森林改造的一个会议，其中有个很重要的观念是巴西想把碳排放变成可以交换的量在市场上和发达国家进行交换货物。这就产生了新的问题：原来我们的几颗树就是几颗树，但是由于要在交换体系内进行，那么就需要一定的公式和测算标准将其转换为可以交换的量，这个叫作碳金融/碳汇。碳汇出现之后，人们用遥感机器探测森林的碳饱和度，根据碳饱和度来确定这片森林的价值。碳汇出现之前，这片森林和另外一片森林有什么区别？在我们看来完全一样，正是由于出现了大的计量背景，让我们知道这片森林和那一片雨林之间的区别，知道这一片森林的碳汇和这片森林的碳汇有值的差别。

巴迪欧在《世界的逻辑》说现在谈"程度"（degrée），不是绝对的差异和绝对的统一。差异和同一之间有一个拉距（张力）区间，在区间取哪个值取决于环境T。比如开车的时候看到外面的两棵树完全同一，没有必要区分它。但是躺在树底下采集两片树叶做标本的时候，这两片树叶就有了区别。这完全取决于我在什么环境下谈这个问题。他实际上是站在把同一和差异看成一个绝对对立的两个概念，出来一个"量级"的概念。

陆丁：巴迪欧有无这样一种概念，对有效事件和无效事件进行区分？比如像 happening 和 event，happening 中一些事件仅仅是事件，它并没有产生新的集合。就像一部失败的艺术作品一样。

蓝江：这就是刚才那张图上面最后四种情况中的一种，叫弱奇点，有一些事件产生了但是没有产生最大值的结果。有件事情发生了，但是没有形成新的集合，也没有形成新的属性和框架，无法对其命名和做准确的概括和评价。但是如果我能够用新的概念对它做准确的概括和定义，它就是一个新的事件。

顾振清： 今天蓝江讲的巴迪欧的"事件"集合概念给了我非常多的启发，反思整个美术史。康定斯基在 1911 年画出他的第一张抽象画之后，蒙德里安、马列维奇也画过抽象画。这就形成了一个抽象艺术的有效事件集合。当时的抽象画是艺术家在寻找绘画自身逻辑的思路上的一种推演。绘画要找到一个自治性、自在性的可能，必须要和摄影区分。

绘画的抽象化，不再需要一个再现的、具象的、映射外在世界的形式系统。由此艺术逐步有了一种自我表达的可能性。后印象主义时期，塞尚画中世界的底层逻辑都是一些圆柱体、圆锥体、球体的彼此关系。塞尚看大浴女、看圣维克多山，看到的都是几何形体。这一点对毕加索影响非常大。毕加索的立体主义绘画，导致更多艺术家把所画的视觉对象进行更深度结构化的解析与构成。到了康定斯基的画中，艺术家就不需要有任何外在的形象，他可以把任何外在的形象抽象为某一种非具象的画面元素，使之成为点线面的集合逻辑的一种视觉表征。这是美术史对于事件制造的一种表述。

抽象绘画的出现在美术史上构成了一个事件，引起了整个绘画的革命，使得绘画有了主体性。在现代性的博物馆、图书馆和大学学科分类中，艺术获得一种与宗教、政治和哲学并列的地位。在传统社会中，艺术的地位原本一直匍匐在神权和王权的脚下。艺术总被当作政治的工具、宗教的武器、哲学的婢女。但是，由于抽象艺术的奠基，艺术独立了、自治了。

但是在 1986 年，人类发现了一位更早的抽象艺术家希尔玛·阿芙·克林特（Hilma af Klint）。这个科班出身的瑞典女艺术家在1906年就画了人类第一张抽象绘画，之后总共画了大概几百幅抽象绘画。蹊跷之处在于她是一个通灵者，她的抽象绘画是在她处于高维体验中所遇见的所谓高维大师指导下画出的，她只是准确无误地将所接收的高维信息在平面材料上一遍画成而已，犹如一台人肉打印机。当时在欧洲对她构成巨大影响的人，其实是"神智学"学派创始人布拉瓦斯基夫人（Madame Blavatsky）、人智学创始人鲁道夫·斯坦纳（Rudolf Steiner）等等。

在当希尔玛·克林特准备展出抽象绘画时，鲁道夫·斯坦纳却告诫她，说她的画在五十年内没有人能看懂。希尔玛·克林特深以为然。希尔马·克林特1944年身故，生前只是展出了一些风景类的绘画。她将她的抽象画全都封存起来，并立了遗嘱说二十年之后才能拿出来。结果，直到1986年，这批抽象绘画中的部分作品才得以在洛杉矶郡立美术馆的抽象画群展中露面。希尔玛·克林特才被追认为最早的抽象画大家。从这件事可见，抽象艺术的发生并非美术史上一种艺术自身逻辑发展、演绎的结果。它完全有可能是受到外界刺激才产生的这样一种结果，而这个刺激就源自20世纪初欧美"神智学"思潮。

康定斯基也被发现是神智学的信徒，蒙德里安则被发现是神智学荷兰站的站长。马列维奇（Kazimir Malevich）也有可能受到神智学的影响，他的作品《白色上的白色》（*White on White*）几乎是他对宇宙真理或上帝的一个图解。

我们发现，抽象运动是人类在可感知的三维世界之外，对更高的不可见的世界的洞察之后的产物。不仅是抽象艺术如此，大地艺术家史密森等人的作品也是如此。史密森（Robert Smithson）的作

马列维奇《白色上的白色》(*White on White*) 79.4 x 79.4 cm 油彩画布 1918

品《螺旋形的防波堤》(*Spiral Jetty*)虽然是一个简单的等角螺线型的图形，但是它所面向的观众并不是现世的人类，而是天地宇宙自身。史密森已经不将人类观众作为他的诉求对象，而是将更高的存在作为一个诉求对象。

2000年前后，有一位陕西的气功大师郭凤仪转型为艺术家。她在做气功时像突然发病了一样进行图像绘制创作。绘画虽然属于郭凤仪一种无法自制的行为，但绘画过程却对她的身心起到疗愈作用。郭凤仪没有受到任何专业的绘画训练，但是她的画一经长征艺术空间推荐后就很出名，并且参加了威尼斯双年展。被世人认为做原生艺术的艺术家中，也有一些专门接受宇宙信息、高维经验并与高维意识体对话的创作者。

另外，我们熟知的女行为艺术家玛莲娜·阿布拉莫维奇（Marina Abramović），曾在现代艺术博物馆（MOMA）做过一个大型的行为艺术展"玛莲娜·阿布拉莫维奇：艺术家在现场"，她隔着一张桌子与每一个志愿者相对凝视一分钟，体验一分钟凝视带来的震撼。她在美国上流圈子里还有另外一重身份，私下给美国的一些政要算命。因而她一直保留着祖传的一种沟通、联络高维信息的能力。艺术家与超自然的存在以及人类不可视的实体进行信息交换而产生的这种原生艺术、超维艺术，正在影响整个当代艺术的生态和边界，也给了当代艺术家很多启示。我想请蓝江老师谈一下如何看待艺术圈出现的这种变化。

蓝江：我没有听过神智学，顾老师提到的有一些认识是我们人类不能理解，但是对于更高的智慧是可以理解的。巴迪欧可能没有上升到这个层次，但是巴迪欧在《世纪》这本书中是这样解释的，马列维奇和康定斯基把原来不可能在艺术中出现的元素集合在艺术中，以一种新形式呈现出来，它就是艺术中的一个事件，巴迪欧理论的关键在于我们是否可以对它命名。有很多无名艺术家也创造出了很多艺术形式，但是由于没有命名，所以导致后来的沉默。由于康定斯基和马列维奇过于出名，所以当他们将一些不可能的元素混进去，艺术史就被迫对其进行命名，出现了一些新的概念。

巴迪欧认为哲学家不能创造世界，只能跟在科学家、艺术家、政治家之后去思考他们所做出的贡献。艺术家创造了一种新的艺术形式，但是有时候他并不知道如何对其进行命名，此时哲学家的作用就出现了。哲学家在新的框架下，用一种新的概念给出一些解释。

哲学家和艺术理论家的任务就是发明概念。比如杜尚的"现成品艺术"，就是先有的这个行为的发生，然后艺术理论家哲学家被迫创造出一种新的概念对它进行认识。哲学家的任务就是在世界上出现一种在原来的框架之下不能认识的东西后，去反思这个东西。比如在电影出现之后，以前文字的系统都无法思考电影这种新的物品，德勒兹就来告诉我们电影是什么，提出了一系列"运动—影像""时间—影像"这些概念。

梅剑华：有一个服务器艺术的朋友——北京师范大学代海强老师，正在做维特根斯坦的研究。提出了一个关于"事件的延展性"的问题：

> 原初杂多的不可识别是什么意思，是否存在完全不可辨识的原初杂多？第一，如果存在，是什么？尤其是没有环境的参与下它可能是什么？这会直接质疑单纯的原初杂多的可能性，还是或许只是一个构想出来的幻象？第二，如果没有，只是从不怎么知到明确的知（这是一个程度的差别，不是一个智性的差别），在新 S 中成为可辨识，这是从无知到知（这是认识论层面的问题，不是本体层面的问题）。

在新的 S 中成为可辨识依赖主体和环境的共同作用，实际上事件的延展需要环境的加入，不仅仅是原初杂多自身的性质所决定，此外虽然主体的所处环境是多样的，但是还是有限的。因此这里也没有边界的延展。

蓝江：我觉得是两个问题，一个是原初纯多是否可能的问题。这恰恰是巴迪欧和维特根斯坦很重要的区别。维特根斯坦基本不承认在语言的"是"之外的东西是存在的,因为"是"已经有标准去认同这个世界,所有的东西通过"是/存在"这个方式向我呈现出来才能表现为存在。但是巴迪欧恰恰是相反的,他说首先在这个"一"的标准建立之前,有一个我们不可认识的,也不可能被我们把握的纯多存在,这是一个信(belife)的问题,不是一个认识的问题。但是不可能在空无之上,否则就是虚无主义。一定是从"有到有",而不是"从无到有"。在"有到有"中,有一些原始材料,我们在原始材料的基础上将它杂多,通过一定的计算方式变成"是"这样一个过程。这个就是最典型的巴迪欧和维特根斯坦的区别。巴迪欧坚信我们作为"是"之外的纯多是存在的。尽管不知道这个纯多是什么,但是认定它存在。这是学派之间的争论。

第二,回应刚才代老师提出的本体论或是认识论的问题。巴迪欧的第一本书是《存在与事件》,他认为是本体论的问题。如果从纯多变成既是唯一的"是",然后建立情势和情势状态的结构,变成从呈现到再现、计数为一的结构。《存在与事件》在解释这整个过程,事件是这样出现的。

第二本书《世界的逻辑》明确说谈的不再是本体论,而是他意义上的现象学。他所谓的现象学跟胡塞尔现象学也不一样,巴迪欧的现象学叫作"我们在那里/此在",用的是海德格尔的"此在",怎么与这个世界相遇的问题。巴迪欧对于认识论的区分很清楚,他将康德的理论批评得一塌糊涂,他认为知识只是一个在认识论层面发生的问题。所以巴迪欧是与法国的存在主义、海德格尔是紧密相连的。

梅剑华: 月亮与手指的关系,是否也有两种存在?一种是像月亮一样的客观事物，背后有更多无限的东西的存在，一种是我们对它的认识和存在本身是不太能分离。陈嘉映老师将其区分为"有我之知"和"无我之知"。

蓝江：所以巴迪欧探讨的是跟人没有一点关系的东西如何向我们呈现出来。梅亚苏（Quentin Meillassoux）他们讨论的就是代老师说不可能存在的这个问题。

梅剑华：再提一个观众问题，齐泽克似乎只在谈论事件如何发生，不谈论集合，那么齐泽克和巴迪欧的区别在哪儿？

蓝江：我最近写了一篇关于齐泽克论事件的文章。巴迪欧关注的"事件"，是事件发生之后，发明一个概念才能面对这个事件。齐泽克考虑的事件并非如此，那么齐泽克认为什么样的情况下才能有事件呢？一个可以被描述出来的事件就已经不是事件了。举个《事件》那本书开头的例子，美剧《梅森探案集》（*Perry Mason*）中有一集是一个大学心理学教授杀害了他的妻子，然后他假装去开了一个会议之后报了警，对警察编造了大量的不在场证明，逻辑上没有任何漏洞。在警察审问他的过程中间也没有任何漏洞，非常完美。但是梅森作为一个律师发现了这个教授最大的漏洞，恰恰正是因为太完美了，没有丝毫的漏洞，以至于他妻子的死对他来说根本不算是一个"事件"，这不符合生存论（existence）层面上的事实。

恰恰相反，当一个突发事件发生时，我们是不能即时描述出来的。就好比阿加莎·克里斯蒂著名的小说《命案目睹记》（*Murder, She Said*）中，老太太见到隔壁火车的一桩命案，警察在向老太太收集证词时,她只能说出很片段零碎的描述。因为这对她来讲是一个"事件",在她的整个世界中无法对其进行描述。那么齐泽克所关注的是精神分析方面的例子。

梅剑华: 真正成为"事件"的标准是什么?是它的新颖性吗?

蓝江: 巴迪欧对事件有一个定义:在原来的情势状态中不能被再现出来,又需要辨识的东西就会成为事件。

梅剑华: 什么叫不能被再现?再现的意思是什么?是说用语言还是用符号再现?

蓝江: 任何都不能够直接按照明确的属性来描述的东西,现在已知的概念、词汇、语句都无法为其定义,就构成了"再现"。举个例子,对书分类时,出现了一本无法用任何一种分类法进行分类的书籍,现有的描述词汇全部穷尽了,但是为了去描述这个"分类"就要发明新的词汇。

顾振清: 这种"不能被再现"的描述特别适合回应当代艺术的每一次现象级革命发生时的语境。当有艺术新的形式、新的视角发生的时候,都会出现一些无法定义、无法归类、无法描述的事件。但是,当史家把这些事件整合到美术史语境中,就可以描述和把握了。刚才提到梅亚苏,按他的思辨实在论的观点来讲,很多艺术家在做去自我化、去人类中心化的创作。这些艺术家去接受某种超过自我经验的体验之后,以一种无意识或者以一种带有使命感的方式将它表达出来。虽然当代艺术的重要特征就是强调艺术家本身的一种独一无二性。但是，无论做超验感知的素人艺术家，还是做大地艺术的玛利亚、史密森等等，这些艺术家都将个人的差异性放在次要的地位。他们首先将人与万物实在的彼此感知作为表达的核心，拓宽人类的认知和知识生产的边界。这些新的艺术形式的出现，正在撼动我们对当代艺术的定义，并且为未来艺术的发展提供新的可能，是建立在现代思辨实在论的联系之上的一种脱离传统人类中心主义的视野与思考。这种视野与思考正在催生新的价值。

梅剑华：再提一个观众的问题，请问蓝江老师，《电锯惊魂》中我们发现这个老头之后，怎么去命名这个老头？

蓝江：第一遍观看《电锯惊魂》时候，这具地上的尸体和周围的场景融合在一起，没有进入我描述的场域。我第二遍看的时候头脑中已经有了一个框架，提醒自己要重视躺在地上的人，所以带着这个框架重新在看电影的时候就没有了第一遍看的时候的感觉。

还有一个典型的例子就是居伊·德波（Guy Debord）的《为萨德狂呼》（*Hurlements en faveur de Sade*，1952），整个电影过程中一直都是白色，只有旁白。最后的 24 分钟变成黑屏，既没有光也没有声音，很多人以为摄影机坏了，等了 5 分钟之后产生焦虑，观众连连叫骂要求退场甚至打起来，这成为了一个事件。整部片子萨德没有出场，但是电影用 24 分钟的黑屏帮助大家发泄了原始的欲望。但是后来我们在南京大学进行放映的时候，大家都知道了这个事件，每个人都静静地等着这 24 分钟，原来的那种效果就消失了。

梅剑华：结婚算是"事件"艺术吗？

蓝江：巴迪欧只是说爱情是事件，没有说结婚是事件。

梅剑华：艺术家阿布拉莫维奇和恋人乌雷（Ulay）一同徒步长城，既是一个里程碑式艺术行为也是两个人恋情的终结点，可以理解为艺术事件和爱的事件的叠加吗？

蓝江：这个我不好评价，因为结婚恰恰是把一个不可纳入框架下的东西强制性纳入框架，爱情一旦变成婚姻也就是法律上可以认定的东西就成了枷锁。虽然我们仍然爱着对方，但是这个爱背上了一个伦理的枷锁。结婚不是事件，已经是一个正常框架，我们目前所有思维都是按照法律关系思考夫妻关系的。有一些夫妻没有感情、没有爱的力量，但是强行在一个框架下进行思考，所以不是事件。

为什么说爱情是事件？男的一方和女的一方，比如罗密欧和朱丽叶属于两大家族，既是属于男的集合也是属于女的集合，也是属于两个家族的集合，将不可能在一起的两大家族结合就是一个事件。梁山伯和祝英台，白素贞和许仙的结合都是一样的道理。所谓爱情不是简单的男女相爱，而是因为制造了一个不可能在一起的两个人的结合才变成了千古绝唱。

梅剑华：请您简单比较一下德勒兹和巴迪欧所说的事件的异同？

蓝江： 德勒兹是一个游牧思想家。他认为打破框架，不按照既定的条理化、规则化的空间去运行产生的任何变动都可以叫作事件。只要突破了约束，没有按照正常的规范来，只要寻找自己欲望机器里生产出来的东西统统叫事件。

巴迪欧则认为有三样东西：事实、强奇点、弱奇点，这些都可以在德勒兹的理论中被称为事件，唯一不叫事件的是"改变"。比如今天穿一个黑衣服，明天换一个蓝色衣服，这个改变在德勒兹那里不叫事件。

巴迪欧的事件一定是在现实社会中间带来天翻地覆变化，带来最大值结果的才叫事件。不能产生最大值结果就不叫事件。他认为十月革命就是事件，因为十月革命彻底推翻了沙皇的统治和资产阶级统治，建立了人类世界上从来没有存在过的制度。在巴迪欧那里的事件是极其少的，但德勒兹那里的事件是非常多的，每个人都可能有事件，每个集体都有事件。这是他们的区别。

梅剑华： 请问，巴迪欧认为真理的四个生产程序是爱、艺术、政治和科学。这四种程序是需要单独理解的吗？如果现实生活中两个甚至四个同时叠加相互叠加发生，可以尝试将它们放在一起理解吗？

蓝江： 首先，巴迪欧是承认它们可以相互叠加发生的。巴迪欧从来没有说它们四个要单独出来理解，迄今为止他只发现这四样东西可以产生新的集合。巴迪欧比较强调即使这四样东西所构成的事件到现在为止也都是极其罕见的，不是任何一个人的爱情都可以成为爱的事件。两个人相亲之后相爱不能叫作事件。他所谓的爱的事件全部是惊天地、泣鬼神的事件，像罗密欧和朱丽叶。正常的两个人相爱，两个大学生在寝室谈恋爱很正常不能叫事件。

梅剑华： 最后一个问题。德勒兹是巴迪欧的老师，梅亚苏是巴迪欧的学生，三代的连续、差异怎么定位？巴迪欧的哲学在法国哲学乃至世界哲学上的位置？

蓝江： 德勒兹出名是上个世纪60、70年代，最著名的著作都是60、70年代写的。德勒兹和加塔利处在那个时代，强调"分""游牧""碎片化""解域化""根茎"这样一些概念，为后来的"后结构主义""后现代主义"提供大量的影响。一切坚固的东西都烟消云散了，反宏大叙事。利奥塔也属于这一代人。

巴迪欧跟他们是相反，他跟德勒兹是巴黎八大的同事。巴迪欧在1968的时候干了一个很激进的事情，就是闹德勒兹的课堂。巴迪欧成名的时候就是以一个反后现代主义者的形象出现的，主张回到柏拉图、回到传统哲学。

当大家说哲学死亡的时候，巴迪欧提出了反对意见。在我翻译的《哲学宣言》开头有一句话，英文版和法文版不一样。法文版提了这句话："现在大家都说哲学死亡了，哲学哪里死亡了，今天的哲学比以往更加强大。"并且通过几个例子将布尔迪厄、鲍德里亚、维特根斯坦这些"现代智者"都批评了一番。其中提到的最坏的例子就是尼采，尼采将一切都砸烂。巴迪欧提出用数学的方式重建哲学的根基。之前哲学的根基要么是上帝，要么是所谓的真理。我们现代虽然找不到这个根基，但是我们得相信它存在。不能说在确定性之外不存在实在的东西，它存在，只是我们不知道它是什么，所以无法用语言描述。巴迪欧包括朗西埃，尤其是阿甘本这一代人开始思考这样一些东西，他们已经不是后现代主义者了。齐泽克有点儿夹在后现代和新一代思潮之间，构成这样一个关系。到了梅亚苏很明显是巴迪欧这个逻辑的一个延伸。

梅剑华：非常感谢蓝老师的精彩演讲，感谢顾老师和陆老师的讨论，今天线上讲座就到这里，感谢各位直播的观众。期待下次再见。

科技哲学与当代艺术

世界的意义就在于事与愿违

哥德尔定理究竟说了什么?

主讲
刘晓力:中国人民大学哲学院教授、中国人民大学哲学与认知科学交叉平台首席专家
主持
袁园:独立纪录片导演、艺术家、当代艺术摄影批评家
与谈
顾振清:服务器艺术艺术总监、艺术批评家、独立策展人
王球:复旦大学哲学学院副教授

刘晓力：非常荣幸跟艺术家们一起讨论哥德尔定理这样一个看似有点儿艰深的话题。今晚与大家分享的主题是"世界的意义就在于事与愿违——哥德尔定理究竟说了什么？"

引言——为什么现在要谈哥德尔？

今天讨论哥德尔是有缘由的，哥德尔不完全性定理1931年发表，今年恰逢发表九十周年。他的不完全性定理，包括定理证明中使用的方法，经过与图灵机概念和冯诺依曼计算机体系设计的划时代结合，奠定了我们今天正在受用的计算机科学的基础，也催生了整个人工智能领域，特别对认知科学中的计算主义纲领提供了一个理论反思的基础，开启了人类思想和数字技术结合的一个革命性新时代。

我上世纪90年代开始进入人工智能哲学和认知科学哲学领域。在我看来，今天人工智能和认知科学虽然一路披荆斩棘，硕果累累，在其飞速发展的过程中，却由于媒体的一些过度渲染和商业炒作，相当程度上引起大众对人工智能的误解，认为今天已经到了通用人工智能的时代。我认为，其中多数误解与遗忘了哥德尔思想的深刻内涵有关。因此，在哥德尔定理发表九十周年之际，我们需要重申哥德尔定理不可估量的思想价值及其对未来人工智能和认知科学的启示。

此外，哥德尔曾经说过一句话——世界的意义就在于事与愿违，以及克服这种事愿分离的努力（The meaning of the world is the separation [and its overcoming] of fact and wish）。（参见 Wang Hao，1987，*Reflection on Kurt Gödel*，The MIT Press，p.193；也参见[美]王浩著，《哥德尔》，康宏逵译，上海译文出版社，1997，301页。）当我第一次看到这句话的时候就下决心一定要研究哥德尔，我的博士论文就是关于哥德尔思想研究的。讲座中我会解释这句话到底有什么深义。

哥德尔何许人也？

《时代周刊》曾经列出20世纪影响人类思想的100位思想家，排名前四位的是爱因斯坦、图灵、哥德尔、凯恩斯。爱因斯坦跟图灵几乎妇孺皆知，大家也多少知道凯恩斯的宏观经济学，但世人对哥德尔既知之不详，也知之不确。哥伦比亚大学授予哥德尔荣誉博士学位时，称他是"最伟大的数学真理的发现者"。王浩先生评价："哥德尔是爱因斯坦与卡夫卡的精确性和巨大想象力集于一身的伟大逻辑学家。"我相信他的思想跟艺术家会有某些共鸣之处。

库尔特·哥德尔（Kurt Gödel，1906—1978）出生在摩拉维亚的布尔诺城一个中产阶级日尔曼家庭。1924年入维也纳大学学习，最初主修物理和数学，后来在维也纳小组的激励下开始学习逻辑。1930年获维也纳大学哲学博士学位。1933年获维也纳大学执教资格。1940年迁居美国任普林斯顿高等研究院研究员。他的一生可以说是献身基础理论研究的一生，他的学术贡献主要是在数学、逻辑和哲学领域，包括：

> 1. 1930 年发表一阶谓词演算的完全性定理；
> 2. 1931 年发表算术形式系统的不完全性定理；
> 3. 1939 年发表连续统假设与集合论公理的相对协调性证明；
> 4. 1933 年开始的关于"直觉主义数论"的结果。

这些结果不仅使逻辑学发生了革命，而且对数学、哲学、计算机和认知科学都有非常重大的影响，也被艺术家和其他领域的人津津乐道。哥德尔的全部发表物收录于五卷本的《哥德尔文集》的第一、第二卷。大部分思想都记录在手稿、私人通信以及与他人谈话的记录里。《哥德尔文集》后三卷收录了他的部分手稿、通信等。大量遗稿显示，哥德尔不仅以精湛优雅的科学工作令世人瞩目，还以卓然深刻的思想为世人留下一笔丰厚的哲学遗产。

一、哥德尔定理究竟说的是什么？

由于理解逻辑的技术性困难，哥德尔周围往往笼罩着某种神秘色彩，坊间也流传诸多对哥德尔定理的误读。通俗地讲，哥德尔定理一方面断定了一阶逻辑演绎方法的巨大威力；另一方面，又揭示了在包含初等数论的形式系统在内的其他系统中运用这种一阶逻辑方法，其演绎能力具有不可克服的限度；同时，与其等价的结果是，建基在能行可计算（effective calculability）这个直观观念上的图灵机的计算能力有着先天之不足，而事实是，六十余年来人工智能从未脱离图灵计算的轨道。

哥德尔定理首先与形式系统概念相关。

为了避免自然语言的模糊，严格清晰地整理日常推理和数学推理，数学家借助一套人工符号语言建立了数理逻辑，同时引进了"形式系统"的概念。一个形式系统是一个完全符号化的形式化公理系统。包括（1）各种初始符号；（2）一系列形成规则，指出什么样的初始符号构成的符号串是合法的公式；（3）一个有穷公理集合；（4）一套推理规则，规定什么是系统中定理的证明。

欧几里得几何学就是一个公理化系统，它有五条公理。欧式几何定理都是从公理公设出发通过推理规则得到的；牛顿力学也是一个公理化系统，由牛顿三定律出发建构。但是，这两个系统不是形式公理系统，因为它们是用自然语言表达的，并未完全使用一套人工符号。我们把这样的公理系统叫作实质公理系统，其中的公理都是有特定内涵的。形式公理系统以下简称形式系统。

讨论哥德尔定理，一个非常重要的概念是，什么是一个形式系统的证明。直白地讲，一个形式系统的证明就是一系列公式依据规则对公理的变形操作。

形式系统的一个证明是一个有穷长的公式序列，其中每一个公式，或者是公理，或者是由公理和在前的公式根据推理规则得出的，有穷序列的最后一个公式叫作系统的定理。一个公式是系统的定理，就意味着存在系统中的一个证明，也称这个公式在系统中是可证的。如果系统的推理规则是保真的，就能从真前提必然得到真结论，公理是真的，定理自然是真的。

例如，可以用人工符号把自然语言表达的命题表示为如下形式公式 $\forall x (Hx \rightarrow Dx)$ 所有人都会死，根据规则这个公式可以推出 $\neg (\exists x)(Hx \wedge Lx)$，没有一个人长生不死，即从"所有的人都会死"

这个命题可以推出"没有一个人长生不死"：

∀x (Hx → Dx)→¬ (∃x) (H x∧L x)，如果"所有的人都会死"是真的，就从真前提推出了真结论"没有一个人长生不死"。

如前述，对于形式系统任意给定的一个公式 A，如果能够一步一步地从公理出发，依照规则，在有穷步骤内无争议地推出 A 所表达的命题为真还是为假，这个有穷步的推理过程就叫作"系统中定理 A 的证明"。这个定理证明的过程是一个能行的机械过程，或者说是能行可计算的过程。如果系统对任何一个公式都能经过这样的能行可计算的过程，判定它或者它的否定是否是系统中的定理，即为 A 找到一个公式的有穷序列，终止推理；这个系统，或者严格讲，这个系统的公理集就是可判定的。

在哥德尔出场的年代，莱布尼兹通用计算的理想深入人心，逻辑学家孜孜以求建造通用逻辑体系实现莱布尼兹理想，并期望将全部数学奠基在这样的基础之上，实现数学的逻辑化目标。到了 1920 年代，已经相继构造了三个逻辑系统：1879 年弗雷格（G. Frege）提出第一个初等逻辑的形式系统。1910 年罗素（B. Russell）在《数学原理》中给出一阶谓词逻辑的形式系统 PM。1928 年希尔伯特（D. Hilbert）和阿克曼（W. Ackerman）引进形式系统 HA。

问题是：这些系统是否能囊括所有的逻辑真理和数学真理？哥德尔说，逻辑真理可以，数学真理不行！

哥德尔在他 1929 年完成的博士论文中证明了著名的完全性定理：一阶谓词逻辑的形式系统 PM 具有一种语义完全性，即所有普遍有效公式都可在一阶谓词逻辑系统中作为定理得到证明。即这样的系统是保证从真前提必然推出真结论的通用逻辑系统。完全性定理表明，一阶谓词逻辑系统在表达那些"放之四海皆准"的逻辑真理方面是充分的。

人们自然会想，既然有这么好的工具，我们能不能把全部数学真理也用这样的逻辑系统推演出来呢？因为大多数人相信，数学是整个科学体系里最具生命力、也是最为坚固的体系。两千多年来只有还未被证明的数学猜想，像哥德巴赫猜想、费马定理、孪生素数猜想等，已经证明的数学定理却从没有一个被推翻过。

当年，大数学家希尔伯特提出，对于数学体系需要解决如下三大问题：

1. 数学是不是完全的，所有的数学真理都能在数学的形式公理系统里得到证明吗？

2. 数学是不是一致的，它不能同时推出 A 和非 A？

3. 数学是不是可判定的，有没有能行可计算的程序或者算法，对数学系统中的任何一个数学命题，都可以由系统的公理经过严格的推理规则得到证明或者否证？

具有讽刺意味的是"事与愿违"。对于这三大问题，哥德尔都用否定结果给出了最终答案，所有结论都体现在哥德尔的第一和第二不完全性定理及其定理证明的过程中。

哥德尔第一不完全性定理：一个足以展开初等数论的形式公理系统，如果它是一致，一定存在命题 A 和它的否定 ¬A 在系统中不可证，由于 A 和 ¬A 必有一个是真的，定理表明，系统中必有真的数学命题不能在系统中得到证明。

"足以展开初等数论的形式系统"是什么系统？简单说，用自然语言表达的经典的"皮亚诺算术公理系统"，经过形式化得到的一阶形式算术系统 PA 就是这样的系统。罗素和怀特海的一阶谓词逻辑 PM 中的推理规则在其中都是有效的。

这个形式算术系统的语言包括的初始符号：表意的逻辑符号非¬、或者∨；如果……那么→；存在一个∃；再加上0和1、+和·，分别表达自然数0和1、加法和乘法；再将皮亚诺算术公理符号化后作为形式系统的公理，就形成一阶形式算术系统PA。系统的公理包括：关于后继（加1）运算的；定义加法乘法运算的，以及归纳原理满足的所有（无穷多）实例。所有自然数算术命题和关于自然数算术的元数学命题都可以在这个系统中形式表示出来。

例如，算术命题和关于算术运算语法关系的元数学命题可符号化为系统公式：

2 + 2 = 4 符号化为 2 + 2 = 4

存在 x，2 = x + x（2是偶数）符号化为 ∃x(2 = x + x)

如果2是偶数，那么2 + 1不是偶数符号化 ∃x(2 = x + x) →¬∃x(2 + 1 = x + x)

如果P是一致的，则公式g在P中不可证。符号化为 ConP→¬ProvP([g])……

最后这个命题是元数学命题。

哥德尔第一不完全性定理证明了，任何足以展开初等数论的形式系统，如果它是一致的，就是不完全的，即其中有真的数学命题证明不了。

第二不完全性定理：对于任何足以展开初等数论的形式公理系统，如果它是一致的，这个系统本身证明不了它自身的一致性。

我们看到，按照希尔伯特最初的想法把整个数学的一致性都通过逻辑手段演绎出来，而且还附加了一个条件，用能行可计算的手段实现，如今看来是根本不可能的。也就说，一阶谓词演绎逻辑要为整个数学奠定确实可靠的基础是不可实现的。或者说，依形式主义者的意愿，仅仅对形式系统公式进行语法的变形是不能得到所有数学真理的。

前面讲希尔伯特三大问题的完全性和一致性问题得到了否定解，再来看看最后一个可判定问题：是不是所有的数学命题都能在一阶逻辑形式系统里根据公理判定它或者为真、或者为假？对此，哥德尔同样给出否定的结果——一个足以展开初等数论的数学形式系统的证明是可判定的，但是他的定理集是不可判定的。因为如果系统是一致的，一定有一个命题，它和它的否定在系统中不可证。系统中必定存在一个既不能证明它为真，也不能证明它为假的命题，这样的命题叫"不可判定命题"。例如，哥德巴赫猜想、费马定理、孪生素数猜想等，很可能是算术形式系统中的不可判定命题。尽管它们可以用更高的数学工具获得非形式证明。

如果一致的算术形式系统是不完全的，即一定有数学真理推不出来，我们有没有办法让它完全呢？

例如，能不能把无法证明的命题作为新公理加入扩充原有系统获得完全性？哥德尔说，不行！因为，如果有这样一个不完全的系统 S，通过添加更强的公理扩充为 S'，可以证明原先系统中不能证明的命题了，但扩充了的系统里仍然存在新的不可判定命题，继续扩张下去 S"，S'"，……直到无穷，仍然无济于事。因此，哥德尔说：数学形式系统不仅是不完全的（incomplete），而且是不可完全的（incompletable）。

这个"不可完全的"概念至关重要。它说明了数学真理具有的超穷本质是数学形式系统所不可达的。正如哥德尔声称，在证明不完全性定理的过程中，他所受到的哲学启发是，数学真理和算术形式系统中的可证公式二者，绝不可等量齐观。可证的数学命题和数学真理之间，实际上有一个"超穷"的距离，只使用有穷的方法没有办法逼近（简单理解这里的超穷，是指比全体自然数的无穷等级还要高的无穷，实数连续统的无穷量级，是超穷中的较小一个）。

哥德尔不完全性定理有如下几个版本（王浩）：

1. 没有数学形式系统既是一致的又是完全的。
2. 没有定理证明机器能够证明所有数学真理。
3. 数学是不可完全的，或者数学真理是不可计算的。
4. 数学是机器程序不可穷尽的。
5. 图灵机停机问题是不可判定的。著名的图灵机停机问题（Halting Problem）表述如下：不存在一个图灵算法，能够判断任意一台图灵机在输入任意一个字符串时是否停机。
6. 算法信息论版本：这是对于复杂系统而言的，如果一个复杂系统描述它的公理所需要的最小信息量大到一定的阈值，系统里就有一些数论命题是不能证明的。或者说，一个系统复杂到一定程度就是算法不可计算的。

数学家图灵（Alan Turing）就是从哥德尔定理揭示出的"不可判定"问题的思考出发，1936年引入"图灵机"这一理论计算机的概念，试图定义一种机械的能行可计算的通用算法。问题是，有没有这样一种图灵机的判定程序，判定任给一个输入和一套要运行的程序，机器是不是会停机。事与愿违的是，停机问题是不可判定的，或者说停机问题是图灵机算法不可解的。而这一结果正是哥德尔定理的一个特殊版本（版本5）。

二、哥德尔编码、图灵机和冯诺伊曼体系设计对 AI 的巨大贡献

图灵机概念提出后加上冯·诺伊曼（John von Neumann）的体系设计，才使图灵机得到物理实现，包括 1945 年有 15000 热真空管的巨型计算机 ENIAC，到今天的大规模集成电路电子计算机都制造出来了。可以说，正是由于哥德尔的伟大贡献，哥德尔、图灵、冯·诺伊曼共同开启了大大改变世界的人工智能时代。哥德尔在数学和逻辑领域的理论贡献，不仅动摇了数学基础世界，事实上撬动了整个物理世界。一本数理逻辑学家马丁·戴维斯（Martin Davis）的《逻辑的引擎》（*Engines of Logic*）谈及为人工智能做出贡献的逻辑学家，莱布尼兹、弗雷格、哥德尔、图灵、冯诺伊曼赫然在册。

今天，人们大大忽视了哥德尔关于"数学形式系统是不可完全的"这一至为深刻的思想，它也是人工智能目前不能通向通用人工智能的原因所在。如果不能突破图灵机可计算的概念，通用人工智能是无法达到的。即使 AI 近三十余年的发展，神经网络深度学习在逻辑符号计算的基础上，加入了统计计算，几十年来人工智能仍然没有超出图灵机的计算框架。

下面来看哥德尔定理证明的精妙，对于理解今天的人工智能的工作机制有何重要启示。

哥德尔在不完全性定理证明中的基本策略是：第一，使用一套特殊的符号语言、引入"哥德尔编码"，使自然数算术中的符号，表达式和命题都被指定唯一一个"哥德尔数"，不仅把数论命题转换为自然数的算术运算，还把表达数论中命题之间关系的元数学命题的语法结构转化为自然数的算术运算。第二，受说谎者悖论启发，用康托对角化方法，构造了算术形式系统中的一个不可判定命

题 P："P 在系统中不可证"。即命题本身和它的否定都不是系统中的定理。第三，在 1934 年的演讲中，哥德尔引进了一般递归函数概念（自然数算术是原始递归函数），充分阐释了什么是不可判定的，也阐明了什么是能行可计算，什么是不可计算的。

而哥德尔在讨论这些基本概念时，数学家又相继提出波斯特演算、拉姆达可计算等，直到 1936 年图灵机概念诞生。人们最后发现，哥德尔和数学家们的一系列努力，实际上都是对直观的"能行可计算"观念的数学刻画——所得到的数学定义是与图灵机完全等价的。而形式系统就相当一台定理证明的图灵机，这些概念的诞生正是人工智能发展的理论开端。

下面来看哥德尔如何构造"哥德尔编码"。

首先，数论形式系统有 12 个初始符号：非 ¬，或者 ∨，如果……那么 →，存在一个 ∃，相等 =，零 0，……的直接后继 S，括号（　），加号 +，乘号 ×。从这些初始符号出发，可以构造更复杂的符号表达式、公式和公式的序列。例如，对 12 个初始符号如下指派从 1 到 12 的正整数：

12 个初始符号分别指派 1–12 正整数

¬	1	非
∨	2	或
→	3	如果……那么
∃	4	存在一个……
=	5	等于
0	6	零
s	7	……的直接后继
(	8	括号

)	9	括号
,	10	标点
+	11	加
×	12	乘

接下来，对于其他三种变量编码：数字变量、命题变量、谓词变量：不同数字变量指派不同的大于 12 的素数；不同命题变量指派不同的大于 12 的素数的平方；不同谓词变量指派不同的大于 12 的素数的立方：例如，

(∃ x)(x = s y)
↓ ↓ ↓ ↓ ↓ ↓ ↓ ↓ ↓
8 4 13 9 8 13 5 7 17 9

经过哥德尔编码后，如上公式的哥德尔数是把每个符号对应的哥德尔数，依次作为从 2 开始顺序排列的素数的指数，然后相乘获得的乘积。有多少个符号就有多少个数的乘积。于是，公式（∃x)(x=sy) 的哥德尔数是：$M = 2^8 \times 3^4 \times 5^{13} \times 7^9 \times 11^8 \times 13^{13} \times 17^5 \times 19^7 \times 23^{17} \times 29^9$

前面说"(∃x)(x=sy)，存在一个 x, x=sy"意思是，存在一个自然数 x，是某一个自然数 y 的后继，即 x=y+1（y+1 是 y 的后继数）。

前面说"(∃x)(x=sy)，存在一个 x, x=sy"，意思是，存在一个自然数 x，是某一个自然数 y 的后继数，即 x=y+1（y+1 是 y 的后继数）。

多个公式排列在一起称作一个公式序列。接下来，可以给有穷长的公式序列编码，例如，假定两个相继排列的公式（∃x)(x =

sy）和（∃x）(x=s0)，经编码后得到的哥德尔数分别是 m，n：

即（∃x）(x=sy) 的哥德尔数是 m，
即（∃x）(x=s0) 的哥德尔数是 n，
那么，由这两个公式构成的公式序列就编码为哥德尔数 K，$K=2^m \times 3^n$。

这样一种编码系统使得哥德尔的不完全性定理证明中谈及的公式和公式序列都变成了自然数的运算关系，特别是变成素数的正整数幂的乘积运算。那么，回溯解码，确定一个数是谁的哥德尔数，就可以依据代数基本定理，自上而下和自下而上地进行素数因式分解。

例如，确定 243 000 000 是谁的哥德尔数（从 A 到 E 的步骤自上而下解码）：

A   243 000 000   某数
B   64 × 243 × 15625   是哪些数的乘积
C $2^6 \times 3^5 \times 5^6$ 2？ ×3？ ×5？
D   6   5   6   指数是？
     ↓ ↓ ↓   对应？
    0 = 0   初始符号？
E   0 = 0   公式的哥德尔数！

大家可以想象，把这样这一套编码转换成 0 和 1 构成的二进制的符号串，就与计算机的编译程序相关了。图灵设想了一个理想化的计算机，每次可读/写1比特的数据，并利用它以算法的形式把哥德尔的结果重新表示了出来。他证明，我们永远都不可能知道该计算机能否在有限的时间内完成计算，也不存在一个通用的测试，能知道任意给定的算法是否不可判定。

根据邱奇-图灵论题（Church-Turing Thesis），任何能行可计算的都是图灵机可计算的。由于任何数字计算机都是通用图灵机的特例，所有计算模型能用图灵机模拟，如果不考虑速度，只考虑可计算性，无论算盘、超级计算机、个人电脑、iphone手机等等，都不能超越图灵机模型的计算能力。停机定理告诉人们，本质上计算机的计算能力是有限的。事实上，有很多系统都是图灵机算法不可判定的。

比如，大数学家王浩提出的"铺砖问题"，要想用只有四个颜色的方砖铺满整个平面，到底什么时候能铺完，"铺满平面"这个问题跟图灵机停机问题等价。此外，2015年伦敦大学学院的量子信息理论物理学家托比·丘比特（Toby Cubitt）等三个科学家证明量子物理系统也有这样的停机问题，对应的停机问题是能不能找到所谓的"光谱间隙"（谱隙，spectral gap），即是否存在"光谱间隙"是不可判定的，图灵机是不可计算的。对于无穷晶格而言，在原子的理想模型中，对于电子的最低能级间隙问题的计算过程，你永远无法知道什么时候结束。另外，人们认为真正活生生的生命系统也是不可判定的。我们知晓的"康威生命游戏"不过是一种被称为"人工生命"的数字化生命模拟，而其中生命的"死"还是"活"是图灵算法不可解的。

哥德尔尝试将定理外推到社会系统

有人问，哥德尔不完全性定理是在形式数学系统中展开证明的，能否推广到其他范围？事实上，1976年，数学家就发现了组合数论中的一个不可判定命题。20世纪70年代哥德尔自己还尝试着把不完全性定理外推到社会领域：

> 一个完全不自由的、严格遵循统一规则行事的社会系统，就其行为而言，或者是矛盾的，或者是不完全的。即存在永远没有办法解决的根本性的问题。一旦社会面临困难和危机的时候，这两种可能——或者是矛盾的，或者是不完全的，都会危及整个社会。这当然是一种带某种隐喻性的推论，因为这里的社会系统没有完全形式化。

对哥德尔定理的某些误读

1. 哥德尔定理是放之四海皆准的吗？任何不矛盾的系统就一定不完全，这一条在哪儿都适用？其实不是这样。如果使用自然语言，撇开形式公理系统，哥德尔定理是不成立的。

2. 哥德尔定理证明人心永远超过人工智能吗？因为哥德尔说形式系统不能完全把数学真理演绎出来，人心却能看出数学定理为真，但图灵机却计算不出来，说明人心超过人工智能。但哥德尔说，除非再附加另外一个前提，否则他的不完全性定理不能作为如此强硬立场的直接证据。这个前提是希尔伯特的信念"人类理性提出的问题，人类理性都能够解答"，希尔伯特的墓志铭上确实写着"我们必须知道，我们必将知道"。

3. 哥德尔定理断定了人类理性的极限吗？形式化的演绎体系连

数学这么小的、包含初等数论的系统里都有真理不能证出来；而证明和演绎推理又是人类理性的一个最高的成分，能不能说人类理性是有局限的？不能。哥德尔仅仅指出了形式公理系统的局限和能行可计算的算法有局限，并没有断定人类理性的界限。我想艺术家来讨论这个问题会更有意思。

哥德尔定理一经公布就引起巨大的轰动，数学家施瓦兹（Laurent Schwartz）说：希尔伯特认为，一切事物都是（算法）可知的；哥德尔认为有些事物不是（算法）可知的；切廷的复杂性理论断言，只有少数部分事物是（算法）可知的。不完全性定理指出，一阶谓词逻辑运用于数学实质公理系统是有局限的，最重要的是实质公理系统是包含内容的，不是空洞的抽象符号组成的一个形式系统。数学并不像卡尔纳普断定的那样是单纯的语言的逻辑句法组成的。

三、GEB 图解哥德尔定理：自指、递归与破界

下面看几幅埃舍尔的版画，关于画廊、螃蟹卡农和自我的。

哥德尔在证明不完全性定理时构造了一个特殊的具有"自指性"的元数学命题 P。P 的含义就是"P 在系统中不可证"。命题本身记作 P，又说 P 在系统中不可证，这种自指性恰是哥德尔不完全性定理揭示的形式系统所包含的性质之一。很多艺术家比较喜欢哥德尔定理涉及的这一类概念并热衷谈论它，这与侯世达（Douglas Hofstadter）的《GEB——集异璧之大成》（*Gödel, Escher, Bach: An Eternal Golden Braid*）有直接关系，这是 1980 年获得普利策非虚构作品奖后风靡全球的一部奇书。书中把哥德尔定理、埃舍尔

（Maurits Escher）的版画、巴赫的音乐三者有机地结合起来，特别用自指性、递归、越界等概念尝试诠释哥德尔思想。

例如，埃舍尔的版画《画廊》（*Print Gallery*，1956）描绘了一个青年艺术家正在城中观看一座有他在画廊中看画的城，这里包含了一种自指性。

另外一幅画画的是一个人手里拿着一个球，球里映射的正是他自己拿着这个球在看的形象，也包含了一种自指。

《螃蟹卡农》（*Crab Canon*，1963）这幅是描写巴赫的《音乐奉献》里面有很多复调反复出现在不同的和声中，与整体音乐有某种同构的结构。所谓"螃蟹卡农"就是指有一种规律性的东西，在整首音乐里反复地回到那些部分。这里面包含有递归的性质，也包含自指性。

埃舍尔还通过螃蟹、蜥蜴怎么从二维平面形象超越边界升维到三维空间形象，给出非常有意思的对哥德尔的诠释。当然，学界对

埃舍尔画廊（*Print Gallery*）1956 年

埃舍尔螃蟹卡农（*Crab Canon*）1963 年

侯世达的这种解读也有一些微词。

那么，艺术家如何看哥德尔定理？后面的问题我想请教艺术家：艺术世界有没有抽象结构，如果有，如何把握？

在哥德尔看来，形式系统反映的恰好是只有有穷的、离散的、我们感知能够直接感受到的牛顿时间-空间的东西。但是，在哥德尔看来，人类的心灵是跟物质相分离的，人类的心灵可以超越形式系统的演绎逻辑结构，发现和证明具有超穷性的数学真理。人类心灵也能通过等级越来越高的抽象数学直觉，提出一些数学公理，建造更大的数学公理系统来构造新的数学猜想。包括数学的一致性，也可以用超出一阶逻辑形式系统的高阶手段找到某些相对一致性的证明。

当代艺术强调反艺术、反审美、反传统、反本质，认为艺术不是指向绘画的技巧，而是指向观念。依我看，当代艺术是在不断地发明抽象概念。那么去问艺术家，应当将这些抽象概念看作是艺术

世界的意义就在于事与愿违

家建构世界的发明物,还是艺术家在生活世界中发现的呢?

在我看来当代艺术不仅拥抱现代科学技术的最新成果,特别是数字化艺术,目的还有对当代科学技术的宰制提出批判和挑战。顾振清老师特别倡导对于今天人工智能的虚拟技术运用自如的NFT艺术形式(编者注:NTF,即Non-Fungible Token,在艺术收藏界即指数字收藏品),主张的却是"越界"或者"破界",是否可以这样理解?

我们说数学世界有数学真理,数学世界的真理又是形式化手段不能穷尽的,不能用一阶谓词逻辑演绎的形式、逻辑的结构来囊括的。那么,艺术世界有没有这种特定的抽象结构?如果艺术世界有,那么它的抽象结构是什么?

我们理解数学,比如说自然数算术,数的对象加上运算规则一起会构成某种数的结构。几何学的点线面构成空间图形,加上变形规则会构成几何结构。不同的数学分类会有不同的结构还是有普遍的数学结构?艺术的结构跟这些结构是有关系的吗?哥德尔是一个柏拉图主义的概念实在论者,艺术世界如果有结构的话,它们是否与数学共享某种柏拉图世界的抽象结构?

结语:哥德尔的哲学与世界的意义

哥德尔在数学中持有一种柏拉图主义数学观,他认为不能把数学看作纯粹的语言句法。数学对象和数学真理是存在于柏拉图理念世界中的,它们是实实在在存在等待人们去发现的。在哥德尔看来,希尔伯特要用有穷的手段,一步步在有限的时间内得到结果,这样的能行可计算的程序把握全部数学真理的理想,错误地建立在了两种直觉观上：第一是康德直觉，康德直觉不过是具体的时间、空间的直觉。第二是布劳威尔（Luitzen Egbertus Jan Brouwer）的狭隘的可构造性的直觉，布劳威尔只承认有潜无穷不承认实无穷。而数学真理的发现，必须摆脱康德时-空直觉和布劳威尔的构造性直觉，需要依赖于更大范围的，或者是抽象程度越来越高的数学直觉。这与哥德尔的一般哲学观是密切相关的。

哥德尔总结自己的一般哲学是"理性主义的、乐观主义的、唯心主义和神学的"。他在哲学上最终的理想是建立一种像牛顿物理学那样的一种公理体系具有作为严格科学的一种哲学形式。康德最早提出"作为一种严格科学的形而上学何以可能？"的问题，胡塞尔也为这一目标做出努力。哥德尔喜欢莱布尼茨的前定和谐观，他期望建立的形而上学，是保证从清晰的初始概念出发建立公理系统，具有确然性地推出全部哲学。事实上，哥德尔没有进一步展开这个哲学规划，也没有达到他最初的目标。

哥德尔设想，理想的理性主义哲学的初始概念可能包括如下基本概念：原因（cause），意志（will），力（force），受用（enjoyment），上帝（God），时间（time），空间（space）。但是，他也承认，只有我们首先找到澄清基本概念的方法，才有可能建立一个作为严格科学的哲学体系。当然，他主张胡塞尔的现象学方法有可能是澄清基本概念的有效途径。

下面来谈谈如何理解"世界的意义就在于事与愿违，以及克服这种事愿分离的努力"？

一方面，哥德尔认为，哲学不是时代的精华，他不承认自己的工作是那个时代智力成就的一部分，他一生都是在克服事与愿违的时代偏见的努力之中。哥德尔反对他所生活的时代占据主流的四大哲学立场：逻辑主义、形式主义、直觉主义和逻辑实证主义。特别反对追求实证的物理主义哲学偏见，例如心脑同一论的哲学。哥德尔在严格区分了心、脑、计算机的功能之后做出明确断言，"大脑的功能不过像一台自动计算机"，但心脑同一论却是"我们时代的偏见"。

另一方面，哥德尔承认自己的世界观是神学的，虽然这种世界观还不能由科学得到核正，也不必诉诸宗教信仰，但依赖纯粹的推理可以知觉到神学的世界观与一切已经发生的事实是完全相符的。他相信，世界是有意义的，世界中的每件事都有意义、有理由，特别是具有前定和谐的理由。现存的世界包含着不确定的意义，是不完美的，而人又是有着无限的潜能。这意味着现世不过是实现人类潜能所达到另一目的一种手段，而另一种目的必定是因果决定的。因此，哥德尔相信一定有来世，以弥补现世的不完美，实现前定和谐。

王浩曾根据自己的理解，以哥德尔的"愿望"和"力"为核心词汇，将"世界的意义就在于事与愿违以及克服这种事愿分离的努力"这句话归结为如下四个结论：

1. 世界的意义在于事实与力的分离（The meaning of the world is the separation of fact and force）。

2. 愿望是一种力，是驱使所思之在实现为某物的力。（Wish is force as applied to thinking bings to realize something）。

3. 愿望的达成是一种事与愿合（A fulfilled wish is a union of wish and fact）。

4. 整个世界的意义在于事实与力的分离和它们的结合（The

meaning of the whole world is the separation [and the union] of fact and force).

对话

袁园： 谢谢晓力老师的精彩演讲，接下来进入讨论环节。我们有请当代艺术批评家、独立策展人顾振清老师和复旦大学哲学院副教授王球老师，跟我一起对晓力老师的发言进行回应。

因为我们是讨论当代艺术与哲学。所以我准备了艺术的案例，结合刚才晓力老师的分享把问题抛出来，然后再来讨论。

第一个问题：数学和艺术的关系。

对于艺术家而言，晓力老师刚才讲的理论有点难度，尤其是讲到公理、定理。这就带出来一个问题：数学和艺术到底有没有关系？有人可能会非常反对，觉得数学是一种理性的逻辑思维，是没有感情的，是枯燥的；跟艺术的感性价值是对立的，艺术是一个纯粹的感觉。

就这一点而言，我认为数学当中同样有诗性的魅力。

接下来我给出一个艺术史的脉络：比如达芬奇的画作，一个是《维特鲁威人》，另一个是《蒙娜丽莎》。文艺复兴时期最伟大的成就是"透视"，"透视"和"对称"实际上充斥着数学的概念，为什么艺术家会用这些数学概念？因为它使得二维的平面更真实，更具美学上的和谐。

当然，艺术和数学的关系比我们想象的还要古老。菲狄亚斯（Phidias）是古希腊最伟大的雕塑家和建筑师，而数学中的黄金比

康定斯基《构图八》(*Compositon 8*) 140.3 x 200.7 cm 布面油画 1923 年

例用希腊字母"Φ"表示就是为了致敬菲狄亚斯。不仅仅是文艺复兴,在现代艺术当中也看到艺术和数学的关系。这件作品是大家非常熟悉的康定斯基的作品——《构图八》(*Compositon 8*),康定斯基写了很多艺术的理论,也在创作中用到了非常多的数学概念。

蒙德里安也说过:对于我而言直角是唯一不变的关系。在画作当中追求数学唯一不变的形式的永恒。

不仅仅是现代艺术,我们来看当代艺术,马里奥·梅茨(Mario Merz)是意大利贫穷艺术运动的先驱,这是他在 20 世纪 70 年代的作品——《无题(真正的总和是人的总和)》(*Untitled [A Real Sum is a Sum of People]*),可以看到"1、1、2、3、5、8……"是斐波那契数列,艺术家在他的大量作品中都有用到斐波那契数列(斐波那契数列又被称为黄金分割数列)。

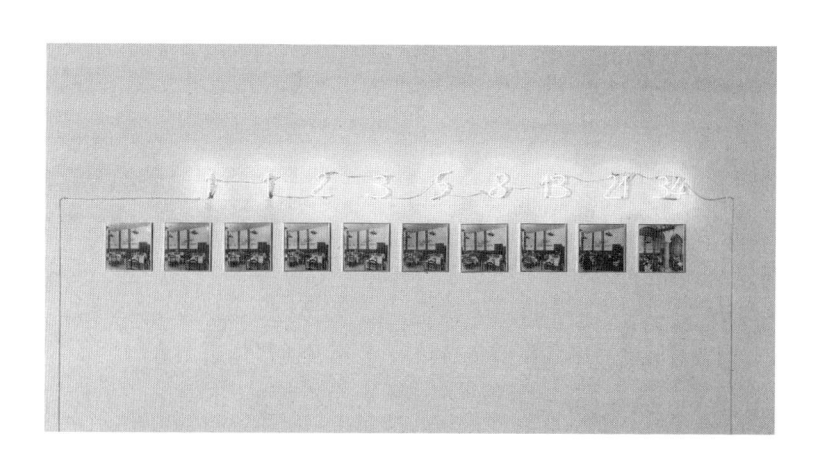

最后我用李禹焕的一段话作为结语,把问题抛出来:

> 我对于数学的结构主义和这些理论非常感兴趣,我了解到我们现在需要将所有的物体进行解构才能了解到历史当中的各个环节。如果没有物理存在,就不会有信息流,不会有文明。很多的艺术家不太注重这个方面,但我认为这是非常重要的,是关于物体、形体本身,是和我们人类的生命联系在一起的,是和世界联系在一起的。所以在我看来,这种物理的存在和形态应该是位于艺术创作的核心的。

日本物派是在西方当代艺术史当中唯一被书写的亚洲艺术流派,李禹焕是其中最重要的艺术家和理论家。他特别讲到数学对他创作的影响,而且他谈到关于物体和形体本身是跟我们人的生命联系在一起的,是跟这个世界联系在一起的。我们对"物"的理解应该位于艺术创作的核心。

因为顾振清老师策划了很多重要的当代艺术展览,先请您来谈

世界的意义就在于事与愿违

数学和艺术的关系。对于当代艺术家而言，数学的思想到底意味着什么？

顾振清：谢谢袁园。我特别想提一下现代派运动当中的抽象艺术、风格派。

在中国的学院教育里，对荷兰风格派的介绍显然是不够的，因为风格派是抽象艺术的一种先导。荷兰风格派发起人杜斯伯格（Theo Van Doesburg）跟蒙德里安有密切的关系，杜斯伯格最初做的接近抽象画的创作，跟蒙德里安的抽象画几乎也是同时并行发展的。杜斯伯格先是把一张正方形的画倾斜过来变成一个菱形的展示方式，这种展示方式后来被蒙德里安挪用，但蒙德里安并不承认他是挪用者，他认为自己也是开创者。非常重要的是，风格派对后来抽象艺术的某一个流派——具体艺术（Concrete Art）——起到了非常大的作用，"具体艺术"有马克斯·比尔（Max Bill）等很多艺术家参与。

杜斯伯格也曾经被邀请到包豪斯讲课，但是他对包豪斯学派有所批评，格罗皮乌斯（Walter Gropius）有点儿不爽。但是从杜斯伯格到包豪斯再到马克斯·比尔的具体艺术，这些艺术家的创作特别强调点、线、面，把数学几何原理作为抽象最基本的视觉元素的一种发端。他们的作品严格按照几何逻辑展开，甚至研究正方形、正六边形、正八边形等等这样一种无限发展的几何图形。我们后来发现，原来影响到建筑、设计，包括现代的平面构成、立体构成等等，不仅是包豪斯的源泉，还是具体艺术的源泉。

回头来看，马克斯·比尔这些具体艺术大师对抽象艺术的全球性影响有着巨大贡献，可以说他们的作品非常纠结于几何逻辑对艺术的支撑。

马克斯·比尔也比较早用莫比乌斯环等无限性观念进行艺术作品的创作。包括后来他在德国乌尔姆（Ulm）爱因斯坦旧居旁做的爱因斯坦纪念碑，几乎仍然是一个数学几何的造型。

扎哈·哈迪德（Zaha Hadid）不崇拜任何一位以往的建筑师，她反对直角，往往把宇宙万物圆周运行的规则，包括建筑物当地的日照、风力与空气流动的参数，作为建造一座建筑最重要的参数系统。所以，她用电脑把这些参数转化为一种可靠的元素去搭建3D建模的一些可感物。这些"可感物"往往是一些螺旋形、圆形、波形等等，并不是我们习惯的包豪斯建筑的那种方块。所以，扎哈·哈迪德的助手总是要想办法让她设计的建筑找到各种重力的支撑，使建筑物不至于在建造的时候垮掉。扎哈·哈迪德在设计建筑的最初发想期完全不考虑重力和稳定性问题。她遵循的是宇宙中恒星、星系等等运行的规则。

扎哈·哈迪德认为以往的建筑师创意都来自农牧业社会的一种经验，这样的经验是出于人类对自然生活的感知。在数字化的社会、在更高维的空间里，这种经验必须要被打破。所以扎哈·哈迪德只崇拜一个人——马列维奇。在她遇到创意枯竭的时候，她总是要回到马列维奇那张画——《黑色正方形》（1915）的面前，回到那张画的语境中，寻找这张画在黑暗中的逻辑。她一直认为在这个画的黑色色块里面有很多看不见的递归结构，还有很多看不见的嵌套结构。所以，至上主义绘画不断提供给扎哈·哈迪德的一种万物参数化的灵感，也是她设计建筑最重要的一种思想源泉。

袁园：接下来有请王球老师。数学和艺术家中间有一个"桥梁"，用超穷距离形容可能太夸张了，但肯定是一个比哲学更远的距离，希望王球老师帮我们搭一座桥，帮我们从哲学家的视角针对晓力老师讲的哥德尔搭一座"理解之桥"。

王球： 谢谢袁老师，也谢谢晓力老师精彩的报告，我其实也学到很多。谈不上是一个搭桥，我谈谈看法。

艺术和数学之间是不是存在一座"桥"？我们会觉得数学是一种普遍性的语言，所有的科学都需要数学；艺术理应也是一种超越于特殊性的，超越于个人主观表达的一种普遍化的形式。尽管后现代艺术或者是当代艺术有自己的一些独特的表达，但是总有一个古老的观念——艺术之所以能够成为艺术，不仅仅是一个任意的表达，应该有一种普遍性，而不仅仅是一种特殊性。

这让我想到哥德尔的传统在哲学里面恰恰是对普遍性的追求。这种"追求"可以最早追溯到莱布尼茨。莱布尼茨当时有一个哲学上的企图和理想：

第一，他要试图平息天主教和新教的冲突；

第二，他要消除霍布斯的唯物主义和笛卡尔的二元论的争论；

第三，他要把机械力学和中世纪经院哲学统一起来。

他觉得要实现这些理想最好的办法就是要发明一种"普遍文字"。

所谓的"普遍文字"跟刚才晓力老师说的哥德尔编码是有关联的。莱布尼茨自己说，可以创造出一个人类思想的字母表，通过这个字母表组成的联系和词的分析，其他的一切都能够被发现，都能够去判断。这是一个伟大的方案，他认为普遍的文字发明之后，就能够克服人类自然语言、日常语言的一些缺陷。

哪怕我们都说中国话，但是小两口在一起经常会有误解，有说不清的地方，因为语义经常有含糊性。按照普遍文字的想法就能够克服这些缺陷，能够清晰而精准地去表达理性的思想，他把这样一种企图叫作"普遍文字"。

他也讲到了艺术，他说：通过普遍文字的字母组合和对这些表达式的分析，我们就能够发现和判断一切事情。莱布尼茨把字母的组合法和分析的表达法分别叫作"发现的艺术"和"判断的艺术"。

他这样的做法，目的是要消除人类语言的分歧，达成一种共同理解。由此，我想到了艺术，比如音乐作为一种艺术形式，它是人类普遍的语言。哥德尔编码化就是要继承莱布尼茨，哲学家弗雷格的概念文字也是要去实现莱布尼茨所设想的普遍文字的企图。哥德尔做了这样一个形式化的编码，其实是在这样一个普遍化的理解达到了一个巅峰。刘晓力老师也说，哥德尔自己也是要去发现这样一个隐喻逻辑的局限，包括图灵机算法的局限。

我现在想说这样一个问题：哲学家试图要把自己的工作做得像数学家这样理性主义，达到一种普遍性可交流的梦想。数学家之间交流不会因为你说阿拉伯语，我说汉语就不可交流，数学语言是相通的。同样，通过哥德尔编码形式化工作的努力，也是希望把我们人类的思想交流达到一种共通性、可理解、可交流的普遍化的程度。

我在想一个问题，数学和哲学都有一种普遍化的努力，这种普遍化的努力是否也体现在艺术当中？或者说当代艺术之所以跟古典艺术形式很不一样，是不是已经放弃了这种普遍化的努力，转而追求在规范性的维度上说艺术不需要、也不应该有这种普遍化的努力，而是一种个人化的表达。

我对这个问题还是挺感兴趣的，希望两位老师给一个解答。

顾振清：我觉得当代艺术就是来破坏这个普遍化的逻辑和编码的。当代艺术是一种脱域的艺术，是非嵌入的。艺术家总是在设法逃逸或超脱任何一种让自身被编码、被规约的文化惯性力量。艺术家的创新，打开的是人类认知的一个新界面。然而，一旦艺术家的新作品形成了视角主义的刷新、升级和迭代的取向，把当代艺术的形式创新、技术创新从2G版本发展到3G、4G、5G版本时，就会形成对自身创造力的固化、规训。而真正艺术创造往往在这个视角之外，在任何艺术家都没有到达过的地方发生。所以当代艺术很可能一直在扩容，一直在扩张边界。它甚至扩张到跟数学与自然科学、跟所有的符号、跟所有的表达既重合又不重合的那些交叉地带。各种跨界行为很可能成为当代艺术家的一种活力所在。

袁园：我继续分享案例，在案例里继续讨论。

这张片子就是为了回应王球老师的问题。罗兰·巴特写了一本书《S/Z》，开篇说苦修的佛教徒最终想要在一颗豆子中看到整个世界。

罗兰·巴特写这本书希望能够打造出一个叙事结构能够适用于所有叙事的原型。他分析了巴尔扎克的短篇小说《萨拉辛》（*Sarrasine*），把这一本短篇小说拆成500多个语段，归结出五种符码——意素符码、象征符码、文化符码、情节符码、阐释符码，像哥德尔的编码一样。我们知道巴特最后从结构主义转向后结构主义，为什么？他说：这个使人筋疲力尽的工作是根本不必要的，文本会因此失去差异。我用这个例子回应王球老师。

接下来抛出第二个问题：关于哥德尔不完备定理的哲学意义。

同样回到艺术史上经典的作品：大家都非常熟悉罗丹的《地狱

罗丹《地狱之门》雕塑 1880—1917

之门》(*La Porte de l'Enfer*),他生前没有完成,之后由其他艺术家完成。西方雕塑史上,罗丹是一个极为重要的转折性人物,他继承了古典主义又开启现代主义的雕塑。我为什么用这个案例来关联哥德尔的不完备定理呢?

因为在古典主义,包括新古典主义当中有一个基本的诉求——希望所有细节可以在一个全面综合的形式当中得到统一。劳森伯格(Robert Rauschenberg)作为波普艺术的代表,他的作品称为"绘画雕塑",他的作品挑战绘画也挑战雕塑,有各种印刷品、各种材料拼贴在作品上面。

雷切尔·哈里森(Rachel Harrison)也是非常重要的当代艺术家。我们来看这个作品,作品当中有一辆自行车,上面吊了一个简

世界的意义就在于事与愿违

雷切尔·哈里森（Rachel Harrison）*Huffy Howler* 2004

易袋子，挂着毛皮，上面是梅尔·吉普森演的《勇敢的心》的宣传图像，各种材料、现成品、自然的东西混合在一起。哈里森有一个说法"总是有更多的组成部分。但是这种更多的组成部分总是反映出这个雕塑是不完整的。"

我想哈里森的作品在某种程度可以作为哥德尔不完备定理的注脚。

接下来是中国艺术家黄永砅的两件非常重要的作品，一件是1987年创作的《〈中国绘画史〉和〈现代绘画简史〉在洗衣机里搅拌了两分钟》，一件是《沙的银行或者银行的沙》。在今天来看，仅仅这两本书放到洗衣机里混合洗一下，每个都可能觉得自己在自己的叙事当中是完整的，但这就融合了吗？当代艺术家其实是把问题带出来。

《沙的银行或者银行的沙》这件作品是用沙子把20世纪20年代租界时期汇丰银行的大楼堆出来，看上去似乎是还原了那样一个

黄永砯《〈中国绘画史〉和〈现代绘画简史〉在洗衣机里搅拌了两分钟》1987

形态,是一个完整的汇丰银行的大楼,又极为脆弱。那个崩塌之后的沙子和所谓我们认为的形式是不是我们的一个幻想?一个建构?把这个问题抛出来先给晓力老师。

刘晓力：刚才几位老师都讲得非常好,袁园老师关于数学与艺术联姻的案例分析非常精彩。顾老师提到艺术家会用到数学的结构作为绘画的源泉。如果艺术家在数学家没有创造这些结构之前发现,或者不谋而合同时发现,数学家跟艺术家是同时共享某种客观存在的数学结构。但是,数学家已经发现了一些结构,用您的话讲,艺术家再去"挪用"这些东西以便更充分表达自己的艺术观念。这两种情况下的"共享",是可以讨论的话题。

王球讲得也很好,特别讲到莱布尼茨、弗雷格。可以说哥德尔和莱布尼茨的出发点最初是一样的,或者出发点相同但结果大大出乎意料。莱布尼茨设想有一种普遍语言和通用算法,弗雷格、罗素和希尔伯特为实现莱布尼茨的理想构造了形式化的逻辑系统，某种意义上达到了莱布尼茨的目标，但得到的一阶谓词逻辑形式系统，这个系统整理的是放之四海皆准的普遍真理的逻辑，即在任何可能世界中都为真的命题集合，例如，P蕴涵（或说推出）P，P等值于P，P或者非P等。这样的公式称为重言式。加上量词，例如，如果假定对所有的x，从P（x）都可推出Q（x），并且x=y，则根据推理规则，就有P（y）可推出Q（y），即如果所有的x都有P（x）为真，并且x=y，就必然推出Q（y）也为真。无论这里的P、Q和y代表什么。

这种通用的符号语言整理了逻辑最骨干的成分，保证从真前提推出真结论。但只要涉及包含特殊内容的实质公理系统，不仅仅局限在符号序列的变形上，那么就没有办法使用这样的逻辑触及特殊领域的全部真理。哥德尔的不完全性定理的结果出乎意外地跟几位大逻辑学家的预期不一样，打破了看似万能的东西的边界。对于包含初等数论的数学，因为有特殊意义，有实质性内容，万能的逻辑就不能穷尽其所有的意义。其实哥德尔后期主张，可以造一套类似牛顿力学体系取代莱布尼兹单子论形式的哲学形而上学的公理体系，从有穷的公理出发，这个体系可以说明数学、物理甚至包括艺术的人类社会。但这个公理体系不是完全形式化的。当然，伽利略早就说了，自然这本大书是用数学语言写成的，真的有这样的数学语言可以使人类共享自然，是不是也可以共享所有思想、文化和艺术，即使有，也一定不是图灵算法的。

袁园老师讲的几个都是特别好的案例，当然，我觉得罗兰·巴特的五种符码跟哥德尔的编码是不一样的。哥德尔的编码可以无穷尽，巴特的五种符码是要把叙事中包含的社会、文化、历史的语境分析变成一种套路，加到文本分析或者意义的解释上，这是一个文本语义的外部结构分析，而且不是纯形式的分析，也许有这样的原型语义和结构，造就了这样一些以五种符码建构的符号体系解释？当然，罗兰·巴特自己最后也放弃了他的五符码说。

另外，您后边讲的案例特别有意思，艺术家试图只用有限的元素，哪怕一辆自行车、一张皮毛、一幅画像加上一点什么东西，甚至把印刷品放到洗衣机里去洗的表达方式，能够穷尽他想要整体性表达的丰富思想，可能认为这些简单元素的独特组合穷尽了某种意义，但实际上我们还可以设想有其他意义被遮蔽了。这也许就是哥德尔不完全性定理的实质所在——形式逻辑的普遍语法对于具有涌现性的复杂系统不总是万能的。

哥德尔说：数学不是纯粹的语言句法结构能够完全捕获的，数学除了语形，还有丰富的语义。哥德尔曾于1953—1959年撰文《数学是语言的句法吗？》，强烈批判逻辑学家卡尔纳普1934年出版的著作《语言的逻辑句法》（*Logical Syntax of Language*）一书中的思想。哥德尔认为，数学不仅仅是语言的句法，不只是符号的形式操作，而是包含内容的，这个内容就是概念包含的意义。数学概念的意义可以把现实（事实）的世界与数学世界区分开来。物理学普遍使用数学，但数学加到物理学上的东西不是描述物理对象具有什么物理属性那类的东西，而是物理学必需的那些基本的抽象概念及其关系所包含的内在意义。

在哥德尔看来，最重要的是因为数学是实质公理系统，公理系统可以把这些不加证明而承认的前提作为推理的基本出发点获得新的数学发现。他还设想建造一个严格科学性的哲学体系，所包含的基本概念大概是：原因、意志、力、受用、上帝、时间和空间。在他看来，这个体系是可以把我们包括艺术的整个世界囊括进去。可能更大的体系不是完全形式化的。

我想问的问题是，艺术到底有没有普遍结构？传统艺术也许承认有，但现在可能没有定论。特别是当代艺术强调反本质、反普遍性、反任何一种固化传统的东西，越想呈现有普遍结构有边界的观念，就越是要努力破除这样的结构和边界。是不是这样？谢谢！

顾振清：艺术学院里的学者型艺术家由于见多识广、深谙艺术史逻辑，他们的作品往往会发展出自带统一性特征的艺术风格。某些艺术家在提出一个形式、一种方法或者某一概念后，就会形成一批具有高辨识度的作品，让人家立马认得：哦，这是一批大脸画；哦，这是一批带有一种趋同化抽象笔触的僧侣日课式的创作。这样，艺术家慢慢对批量生产带有统一风格的系列艺术作品越来越感兴趣，以为这是必须要遵循的规则。有的艺术家甚至害怕变革之后失去了以前的基因，变得没有辨识度。

当然，也有很多艺术家在实验的前线，努力突破自我。他们会觉得任何一种视角主义的刷新、迭代、升级都不足以颠覆他既往的认知和经验。所以，他们的创作总是在多年之后做回顾展的时候、在艺术评论家重新梳理其形式语言进化脉络的时候，才会发现各个作品之间内在的联系。但是，如果艺术家总是事先去规划自己的艺术创作，在一个已知的领域当中去做一点刷新的话，很可能成为一个古典式的当代艺术的追随者，成为一个没有太多创新的艺术家。在自指性的思考中，艺术家可能首先批判的不是他人，而是自己。

袁园：首先，在当代艺术中，形式系统意味着已有的、固化的编码和解码系统。编码和解码会不断地重复已有的意义系统。当代艺术更重要的不是在一个已有的意义系统、形式系统中重复语义，而是要批判和解构已有的意义系统。

其次，有的艺术家是让观看者已有的意义系统在面对艺术作品的时候失效。你已经掌握了一套编码，但看这个作品的时候仍然不能解释，从而感觉到现有意义系统的局限性。这一点和哥德尔的不完备定理非常有关联，你带着一套编码、解码系统来也能认识某些东西，但总是觉得无法把握意义。

我们进入下一个单元：即哥德尔的概念实在论如何克服认识论困境，以及有限经验如何认识超验时空的真理？

刚才，晓力老师在讲座最后谈到了哥德尔的概念实在论如何克服认识论的困境。对艺术家也是这个命题，一个人的有限经验如何认识超验时空的真理？当然，前提是要相信有超验时空的真理，可能很多艺术家不认为有超验时空的真理。

下面我分享几个案例：

德国的艺术家保罗·克利说过："艺术不是呈现可见者，而是使不可见者可见。""不可见"就是落在经验范围之外。保罗·克利的这两件作品跟历史有关、跟未来有关。一件是大家非常熟悉的《新天使》（*Angelus Novus*），本雅明在《历史哲学论纲》当中也用这个作品作为一个隐喻：新天使背朝着未来，面朝着过去，所谓文明进步的成果在他眼前就像废墟一样越堆越高，大风把它吹向未来。

这样一幅并非特别具象表达的作品，在本雅明看来就是真理的碎片，充分表达了本雅明的时间观和历史观。

保罗·克利《新天使》(*Angelus Novus*) 1920 年

下面这件作品是《鸣叫的机器》(*Die Zwitscher-Maschine*，1922年)，大家可能不太看得出来是一个机器，我把这件作品的名字当成晓力老师说的人工智能技术高歌猛进的注脚，是不是能够超出哥德尔不完备定理呢？

顾振清：在面对人工智能、多媒体挑战的时候，很多有成就的艺术家总是在把当代艺术作为人工智能和多媒体所提供的人机交互思考的一种应用场景。在这个场景当中，他们的思考方式仍然立足于把物理现实当中的三维体验搬迁到数字化的环境中再重构的方式，属于数字化转型的数字移民。而年轻的九零后，作为数字化的原住民，完全是从数字化经验出发，去思考一些在物理世界当中不可能发生的事情，推演物理世界不可能产生的数字逻辑、数字叙事。我觉得这是对人类在自然世界中的生活经验的一个非常大的对抗。

在这样的一个世界里，我看到保罗·克利所表达的《新天使》和本雅明所说的弥赛亚时间的发生。在加密艺术的新疆域里，很多年轻艺术家创作的作品形成在线上数字条件下的"时间戳"，由于这种时间戳指示的交易流所带来的数据流、时间流，使得数字化的链上艺术有了一种独特的内禀时间线和艺术史。这种内在的时间流使得链上艺术作品及展览可以在脱域的云端、在数字环境的元宇宙中不断地生成和展示，形成了一个不可磨灭、不可替代、不可篡改的数字永生的脱域化存在。这种公开透明、流传有序、全链上运行的数据流也使得很多藏家社群参与在每个加密艺术作品在传播中不断进化的线索和流程里面。大家来购买加密作品时形成新的哈希函数符码。这样的链上数字串的演化，也使得加密艺术内在的时间轴

保罗·克利《鸣叫的机器》(*Die Zwitscher-Maschine*) 63.8×48.1 cm 水彩画 1922 年

在一种物理时空脱域的状况下产生。

所以，这样的一种脱域的区块链时间线跟线下的三维现实的物理时间形成一个非常大的隔离。在加密艺术家眼中，所谓老派的、"传统"的当代艺术，无论是装置、观念、还是行为艺术，都变成一种旧世界废墟不断地增长，但是这些旧世界的废墟所形成的艺术史到底能不能在虚实并进的现存创作事态下继续发展呢？这是可能的。但是，链上分布式储存和运行的 web3.0 的数字艺术史肯定会成为更加长存、更加不能磨灭的一种存在。所以物理现实上的艺术史可能会在人类文明向虚而生的数字化转型过程中发生的一种改变。也就是说，人类的艺术正在从三维、现实、物理实体的世界向线上、数字、虚拟实体的世界不断搬迁，搬迁到人类所构建的一个虚拟互动社区的元宇宙当中去。这样的新大陆不再是一个新赛道，而是艺术创作的一个新大陆、新方向。这是我的回应。

刘晓力：我看过《新天使》那幅画，您特别引用了本雅明的那句话：新天使是背朝未来，面向过去，所谓文明进步的成果在他眼前就像废墟一样越堆越高，而大风将它吹向未来。

这是跟"时间机器"假说有关联的吧？其实这里有一个反叛的东西。因为面向过去、背朝未来像时间机器一样穿越了，过去的东西看上去当然像越积越高的废墟，"大风把它吹向未来"，这里包含了时间机器隐喻。其实，存在时间机器的可能性还是哥德尔的一项科学发现。

哥德尔 1949 年曾发表过一篇论文《爱因斯坦引力场方程一类新宇宙论的特解》(*An example of a new type of cosmological solutions of Einstein's field equations of gravitation*)，对爱因斯坦广义相对论的

引力场方程提出一个数学解。这个数学解是受到爱因斯坦赞赏的,他们两位在普林斯顿成为至交也传为佳话。这个数学解告诉人们,时间是可以倒回去的,可以乘坐时间机器回到过去旅行。哥德尔一开始是在旋转宇宙的宇宙论模型中得出这个数学解的,后来,他把旋转宇宙修改成膨胀宇宙。在膨胀宇宙模型中,如果假定可以乘坐时间机器倒回去旅行可能因为消耗太大的能量,是不现实的。斯蒂芬·霍金的黑洞研究,罗杰·彭罗斯(Roger Penrose)的奇点研究,都与哥德尔得出的这一数学结果相关。而哥德尔这篇文章中的一个重要哲学观是,在某种意义上时间和变化也许不过是主观的虚构,是超越经验的。

保罗·克利 1920 年创作《新天使》这幅画的时候还没有这样一个假设。当然,这也是当代艺术"反叛"的精神内核体现出的创造性。就像顾老师讲的,今天的艺术作品,无论是艺术行为、艺术观念或艺术装置,从未来的视角看也许都不过是废墟而已。要以新的反叛传统的历史观和时间观念面向过去、背朝未来,事实上也是在突破自我。

王球:我对保罗·克利那句话很感兴趣:"艺术是使不可见可见。"这里面有一些有趣的东西,我们知道哥德尔是有点儿神秘主义倾向的。哥德尔认为物理对象,比如说一朵花和概念世界一样,可以通过知觉(perception)呈现出来,而且人类的心灵能够具有抽象的感知数学世界的直观能力,而这种直观能力是理性的一种。我们会觉得克利说的这句话"艺术使不可见的可见","见"也是一种"percipience",这里面可能会有一些相通的、有趣的话题引出来。

请教一下顾老师,比如说梵高的《星空》。我们平时看到的星空不是那样的,梵高画出来的是"使不见可见",居然是以这样奇异的方式呈现出来,这是一种想象还是真的是一种知觉?

顾振清:我觉得梵高的画不只是他的想象。梵高有他的天赋。即便他作为一个普通人,他也会把头上的星空、万物演化的规则和心中的道德律令互相匹配、类比。如果从符号学角度解释,《星空》这幅作品是符号属性从直接对象向动力对象发展的一个案例,因为这张画给人的能量和信息的解释项超了物理现实上的解释项。这张画所激发的人的共情力,超过了人们根据图像去解释的那个意义。

梵高之所以看到的星空是动起来的,我认为他其实有很多超验的东西,因为他对上帝、对神有根深蒂固的信仰。所以《星空》在他的眼睛里是一种对圣灵意识的表达。我觉得梵高的意识和知觉里有一个宇宙的天眼,类似射电望远镜,这种天眼可以接受到超自然存在发射给他的一种电磁波,而且所接受的这种波长很长、波段也很宽广。也许梵高只是把他所接收到的宇宙间各种长波信息转换成这样的"星空"。

很多艺术家都是靠高维感知的灵感来创作作品的,比如说希尔玛·克林特,包括我们国内的素人艺术家郭凤仪和抽象艺术家成卓。成卓是一个修行者,经常会进入高维境界感知意识,所以她的创作里有一些"密码",比如《蚂蚁的上帝》,传递的是高维的感知在三维和二维世界的转换。

艺术家往往是把一些不可见的东西可见化,当然这个转化可能会丢失很多东西,只能尽可能地通过这样一种方式展示出来。

袁园:接下来,我们进入下一个话题——柏拉图主义的概念实在论。超越单纯表象的现实本质到底是什么？我们如何才能理解它？

我列了几个案例：

里希特（Gerhard Richter）的《五道门 I》(*5 Türen [I]*，1967) 和《五道门 II》(*5 Türen [II]*，1967) 这两件作品中门开的方向是不同的。《五道门》这两幅作品用的是真人大小的画布，非常逼真，观众观看的时候以为真的是门推开了，有一种强大的视错觉。

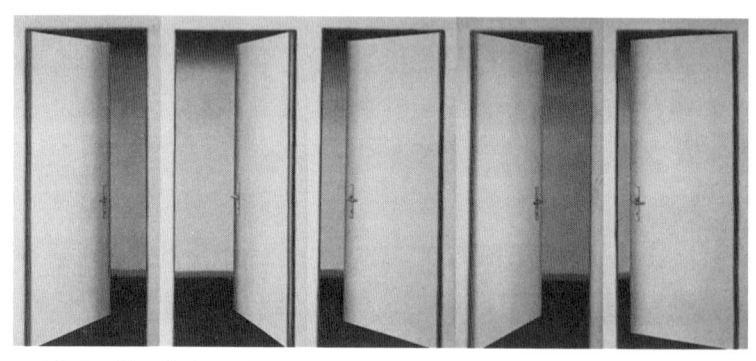

里希特《五道门 II》布面油彩 1967

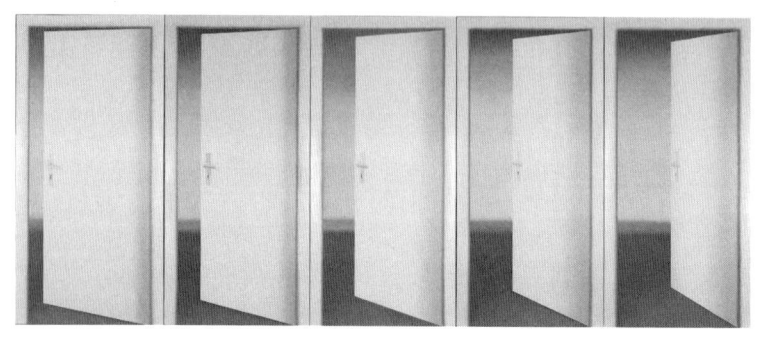

里希特《五道门 I》

《五道门》是绘画作品，《四块玻璃板》(4 Glasscheiben) 可以理解为既是绘画也是装置。为什么说《四块玻璃板》是一个逻辑的对立呢？它其实是透明玻璃，跟着中轴线可以旋转。因为透明，所以在这个作品当中可以看到一切，但是你又什么都看不见。跟前面的《五道门》是以为你看见了一个门，但不是门，你看见了那个"不是"，而这个《四块玻璃板》，你以为什么都看见了，其实什么都没看见，所以这两个作品在逻辑上是对立的关系。

曼·雷（Man Ray）在上个世纪初的作品——《数学的对象》(Objetmathématique，1934—1936)，当代艺术家杉本博司受曼·雷的启发在 2004 年创作了《概念形式》(Conceptual Forms) 系列，这些都不是现实生活当中可见的事物，完全是纯粹概念的形式。

观念艺术家科苏斯（Joseph Kosuth）在 20 世纪 60 年代说过：

《四块玻璃板》

世界的意义就在于事与愿违

"在杜尚以后,艺术家的价值是追问艺术的本质,追问艺术的本质就是对艺术本质提出新的命题。"如果你的作品没有追问本质,没有提出新的命题就没有价值。

那么哥德尔的概念实在论下的"实在对象之真"到底是什么?

刘晓力:"真"还有另外的含义。哥德尔会讲"柏拉图世界的实在性"。这种"实在性"有三重涵义:第一是承认抽象数学对象和抽象概念本身具有不依赖于主观愿望的实在性;第二是数学加载到物理学上的东西,承认抽象数学概念及其关系对于建立物理学理论来讲必不可少的,这叫对于概念实在论的"不可或缺性论证";第三,哥德尔承认数学真理具有客观实在性。数学家通过数学直觉能看出来哪些数学命题可以作为数学系统的公理,也就是能够不加证明而承认为真的命题。跟物理学家相似,数学家很多时候是靠猜想,先依靠数学家特有的经验和直觉提出一些假设,在不加证明的情况下先承认其为真,再推出这些假设的逻辑后承,即进一步推理,看有什么新命题能够由此推出。例如非欧几何就是通过否定第五平行公设(过线外一点只能做一条直线与已知直线平行)得到的新几何体系。

如果讲跟真有关系的,哥德尔所谈到的还有一个跟现象学相关的东西,即"意向性",我们对于这些数学真理的理解,对这些数学对象的客观性接受,实际上,关键在于这些数学对象或者是指称这些数学对象的概念与数学家之间有一种内在意义的关联,它是数学家产生对数学真理性信念的根源。这个在哥德尔那里特别重要。

他认为,我们对于这些意义的把握不是靠形式化的逻辑手段,而是靠所谓的本质直观。哥德尔非常推崇现象学家胡塞尔,他收藏了胡塞尔几乎所有著作，而且连续研读现象学达十年之久，给很多书加了批注。他特别赞赏胡塞尔的本质直观的观念。所谓本质直观的概念，是说我们看到的很多东西其实都是表象或者是现象特征，但是这些现象特征背后的本质是需要一种本质直观的能力去把握。本质直观的东西不是靠物理的还原，比如靠高倍望远镜和显微镜观察到，而是靠现象学意义的本质直观的还原方法，而哥德尔理解这就是一种澄清概念意义的方法。

哥德尔在1961年的一篇手稿里谈到，胡塞尔的现象学给了我们一个非常好的方法，能够澄清抽象概念的意义。比如，哥德尔说，作为直观的"能行可计算"概念本身是一个客观实在的对象，其实它老远就真的在那儿，一开始人们看不清它，但是数学家以意义澄清的方式越来越清晰地"看见了"它，即越来越清晰地把握了"能行可计算"这个概念的意义。例如，图灵机这一数学概念就是把人们对"能行可计算"的直观，用严格概念澄清的方式使人们本质直观地看到了它作为数学对象的本质。包括"证明""可判定"等概念，包括把握目前还未知的一些抽象概念。

顺便说一句，哥德尔说的直观不是王球老师所说的数学直观和对物理对象的感知。当然，1944年哥德尔曾经使用过一个类比："据我看，假定这样的抽象数学对象，正如假定物理学中的物体一样是完全正当的，有同样充足的理由相信它们的存在。它们对于我们获得令人满意的数学系统是必需的，就像物理学中关于物体的假定对于获得关于我们的感性知觉的令人满意的系统是必不可少的……"

王球：晓力老师澄清得非常好。我现在还是想搭一个桥，哥德尔对"真"和"是否可证"做了一个概念上的区分，为真的未必是逻辑系统可证的。这是他很大的一个贡献。

因为哥德尔对于"真"和"逻辑可证"做了概念区分，我很好奇当代艺术是不是把传统艺术和"美"也做了一个概念的区分？

顾振清： 当代艺术把映射自然世界的美和秩序感归结为古典艺术的一个特别属性。当代艺术的一个特征是自反性，它不断颠覆人对艺术的既有认知，把知识生产作为底层逻辑。

所以，艺术家每次都在想方设法给当代艺术开拓新的赛道。比如一个艺术家可以宣称：今天，我用最简单白方块和黑方块作为艺术表达，我认为这是最简约、最终极的艺术，就是艺术的全部；如果观众接受我这种表达，我就宣称这种艺术表达的是一种世界的终极意义。

明天，我发现绘画无路可走了，然后去拿一个小便器，拿一个实物来做表达，连画都不用画了，直接用一个现成品来做一个艺术表达。可不可以？这种表达也被定义为一个艺术事件，开创了艺术形式语言上的一个新的集合。那么现成品挪用也被认为是一种新的知识生产方式，它打破了既有的认知和经验系统。

接下来，我在一个区块链互联网的、去中心化的虚拟世界当中来建构一个数字美术馆进行艺术表达，这个表达可不可以是一种创新？我说可以，因为前人从没做过。所以，在这样的计算机数字底层逻辑系统里，可以把以前的美学从物理世界平移到虚拟世界，但是物理实体艺术的数字化转型并不是链上艺术最重要的诉求点。网联世界似乎更看重算法生成艺术、人工智能艺术、人机交互艺术等链上原生艺术。无论是艺术的美育功能、装饰功能，还是疗愈功能等等，都已不再是当代艺术最重要的对象化空间，表达何以成为可能？这也许应该作为人和人之间交流最重要的一个问题提出。

现在，为什么很多艺术家要跟人工智能过不去。有人说，你的创作已经人工智能化了，那还需要人做什么？艺术家则说你有没有看懂我发明并训练了一种怎样的人工智能？我的人工智能究竟用的是一种什么算法？艺术家往往是用人工智能的对抗性算法来做创作。也就是说，他对人工智能所发的任何指令，希望人工智能提出一种相反的、出乎意料的回应。这就是艺术家所希望在数字画面、或在虚构影像当中所呈现的对象。人工智能有时给艺术家赋能，就是由于它给艺术家插上了一个意料之外的翅膀，让它针对自己来做一个深度的、自我批判性的扩张。

在这个逻辑里，哥德尔的思想跟当代艺术的思想是不谋而合的，很多认知往往是在既有的编码或者是既有的符号系统之外发生。如果总是按照逻辑系统做实证，我们很可能还停留在科学理性高歌猛进的一个视角主义的固定视窗之中。但是如果能够领会哥德尔的智慧，当代艺术很可能在这种智慧里找到新的边疆。

刘晓力：我理解为什么顾老师如此热烈地拥抱现代技术，包括现在的 NFT 和元宇宙。其实出发点是对当代技术进一步宰制的一种反叛。实际上艺术家是借助人工智能对抗性算法反抗当代技术的编码体系，反思当代技术将为我们提供一种怎样地对技术反叛的可能，用一种反抗的行为告诉人们又有什么新的知识生产方式出现，并利用这样的知识生产方式打开另一扇与传统和当代社会对抗的大门。

袁园： 如何借助抽象直觉的引导把握未知的概念？我把最后的案例抛出来，这个很重要，要落回哥德尔的启示。

意大利艺术家皮斯托莱托（Michelangelo Pistoletto）的作品——《无限立方》（*Metrocubo d'infinito*，1966），这件作品用到了镜面，这里要抛出来的问题跟刚才讲的非常有关系。

这六个镜面不是朝外，而是全部朝内，所以镜面是相互无限反射的，但是不反映任何现实。某种情况下，我把它理解为一个纯粹抽象概念的隐喻。我们只能在精神层面去设想朝里的镜面到底发生了什么。

最后是波洛克（Jackson Pollock）的滴画。20世纪90年代美国三个物理学的教授对波洛克从20世纪40年代到50年代的滴画进行了分析，发现是符合分形几何的。通过分层分析波洛克的画，发现越到晚期分形特征越明显。

皮斯托莱托《无限立方》（*Metrocubo d'infinito*）1966

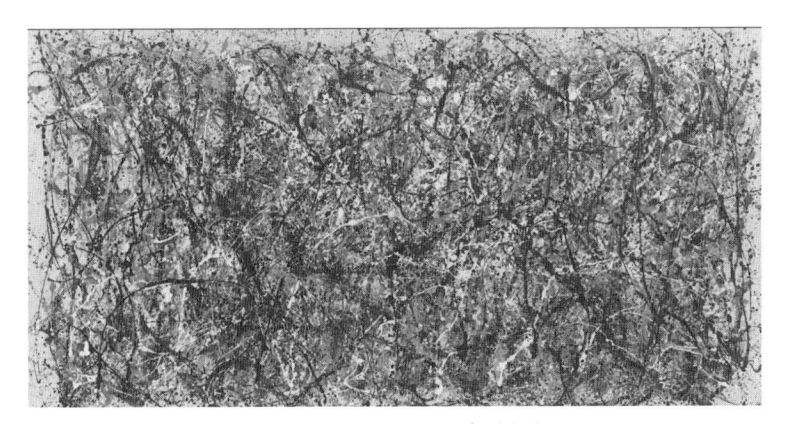

波洛克（Jackson Pollock）*Number 31* 269.5 x 530.8 cm 布面油画 1950

我想用波洛克的画说什么呢？所谓不可见的、超验时空的真理，可能像海德格尔所说的："艺术的本质或许就是：存在者的真理自行置入作品。"波洛克作品中涉及的混沌和分形理论在他去世之后将近二十年才开始出现。所以，波洛克肯定根本不知道分形的，当然现在有很多艺术家都会用分形去做创作。

我想借用哥德尔的一句话作为结语，不过要改动一下。"数学内容和数学直觉具有不可消除性"，我想把"数学"换成"艺术"，也许这是一个开放的问题——艺术的直觉，这种直觉抵达超验的真理，抵达逻辑上的现实中不可证的真理。

刘晓力：袁园老师这几个案例非常好，回到了作为前沿科学的复杂性理论的"涌现"和"分形"概念上，这也是我前面谈及的一点：对于复杂世界，如果一个系统的复杂性用数字化语言描述超过一定阈值，图灵算法就不能抵达其中的全部真理，复杂系统的涌现特征就反映了算法黑箱化的无能为力。

最后我还是把哥德尔如下这段话解读一下:"世界的意义就在于事与愿违以及超越这种事愿分离的努力。"

哥德尔总结自己的哲学观是"理性主义的、乐观主义的、唯心主义和神学的"。他在哲学上最终的理想是建立一种像牛顿物理学那样的公理体系具有作为严格科学的一种哲学形式。康德最早提出"作为一种严格科学的形而上学何以可能?"的问题,胡塞尔也为这一目标做出努力。哥德尔喜欢莱布尼茨的前定和谐观,他期望建立的形而上学,是保证从清晰的初始概念出发建立公理系统,具有确然性地推出全部哲学。事实上,哥德尔没有进一步展开这个哲学规划,也没有达到他最初的目标。他设想理想的理性主义哲学的初始概念可能包括如下基本概念:原因、意志、力、受用、上帝、时间、空间。但他也承认,只有我们首先找到澄清基本概念的方法,才有可能建立作为一个作为严格科学的哲学体系。当然,他还主张胡塞尔的现象学方法有可能是澄清基本概念的最有效的新途径。

顾振清: 谢谢晓力老师,我觉得艺术也是对时代的反叛,而不是对时代的反映。艺术往往是带有超越性的。波洛克是1956年去世的一个艺术家,肯定不知道他的抽象画在他去世30年以后被人解读出分形几何的逻辑,但是这种递归的几何结构是不是在他一层一层叠压颜料的时候就已经存在?这种可能性还是有的。

分形几何逻辑最重要的一个特点是每种递归主义的分形结构都有一种自相似性,实际上,是分形几何还有一个最重要特点就是复杂性。如果不断追究分形几何的底层逻辑,还是可以发现一种带有自相似性的结构不断蜂拥而来的复杂性。批评家对于波洛克的抽象表现主义绘画肯定会有一个过度阐释的过程。如果按照分形几何专家的分析逻辑来看，除了波洛克，在历史上可以还找出几十个艺术家的作品具有分形几何的底层逻辑。

由此，我想到加密艺术家刘嘉颖的作品"拍卖机制"（Top Bidder），只要设定好加密艺术品在激进市场的拍卖加价幅度比如15%～40%，每次藏家拍卖所得的作品都会被在二手市场上直接加价出售。然而，根据艺术家修改智能协议后的设定，每次作品加价拍卖售出的金额有一半会返还给原作者。如此一来，这样的底层智能协议让每个买家都变成艺术家的供养人，这是一个特别奇特的递归逻辑，它使得作品的价格越来越高，那么谁是击鼓传花最后的一个买单者、接盘侠？不知道。我问过刘嘉颖，她说可能到作品最后价格高到任何人都买不起的时候，游戏就结束了。我说不一定。如果拍卖截止期继续开放，极有可能还会有下一个买家出现。所以，现在有很多10K级别的链上算法生成作品在社区化的销售和转售过程中，已经到了一种无法来结尾的程度。很多算法生成艺术家从作品创作一开始并没有设计好它的结束方式。在这样的创作中，我也感觉到哥德尔不完备定理也许会让很多当代艺术家有了一个开脑洞的机会。

王球：哥德尔会觉得我们没办法一劳永逸地实现莱布尼茨的梦想，因为这个不完全性定理证明了这一点。但是哥德尔会认为我们可以步步为营，任何一个具体的数学命题，总有一天会被人类的心灵世界所认识，所以他是一个乐观主义者。哥德尔会认为图灵犯了错误，人心不是一台给定的有限的图灵机，他认为心灵可以进步，理性可以进步。

袁园：我想做一个回顾总结，从古到今，数学家、哲学家和艺术家都在寻求去理解我们所处的可见的、不可见的，甚至想象的完全抽象的世界和对象。

从艺术家、数学家和哥德尔之间的关联，我们看到的是自我反思、自我反省的精神。哥德尔追问数学的本质，哲学家阿甘本问什么是当代？艺术家贾斯珀·琼斯（Jasper Johns）问什么是艺术？今天谈哥德尔和当代艺术，让我有几个启发：

第一个启发，哥德尔在他那个时代对数学逻辑和物理提出如此颠覆性、革命性的贡献，我们可以看到他有一种发现重要问题并思考的能力，当代艺术家不是闭门创造审美对象，一定是关注人和社会的危机最关联的问题。

第二个启发：哥德尔比谁都当代。因为他背离时代的主流精神从而超越他所在的时代，那是最让我们艺术家受启发的地方。

今天的讨论就到这里。感谢三位老师的精彩分享，也谢谢观看直播的观众。

哲学的荧光棒何以解除技术的魔咒

主讲

段伟文：中国社会科学院哲学所研究员、博士生导师

主持

梅剑华：山西大学哲学教授、《认知科学》期刊主编

与谈

顾振清：当代艺术批评家、独立策展人

刘永谋：中国人民大学哲学院教授、博士生导师

段伟文： 有朋友问哲学怎么就成了荧光棒？你是不是故意搞怪？其实就是故意搞怪，可以直白地说，荧光棒就是我脑袋里面冒出来的这么一个东西。

哲学何以成为荧光棒？即哲学要进行自我反思。以往的哲学往往是拯救者的角色，比如柏拉图的洞穴预言："你们看到的都是假象，我要带你们到真正光明的世界里，让你们看到真相。"

哲学作为拯救者的形象在知识和信息比较匮乏的时代是可以的，因为人们不明觉厉，所以误以为你是拯救者。当然，我们生存在这个世界上本身就存在许多无知和偏见。比如西施和东施谁漂亮？除了形体上的原因外，其实就是一个偏见。

哲学作为思辨也好，批判也罢，最重要的就是类似于苏格拉底的策略，要让接受哲学思想的人增强自己的感受性，让他们自己通过各种悖论寻找答案。我们可以假想哲学是一个幽灵，或者是一个有生命的东西，它始终在那里闪烁，让每一个人有继续活下去的欲望。比如动漫表演或者唱歌比赛，在另外一种文明看来就是一堆蚂蚁在那里不知道做什么。任何一种生活形式本身不一定有价值，但是哲学告诉我们任何东西都是有价值的，都应该存在下去。所以，哲学的思辨和批判在当代起到的是安慰剂的作用。

今天，我们看到算法和技术是怎样将快递小哥捆住了，资本平台如何制约他们等等的文章,并且用一大堆理论去批判。但如果有一天,这个社会不需要你工作了,你可能会闲得难受,你想被捆绑都捆绑不了。我真实的目的是想说:你在微博、微信刷这些信息,只是给了你一个掌握了真理的虚妄之感,即你认为这个世界应当是什么样的。当你看完这些信息,刷过朋友圈之后,你认为对这件事情出了力,为世界的改变争取过了。然而,事实是这些信息就像秋天的落叶一样,白天被扫,夜晚还是会飘落下来。

这样一些相关的学术研究,只不过制造了一种"精神抗争疫苗",给你打一针形成一种抗体。对你认为的不公,或者大家认为的不公产生一种内在的多巴胺运动,通过这样一种运动,对你进行一种系统性的驯化。所以哲学是一个很暧昧的东西。看起来是在骂人,但是或许是小骂大帮忙也未可知。

一、未来千年技术备忘录?

未来的技术是什么样子?我抄袭了卡尔维诺的《未来千年文学备忘录》。哲学是什么?哲学就是挪用各种东西,用于概念、类比或隐喻。比如我吃驴肉火烧时想到火烧,过后我觉得火烧很好吃,就把火烧概念化,就可以研究火烧对我们的启发是什么。说"好吃不过驴肉,好吃不过饺子",其实在我们南方人看来饺子有什么好吃的?不就是把菜包在面里面。但我还是相信了"好吃不过驴肉";我吃了半斤之后开始心慌,后来我一想知道这个驴肉肯定是加了瘦肉精的。我的意思是说,我就是在明目张胆地挪用卡尔维诺的《未来千年文学备忘录》,所以就把这个东西抄下来了。

哲学的创造就是原始的那个点,是突如其来的,只有这样才能去创造。如何创造？创造是突发奇想。

轻逸——轻文明：轻逸是指现在的技术时代追求一种"轻文明"。芯片越做越小，人追求越来越瘦。"轻"成为一种时尚。但是这种"轻"是一个假象，为了这样的轻、薄、巧，却有可能会耗费更多的能量、时间，从一些人为了比特币疯狂耗能挖矿就可见一斑。这就是"轻文明"所谓的"轻"。

迅捷——加速主义：加速主义是说技术好像是一个开关，一旦按下去就再也停不下来，但是谁都不知道为什么停不下来。这样一种加速主义会让我们有一种眩晕感，当然这种眩晕感其实也不需要被批判。

很多年前，有一部电影讲一个大军阀，让他手下的人做了一个木制轿车放在铁轨上与火车进行赛跑，结果自然明了。但他认为自己权力很大，火车不应该快过他。英国刚开始的时候规定汽车不能跑得比马车快，但是现在大家都知道汽车已经远远超过马车。

其实在早先的时候，那些火车上的人是眩晕的。我们在批评技术时，也不要忘记世界上任何对技术的批判都只是一种矫情。快当然是好的，但是具体到一些人的时候也不一定好。最开始为了打字速度更快，很多打字员需要去练五笔，然而，现在有了科大讯飞，自动语音录入了。技术意味着让我们的生存更加艰难，我们要变得越来越快，但并不意味着我们更变快了、变高了、变强了之后不会被抛弃。

确切——计算：所谓计算，就是技术对人的各种行为进行确切地掌握。虽然人是有理性、有智能的，但是人无法把握自身，更不清楚技术会带给我们什么。但是，一旦有了量化指标，就可以进行某种确切的计算。然而这种确切也不过是个圈套，比如大学排名显然是个骗局，排在第 50 至 60 名的学校完全可以用贿赂或者其他办法去影响评价机构。就像我们打靶，打完之后围绕着箭头画一个准心，让你永远是十环。所谓的确切计算只不过是便于技术的使用者来捕获对象以便于操作。

易见——界面：界面是一个屏幕，至少有三层含义：

1. 屏幕背后有一个技术系统，没有这个技术系统影像无法显现；

2. 这个屏幕永远在给你显现一些东西，而显现的那些东西是由一个幽灵显现给你的，它通过抓住你的注意力来传达一些信息；

3. 屏幕也会遮挡。古代的屏风也是有遮挡的作用，对于屏风来说，它是将一种文明和优雅的画面显现给你，同时遮挡住背面的人物。但是电子屏幕更加厉害，它伸出一些小手将你的眼球抓住，甚至不让你的眼球转动。这种遮挡的力量是无限的。

繁复——"技术社会"：现在的人工系统、人造世界已经变成了另外一种世界，甚至可以和自然界媲美了。我曾经看过一个日本哲学家写的书（柄谷行人，《作为隐喻的建筑》）中谈到人工系统和自然系统的不同，他认为自然系统是比较繁复的半网络结构系统，而人工系统是比较简单的树状结构系统。

但是实际上拥有海量数据的数字网络平台之类的技术人工系统已经成为各种半网络结构系统。现在的人工世界已经非常复杂了，并且在逐渐替代自然的世界了。简单来说，这个世界已经被人"污染"、被人化了。换句话说，其实世界已成为人和自然的一个杂交产物。

二、技术的主体性：能够与自由

技术的主体性即"技术"的矛盾是"能够与自由"的问题。接下来要借阿伦特的三句话。

（1）科学家告诉我们，他们在不到一百年的时间里就可以生产出未来的人类，似乎拥有一种反抗人类给定存在的能力，拥有一种不知从哪里来的（就世俗而言）的自由天分，只要他愿意，他可以给自己换上他造出来的任何东西。

（2）没理由怀疑我们实现这种自由交换的能力，正如没有理由怀疑我们当今有能力破坏地球上所有的有机生命。问题仅仅在于，是否我们真的想在这一方向上使用我们的新科学技术知识，而且这个问题不能由科学手段来决定，它是首要的政治问题，从而也不能留给专门的科学家和专门的政治家来回答。

（3）如果真的证明了知识（在现代意义上是"知道—如何"）与思想已经永远分道扬镳，那么我们确实变成了无助的奴隶，不仅是我们机器的奴隶，而且是我们"知道—如何"的奴隶，变成了无思想的生物。

这三句话是汉娜·阿伦特在《人的境况》(*The Human Condition*, 1958)前言开篇谈完 1957 年人造卫星的发射对人类摆脱地球束缚所昭示的"人类条件"的改变之后讲的。就像人造卫星意味着人可以摆脱地球对人的束缚一样，阿伦特当时所预言的大量的科学投入正"致力于让生命也成为'人工的'，切断这一让人属于自然母亲怀抱的最后纽带"，这些东西都已然照进现实。

我们现在担心的许多事情，比如基因编辑或是赛博格，这些在将来都是可以做到的。现在的问题不是说可不可以实现，而是这些事情能不能做。因此，技术对生命以及所谓"人类条件"的改变不再是单纯的科技问题，而已经成为一个政治问题，应该由全社会来关注，并且不能单单由科学家和政治家来解决。在这种情况下，我们进行颠覆性科技研究与应用的自由就要打上一个大大的问号。

人类现在被一个东西给缠住了，即 know how（知道—如何）。知道事情该怎么做与知道它是为什么是两件事。现在的技术或科技是一种人类有限、有效的知识行动体系，人类到目前为止并没有完全把握世界是什么样子，也未能了解事物完整的因果链，难以通过完整的因果链采取完美的行动。比如早先的胃溃疡治疗方法是吃一些含碱的药物，后来人们发现胃酸过多是由于感染了幽门螺旋杆菌，现在的措施就是杀死幽门螺旋杆菌。这就是 know how。

比如现在有了人工智能，有人会想要用人工智能来制造自动武器。那么问题就是，一旦人类搞出了自动武器，结果会发生什么？人们也许会说，知识晦暗之处，正是哲学出场之时。然而，一旦知识与思想分道扬镳，思想的力量也终将是有限的。于是，我们变成了所谓的现代知识的奴隶，变成了一种没有思想的生物。也就是阿伦特所说的"受任何一个技术上可能的玩意儿的操作，哪怕它会置人于死地"——人操弄技术，无异于作死。

三、技术与时刻：递进的谱系

我提出一个概念"技术时刻"。技术这个东西是突如其来的，比如莱特兄弟（Wright Brothers）将飞机飞上天完成了人类几千年来的梦想，技术就在那个时刻构成了一个事件。而时刻是不断递进的一个谱系。

广岛时刻——原子弹爆炸的时刻，意味着人类搞出了一个自己控制不了的力量。

斯普塔尼克时刻——人类第一次站在地球之外，绕着地球转的时刻。斯普塔尼克就是伴侣的意思，卫星好像是地球的一个伴侣。那么一旦过了这样一个时刻，一切都不一样了，并且这样一个时刻所掀起的技术漩涡是不断往里漩进的，一种递进的关系。同样在生物学领域也有众多例子。用这样一种递进的谱系去思考问题，可以帮助我们形成对于技术发展态势的一个总体把握，不管是建设性的，还是批评性的。

基因重组时刻——20世纪70、80年代有基因重组，90年代有人类基因组，再后来就有克隆羊、干细胞，再往后就有基因编辑。

从技术时刻的角度来看，可以看到技术加速行驶的列车是很难阻挡的，而且这个速度会越来越快，加速度会越来越大。阿伦特讲的"作死"，就是这个意思。

四、技术批判：感性化策略

我们怎样对技术进行批判呢？这里就涉及哲学。哲学在海德格尔那个时代是以一种形而上学的方法进行批判。后来的技术哲学家也在用一些比较文学化的、艺术化的、感性化的方式对技术进行批判。比如鲍德里亚（Jean Baudrillard）讲"拟象与仿真"。

贵族的族徽刚开始是很难复制的，印刷术出现以后就可以进行假冒复制了，到了机械印刷时代，很多东西能够得到大批量机械复制，生产流水线的出现使原型与摹本的界限不复存在，计算机时代的虚拟现实技术、虚拟影像技术继而将很多真实的东西虚拟掉了。

正是这样一些虚拟和仿真技术，比如 AV 影像用解放你眼球的方式来解放你对性的想象，最后在性幻想空间中将你的情欲摧毁掉。用虚拟的东西代替了真实的东西，最终导致一种丧失感受的无聊。这种无聊并非贬义的无聊，而是一种绝对的欲念俱灰的无聊。

斯蒂格勒（Bernard Stiegler）晚年的作品比较通俗化，他讲到所谓的无产阶级化或者说是去技能化（失能化、流众化）有一个恶性下降的螺旋。

他用一种感性化的策略将其分为三个阶段：

1. 在机械劳动阶段即大工业生产阶段，机器复制人的机械行为，使传统工匠的技艺被取代；

2. 在文化工业阶段，文化工业复制并僭越了人的感性，你想买什么东西，马上就有相关的广告推送给你；

3. 在如今的大数据时代，所谓大数据就是通过对人的特征与行为方面的经验数据的搜集、分析和挖掘，掌控、预测和引导人的认知与行为，这一过程实质上复制了人的知性能力。

在这些递进的序列中，人不断被去技能化，原有的技能与认知能力都被技术或机器"短路"了。

通过这些序列揭示了一个严重的现象：未来的人可能会变成一种"流众"，现在越来越多的人没有正式工作，今天做这个，明天做那个。他的核心技能随时可能丧失，甚至会到无技能可失的境地。比如现在计程车司机都按照导航来行驶，除了方便认路也便于处理和乘客发生的纠纷，公司的管理和控制也变得方便，但这就使得司机应有的认路能力逐渐消失了。如果将来被自动驾驶所取代，这些司机自己也在不经意间成了机器的帮凶。

技术的加速发展，正在使得我们以前在学校里学到的知识、在工作中积累的经验加速失效。我们需要思考这样一个问题，在这样一个技术罗网无远弗届，智能机器加速进化的时代，普通人如何免于变成"流众"？

五、数据凝视与软生命政治

数据凝视是我们这个时代的特征之一。所谓的"数据凝视"无处不在，比如现在很多地方都会装有摄像头和人脸识别装置，许多手机 App 软件也会窃取用户的数据。这其中表明了智能技术的一个特征——技术就是一个捕获器，不停歇地捕获人的目光、踪迹、行为特征、偏好。人类实际上是被捕获者。虽然想到这一点人们会于心不甘，然而我们又避免不了沦为被捕获者的命运，比如如果我们不打开手机的定位，就无法用导航。所以我们在思考技术时，要认识到技术是人类命运中一个命定的悲剧。

何为命定的悲剧？
古代有大洪水，就有制造挪亚方舟的技术。挪亚方舟只能承载有限的人数，所以任何一个技术，只可能对某一些人有利，而对另外一些人不利。如今的时代对什么样的一类人群有利呢？是那些能够随时控制自己的表情和心情的人。比如公司的智能座椅会检验你今天的上班时长、如厕时长，还有你的心情等等；比如人脸识别摄像头进教室监控学生学习状况。所以现在已经不是用自由意志做出自主选择，而是进入我们被技术选择的时代了。从前的人工选择是选择家畜家禽，现在是人类自己用技术驯化自己，所以"社畜"这个比喻较为恰当。正是在这种情况下，数据已经成为我们的新皮肤和新器官。

什么是新皮肤和新器官？

如今到房地产公司去买房，通过人脸识别可以监测到你的身份，以及银行卡里的存款。所以售房人士也会根据这些信息来决定售房价格。未来的时代是在技术监测之下生存的时代。有一些人想要去抵抗技术监测，比如国外流行的"公众科技"运动，参与者在脸上画奇形怪状的条纹，在衣服上画几个人脸作为一种迷惑人脸识别系统的装置，但是，相关研究机构已经针对这些反监测的干扰策略不断做出相应的对抗措施。这也导致西方的社会运动越来越软，在某种程度上只是一类群体的自我安慰罢了。所以在将来，面对各种攫取数据的智能监测技术，你需要的是一套在技术背后的监测主体看起来良好的数据，数据正在成为每个人的新皮肤，这种新皮肤决定着你的面貌能否为世界所接受。而要保有这种良好的数据好皮肤，就像古时候的黄花大闺女一样，努力保持"贞节"和"贞操"，呈现出"贤淑"且"姣好"的样子。倘若你没有好的数据，不仅会被污名化，而且会受到歧视和得不到重用。

从当下的发展趋势来看，技术监测正在成为一种管理与治理文化，智能监测社会悄然而至，相应的社会契约还有待在技术与社会文化的碰撞中探索。最近的特斯拉事件涉及数据的归属权问题。其实只要是自动驾驶，数据本身就毫无秘密可言。因为数据本身就是基础设施，在即将来临的万物互联时代，社会的基础设施必将从信息基础设施转向数据基础设施——其基本规则是凡数据必须要求被交换。

比如，我们现在查询银行卡中的存款拨打电话银行，首先是机器人问你要办理什么业务,然后要按照提示一步步地按数字,去饭馆吃饭都是微信扫码点餐。这些举动并非多此一举,而是一种文化变迁。监测本身已经成为一种文化,而且监测会随着某些历史事件成为解决问题的一种方法、思路、方案。一个东西一旦成为文化之后,就会促成一种新的生命政治,即一种新的对生命和人类的安排。

后验真理

最后想说"后验真理"。比如我们用数据去判断这个学生该不该上大学?就像去年的疫情导致英国无法举行升学考试,所以有人提出用算法来计算学生的升学资格,结果发生了学生游行运动,认为这种考评机制并不合理。因为通过大数据计算到某个学生可以去上牛津、剑桥,并不一定是他真的有那个实力和水平。这种算法决策所决定的并非某个学生是天才而应该上牛津、剑桥,而是算法选择他可以上牛津、剑桥,决定了他相对光明的未来。一旦这种运作变成合理的,最后就变成或制造出了真理。这就是所谓的"后验真理"。这些学生在游行中打出的标语是:"不要扼杀我们的未来!"

然而,"后验真理"存在明显的短板,那就是任何数据与测量都不能完整刻画事实,也无法涵盖具体场景中的全部情况。有个案例:一个身体不适的人打急救电话,电话那头是一个机器人,问此人有无流血?有无喷射性呕吐及其他症状?病人回答"没有"。机器人仅仅按照系统中设定的各种可能的紧急情况判断此人没有问题,不应该派救护车。最后病人就死了。实际上我们讲到技术其实就是一种文化,是一种什么样的文化呢?五千年前埃及文明搞木乃伊,什么可以做成木乃伊,木乃伊又分几级,这种木乃伊可以保存一千年,那种木乃伊可以保存五十年,根据级别有一个安排。

我们假想，如果埃及文明统治了世界，沿着埃及木乃伊文明发展下去会怎么样？很可能我们就有很多机器是专门跟幽灵讲话，跟你古代的祖先讲话的，古代祖先还可以对现在社会发号施令，这都是有可能的，这就是一种选择。

六、反思

去未来化与技术忧惧

所谓的去未来化是一种对未来的忧惧感，即技术弄不好，将来会不会让人类文明无路可走。考虑子孙后代的出路，需要一种技术时代的精神政治学。无论是哲学家还是普通人都要想方设法，让我们真正感受到技术带给我们的恐惧。其中一个挑战就是如何表现哲学的思辨力量。哲学一方面要学会夸大，另外一方面要和其他东西结合，不仅仅是和文学结合，而是要跟现今最流行的文化结合，只有这样才能够让大家不会无视技术可能带来的去未来化前景。

文化滞后与文明湮灭

美国社会学家奥格本（William Ogburn）曾经指出，物质文化的发展会导致非物质文化（适应文化）相对滞后的"文化滞后"现象。举个简单的例子：假设五千年前有一个原始部落，部落的人突然捡到了外星人从天上掉下来的武器，这些人拿了武器到处杀戮，整个文明可能很快被杀光了。这个极端的例子是说，我们的技术有时候如同某种突如其来的突变，而这种突变就像人体和生物体之中的癌变，如果不对这些突变有所警示，那么就会导致一种文明的湮灭。

既然技术是对于人的特征、行为与认知的捕获，它的一些内核不那么透明，所以我们去夸大对它的忧惧是有一定的道理的，技术的黑洞不能完全由技术开发者或企业来告诉你它的害处。重要的是搞技术的人自己都不知道这些技术会有什么后果。

伦理漠视与伦理冷漠

所以现在最主要的不是采取一些行动，而是观念的改变。就是让我们的哲学更加感性化。我们身处在一个具有颠覆性的巨大权力的社会技术系统，由于信息高度不对称而在不同程度上漠视伦理，漠视技术对人的伤害。不能不看到，大多数技术开发者和企业所追求的核心竞争力，并未涉及对用户的关怀。然而，作为用户的我们在这样一个监测文化和数据文化之下，也变得冷漠了。

七、走向自我技术与自我呵护

普罗米修斯的羞愧

技术是对人的一种驯化，让我们在技术面前自惭形秽。所以有很多人产生了机器人将成为人的后裔，并且最终取代人这些概念。其中就具有一种人不如机的创造物的羞愧感，即海德格尔的学生也是阿伦特曾经的丈夫京特·安德斯（Günther Anders）在《过时的人》（*Die Antiquiertheit des Menschen*）中所说的普罗米修斯的羞愧。听任这种羞愧发展，人在呈指数增长的技术能力和机器智能面前，甚至会觉得自己都要消失了。而实际上，技术一直在学习人类，机器人一直在设法捕获人的技能和知识。我们处在这样一个技术时代面临的挑战很多，技术的发展使得每个人都在技术面前不仅自惭形秽,而且认为自己已然过时。即使这样,我们也不应该产生羞愧感,而要知道人始终是有价值的,要充分认识到人的伟大。

所谓的人工智能,从批判的角度来看,只是一个资本、技术和权力结合的诡计,主要还是靠人的智能帮助人工智能系统形成闭环。比如网约车的例子,美国的 Uber 司机早上去开车,由于刮了胡子导致手机应用软件无法识别出是他。此时,亚马逊有个叫土耳其机器人的微任务众包系统会将她的照片甩给印度一个女工——很可能这个女工就是司机的妻子,如果她在 30 秒内认出他,此时她就可以获得 50 美分的报酬。所以,在人工智能系统中,最伟大的人和力量其实是这些数字零工、外卖员、审核员等等,其实是他们支撑起了所谓的智能系统。

这个智能系统和图灵测试刚好相反,图灵测试是人来判断这是机器还是人,然而在智能系统中由机器根据技术发展水平决定这个任务是人做还是机器做。就这样,数字零工就在人机智能系统闭环中充当者一个螺丝钉的角色。问题是,人类智能与机器智能的边界是在不断移动之中的,一旦机器学会并取代了某些人类智能和技能,人类就会在这一领域被安排做辅助性的工作。

普罗米修斯的倦怠

另外的一个状况是普罗米修斯的倦怠。现在虚拟游戏的发展盛况体现出人类对于真实生活的倦怠,甚至正在形成一种虚拟优先的文化。三十年前,我如果在路上遇到一条狗和一个乞丐,我肯定会施舍乞丐,但是现在年轻人的目光肯定都是投向猫和狗。这没有道理可讲,就是人的价值观的转变。所以哲学作为荧光棒,就是要将它的观念灌输给不同的人群去改变他们。我今天为什么做这个演讲？就是在等待着一种氛围的转换。这就好像动物保护主义者做得很成功，使得我们现在大多数时候都会同情动物。现在哲学要做的一个事情就是要让人们同情自己，同情技术时代下的人类，认识到人的脆弱性。

自我生活时代的人

现在技术好像将世界变成了轻逸、确切、易见、繁复等等样子，其实是将我们变成了孤立的人，无法进行社会行动，我们的眼球都被屏幕幽灵的小手抓住了。但是要知道我们的世界像海德格尔所说"我们在世界中存在。"不是在一个容器中，也不是在界面上。我们无须害怕被界面隔离起来变成一个孤独的人。因为我们还有心灵，有意向，有灵魂。

所以海德格尔对存在的追问是指我们要关切的是我们自己以及使我们得以存在的条件。因此，哲学应该让自我生活在技术时代的人拥有某种自我生活的智慧，即福柯说的"自我技术"，我们现在要学会在技术时代如何自我保护，成为自己想要成为的自己。

作为投机的技术时代的哲学

另外回到哲学本身的含义。"思辨"这个英文词翻译成中文时还有两个意思：一个叫推测，另外一个叫作投机。推测，是指面对技术对人掀起的排山倒海般的巨浪，哲学要学会对技术的所作所为捕风捉影，要善于去制造技术的绯闻，用这样一种投机的办法去打击技术，帮助人们呵护自己。

我要讲的就是这些。谢谢！

对话

梅剑华：非常感谢段老师的精彩演讲，您每次的报告都给我很大的惊喜。一开始，哲学作为荧光棒这个比喻让我很困惑。但在您讲了对于哲学的定位，它作为拯救者、作为批判者、作为安慰剂、作为精神抗争的疫苗之后，让我对哲学的理解有了一些变化。您认为，在技术时代哲学应该更加感性化才能对抗技术。某种意义上理性化的哲学是和科学合流的，所以才会提出一种感性的哲学和技术进行对抗，保存我们的自我，保存这个时代关于人的独特东西。

在这个意义上，"哲学作为荧光棒"是消解它以前所具有的含义，给它一些新的含义。这是非常有意思的。一开始我请段老师讲当代技术哲学，比如斯蒂格勒、拉图尔等，结果段老师给出一个"哲学如何和技术互动"的报告，非常有趣。

我有一个小问题：段老师似乎是一个技术悲观论者，但是有一句话叫作"枪不杀人，人才杀人"。技术本来就是掌控在人手中的，所以我们在批判技术时，是否要考虑是技术本身妨碍人，还是人借助技术去迫害人？

接下来欢迎今天的两位嘉宾：第一位是中国人民大学哲学院刘永谋教授，他也是做科技哲学的老师；第二位是当代艺术批评家、独立策展人顾振清老师。两位一位从技术哲学，一位从艺术来切入讨论。

顾振清：今天段老师讲技术对抗的哲学思考给人很多启发。这几个月，艺术圈正在疯狂地拥抱加密通证艺术，就是NFT艺术，技术给艺术展开了一个新界面。现在的加密技术、数字货币和分布式储存与记账技术，包括智能协议形成的共识机制，是否让NFT成为各种艺术殊途同归元宇宙的一种出路？还是使艺术失去了从前感性的调性，让艺术变成无法再去回忆和感性认知的一种东西？这两种可能性其实都存在。

现在NFT艺术引起了大家的热情拥抱。在这样的拥抱中，我们发现有很多艺术家利用加密通证的赋能方式生产新的作品，比如有艺术家用区块链技术来做链上原生艺术的创作，也有艺术家利用一些虚拟社区的社交方式，甚至利用数字货币的金融属性来进行艺术创作。让我们看到艺术正在走出它的边界。

技术虽然呈现一种加速主义的展开方式，并且技术对人有驯化的问题。但是我依然保持和段老师不同的观点，我认为技术的升级和迭代依然是人类的一种解放。它在发展过程中，不断地释放人类对于未知世界和规则的不确定性的认知，拓宽人的知识边界，让人的视野达到以前从未有过的知识黑洞。

现在密码学突飞猛进发展，让数字货币给人提供了新的可能性。哈贝马斯所关注的发达资本主义中存在的致命问题，有了新的解决方案。这也就是中本聪提出的社会性实验，在区块链和数字货币主义者的链上世界中，数字货币经济其实是给了中产阶级和底层人一种程序的公平，让更多人夺回他们的权利，摆脱中心化机制的压迫和剥削。数字货币分布式记账方法加上密码学的贡献、智能协议的开发、共识机制的建构，能够让去中心化金融的权力均匀地分配到所有利益相关者。在NFT疆域里面，我们一方面在防范技术对人新的驯化和压制，一方面也不得不拥抱技术给我们在艺术感知和理性方面打开新的疆界。

这是我和段老师不同的看法，并且想问段老师在数字货币展开的区块链底层技术的应用场景中，NFT艺术拥有的巨大可能性是否依然存在着您刚刚所说的技术的幽灵，是否依然要加倍地提防技术对人的新的驯化？

段伟文：我大体上是一个积极的技术悲观主义者，我觉得对技术需要用一种游戏的态度，将它视作一个对手，我们和技术还要有一种缠斗的关系。技术是在驯化人类，但我们也可以驯化技术。

刚刚顾老师谈到的权证技术、区块链、数字货币等等，有点儿类似于互联网刚刚出现时候的一个情况，我们对此抱有一种去中心化或者失去主体自由的希望。如果技术再往后发展，我认为很难保证它不会像互联网技术那样再中心化。

艺术是求真，但艺术品市场一直有很多吊诡的事，就像古时的古玩市场就是以造假为主。我认为区块链技术很好，但是水至清则无鱼。另外，只要是人做的东西就没有绝对可靠的。比如原产地区块链，开始做标记的人就是造假，后面产生了一些不同的情况，难免无法对此加以保证。当然这是我的一些模糊认识。

我们和技术的关系比较复杂。人类在有些场景会面对敌对关系，如杭州野生动物园的豹子跑出来，我们和豹子是敌对关系，所以只好消灭它。但在更多情况下需要面对的是对手关系，如我们和老鼠、蟑螂、病毒、鸦片等长期难缠的对象之间都是对手关系，对这些很难消除的对象，我们不得不采取不同的应付方法，与其展开长期对峙或缠斗。类似地，为了使技术更加人性化，必须认识到它是一个强大而难缠的对手，对于不同的技术，应该也有不同的应对之道。

将来的人会变得更加有智慧更聪明，这是技术时代人必须进行的新进化。在人脸识别时代，人们为了掩饰自己的情绪就要学会皮笑肉不笑。技术不能只是去满足厂家的需求，将来的技术就应该像乐高积木，企业只是生产一些乐高积木，帮助人们满足其需求。人就用这些积木或技术做好事，做坏事，做稀里糊涂的事，做乱七八糟的事，这样人类会有一个新的发展，从中寻找新的社会契约和生活智慧，在新技术突变中实现可接受的新进化，探寻从混乱产生一种新的文明的可能性。

顾振清：哲学为什么一直存在，我觉得是因为人始终不能真正地认清自己。如果我们惧怕技术，是太把自己当回事儿，我们将人放在宇宙中心或者世界中心的位置。其实要人和技术和平相处，人甚至要和地球生物圈中极具生命力的蟑螂、老鼠和平相处，这样，人才能学会和其他星球的未知生物圈、未知存在和平相处、共存共生。这是更加公平的一种方式。

技术不可能真正地奴役人，某些由人和技术合体而成为的超人才有可能真正实现对其他人的奴役。所以去中心化概念不论如何被轻视、被弱化，但是它的出发点都是正确的。首先是在生物圈之中对人的中心化权力进行分解，然后是在社会人群之中对部分人的中心化权力在进行分解。这样，生物圈中的每种生命存在才有可能获得更多的公平和正义。这是我的一点补充。

段伟文：我实际上是想说为什么哲学还是要去讲人的价值。因为这个世界上所有其他的学问都不去讲人的价值，都只是把人当作工具，所以哲学就要去做这样一件事。

刘永谋：刚才听顾老师和伟文两个人的对话，可能有些人会觉得是各说各的，但我认为是一种碰撞。

哲学是一种非常奇怪的东西。我和伟文的背景差不多，都是理工科出身，然后文理工管都学了一遍。博士后读的是管理科学与工程，不是企业文化相关，而是做决策理论。说老实话，因为我数学成绩不好所以才读的哲学。

现在社会上对哲学的误解非常多，刚才说的就是一种比较常见的误解。哲学往好了说是阳春白雪高深莫测，往坏了说就是莫名其妙、不说人话，还有人认为哲学神神叨叨，搞不好要走火入魔，要出家；还有人认为哲学是非常古板无聊，哲学是物质的，物质就要运动，运动就有规律；还有人认为哲学不需要学习，只要谈谈心灵鸡汤就是哲学了；还有人认为哲学是经天纬地芙蓉树，密而不传的帝王之学，想的都是鬼谷子、姚广孝、刘伯温。实际上这些都是社会上对哲学的一种误解。当然这种误解有时候也有好处，所以我们就和艺术家来碰撞一下。

我理解的哲学就是不知道自己要做什么的感觉，如果哲学没有学到这一步就白学了。说白了这是一种未知的创造的感觉。

技术和艺术的关系

今天，我们说这个技术压迫我们，其实技术一直以来是比较低级的一个位置。我们的古代叫"奇技淫巧"，在西方技术是一个工匠传统，艺术家以前也是工匠传统。在达芬奇的时代，达芬奇到处拿着自己的技艺去找贵族说，我能够帮你修水闸、修工程，请雇佣我。

在 21 世纪，技术是哲学的应用，是科学的应用。大家认为科学的应用地位比较高，但是科学也是从哲学分出来的。现在科学的力量很大以后，这个关系已经倒过来了，所以我称之为"技术反叛"。当代科学的发展、当代知识的发展要证明一种社会利益、社会目标、社会应用。所有的知识，如果不能证明这一点就没有存在的价值。现在技术的反叛压迫弱者，欺负哲学、艺术。所以艺术其实也是一个弱势者，我们都是弱势者。

在我看来，现今最大的问题不是我们知道的不够，而是知道的太多。在过去的两百年间，以分科之学的逻辑，知识不断地分科、增生、一层垒上一层，它的增加会带来一定的好处，同时也会带来一定的坏处。增生到一定阶段时好处和坏处成为一种相斥的状态，我称之为"知识的银屑病"。知识就是牛皮癣，有什么用？我们不知道。

哲学的作用就是减少这些东西，我们不要知道太多，知道的太多就越是无知。比如你每天接收的信息，今天哪个明星离婚了，明天哪个偷情了，后天特朗普没有被选上，这又和你有什么关系呢，你知道那些有什么用呢？

当代知识现在三大主流：第一就是博学。古代的博学是什么呢？我读过很多奇怪的书，你没有读过，这就叫博学。可是这些在搜索引擎的时代都没用了。

另外一支是所谓的"实学"。实用与理性结合起来搞一些生活智慧、实的智慧，就是实学。

最后一个是科学，我讲的科学不是今天的 Science，比今天的"科学"范围要大。要条分缕析产生很多知识，认为这些知识可以辅助我们作为生存的工具。但是如今，我们发现这个工具已经用过头了，它产生的问题更多。哲学就是要帮我们厘清这些东西，让我们重新回到"人"的状态。

什么是人？有个词叫"赤子"，像个赤子知道的越少，这才是人。

技术哲学是干什么的？这有很大的分歧，有一些人认为技术哲学就是骂艺术的，这叫批判的思路。不管海德格尔、阿伦特，爱怎么骂就怎么骂；还有一种，这个技术要发展得很好，发展得很快，为人类怎么样提高效率，更多地为我们的生活谋取福祉，这是辩护的思路。

"审度"的思路是把两者结合起来，我们要搞清楚在具体的语境中，比如说人体增强在中国的某一个很小的范围之内应该怎样看待它，怎样理解它，然后再调节引导和控制，让它为我们的主旨来服务，这就是技术哲学思想从辩护到批判，最后再到审度的一个思路。

因为今天的技术批判已经不完全是批判，现在技术哲学的潮流基本上是一种问题学、一种行动学。西方技术哲学是整个欧洲民主化运动最重要的组成部分，很多哲学家、思想家、工程师、艺术家结合起来，搞各种活动。比如同性恋解放运动，是一个社会思潮、一个运动。我们的目标是为了行动，今天的艺术也如此。

现在科技艺术就是一个参与艺术、社区艺术、互动艺术，艺术家把我们聚到一块就是一个行为艺术。今天的艺术家、哲学家到菜市场讲一讲，说技术怎么来奴役你们的，这是一种反抗行为，是一种行动！所以，今天的讲座非常有意义、有价值。

最后，我再次强调一句话：全世界的文艺工作者，我们这些弱势群体联合起来！

段伟文：永谋还是强调在技术时代哲学的思考既要有对技术的

反思和批判，同时也需要有一些审度和综合考量。

我也一直沿着类似的进度来思考。只不过我今天想讲的是技术时代的哲学也需要一种反思的平衡。

我这些年在科技伦理研究与实践中接触了很多企业、政府，涉及人脸识别、机器人等人工智能或者是其他一些领域的科技伦理的问题。特别是基因编辑事件之后，整个国家包括相关行业和企业，对科技伦理、人工智能伦理越来越重视。同时也制定了很多的伦理规范。

下一步怎么做呢？不同的群体都有它的本位，当考量技术对人的影响时，它们的角度是不一样的。企业肯定还是多多少少会受到自身利益的影响，我们在这儿不是去说企业多坏，而是强调价值、伦理和法律上的制衡与约束必不可少。现在也有很多反平台垄断的机制。但我是觉得一定要注意一点，不管是一个政治经济学的批判，还是一个哲学的批判，不能被批判本身所迷惑。因为批判都是用语言、概念来说的一个东西。"垄断"或者其他的一些词可能在某些语境里就是很坏的词，但是在另外的一个语境可能只是对某种经济行为的描述。

如果不对这些问题加以辨析，很有可能我们会被自己的观念所误导，会跳进观念的牢笼，导致最后得到的结果是我们更不愿意看到的。我们现在的平台技术、数字技术、人工智能技术总的来说还是在科技创新、市场经济这样一个架构下运行。当然有这样、那样的问题。

在我们这样一个时代，技术把我们的时代变成了一个"自我生活"的时代，我们应该有一种自我呵护。哲学的荧光棒要来干什么？其实是调度每个人在技术时代情感上的敏感性，甚至有时候可以叫作一种感伤力。

这个建立在巨大的技术系统之上的社会，难免对系统中的具体的人的生活境况麻木。每天早上很多娇小身材的女性挤不上地铁，就算是挤上也是被"挤"上地铁的。我就在想，在这样一个时代应该有多一些力量展示我们脆弱的一面。

我们现在要有一种感伤力，而这种感受力会让你意识到，我们现在不仅仅是被技术捕获，被技术剥夺，甚至在加速变迁的技术系统中自我剥夺！我们在自己剥夺自己！

为什么要自己剥夺自己呢？我今天要不停地发论文、策展，或者是演员要唱多少歌。我们这时要有一种自我调节，要有伤感、大声地哭出来，哭出来以后我们就不会抑郁，而会重新配置我们的价值诉求。

技术对我们的伤害，第一层是它剥夺我们、捕获我们、预测我们、操控我们；第二层是自我剥夺、自我捕获、自我操控、自我的玩弄；第三层就是我们还意识不到它造成的剥夺与自我剥夺，我们甚至看低自己，贬低自己。

我们要像17世纪、18世纪、19世纪的那些诗人一样，把它写出来，一旦伤感的东西变成一种河流，变成一种海洋的时候，它就能够有一种颠覆的力量！大家就会觉得要抛弃这样一种自我剥夺的情况。我们要追求更深、更好的生活。

现在人类已经到了一个价值的抉择点，就是要不要追逐无限的优化？换句话说，对艺术家、哲学家来说，要不要做一个艺术家？是不是要做一个哲学家？是不是要不断地产出新成果或新作品，这本身就是一个问题。

在这种情况下，可以通过感伤力把我们受到技术的伤害发泄出来,就像我们饮酒、唱歌一样的,把它释放出来。这些精神上的伤与痛的感觉释放出来以后,会有一种很神奇的感觉,即我们会过得更好,这就是我的这样一个设想。

顾振清:段老师,我有不同看法。我觉得用感伤力来提示更多的觉醒,有点儿像人类面对技术压力的一种撒娇。

人类现在面对的是技术的加速主义,这是一种呈指数级别增长的技术发展速度。历史地看,技术跟人类发展的捆绑关系已经是不言而喻的了。我们所看到的互联网原住民、区块链主义者,他们非常坚定地适应了这样一种网链世界的生活方式。虚拟性的存在已经成为不可摆脱的界面。这种界面已经不是屏幕终端对眼睛的捆绑,而是眼睛和屏幕已经粘贴在一起了。沉浸式体验的元宇宙也许在将来就会成为人的一张新面具。我们所看到的人完全是一种被算法扭曲的那张脸,真脸基本上看不到了。这样的情况下,以前我们所预言的一种大同社会,很可能在各个线上的虚拟社区、虚拟世界互相打通的一种元宇宙社会当中率先实现。

现在的NFT、数字货币给了更多的人一种通行证和能量,让用户从不同虚拟社区的终端接口进入链上的云存在或是云社会,进入一种真正的元宇宙的、一种虚拟社会的世界大同的存在。这个作为互联网终极的元宇宙究竟有没有可能实现?

目前,罗布乐思(Roblox)这个元宇宙概念的游戏类公司已经在美国上市了,这些上司公司所带来的技术应用场景给了艺术家相当多的启发,也给了对过去有怀念的、有感伤力的人一记闷棍:我们实际上已经回不去过去的那种现实了!

在回不去的情况下,我们怎么样来面对整个人类向虚而生的新生态，怎么去面对人类的未来？我们去未来化只是一种假设，未来正在到来，在这样一个情况下，我相信艺术家、科学家和技术应用者有不同的取向。

刚才段老师所说的这样一种感伤力，让我想到马斯克和马云的那次对话。马斯克从技术发展的角度来为人类怎么走出熵增的危机找到可能性——扩大人类的生物圈，让人类这种物种从单一星球系统的生物存在升级为多星球生物存在。他还把人类文明向虚而生的数字转型、把万物加密上链互联的数字永生，与意识长存这样一个未来元宇宙概念联系在一起。而马云还停留在追求人类美好生活的一种幻觉当中，仅仅为人类自身不断增长的欲望和诉求作谋划。这显然是一种人类中心主义的观念。就人类基因的DNA碱基排序方式而言，很像一种数字化的编程语言。基因让人类存在，基因让人类不断地演化。基因促使它自身更长久存在下去的能力和机率，远超过人类让自己更长久存在的可能性。

在这样的一种思考下，人类会不会演变为一种非碳基化的数字人、硅基人存在呢？很有可能。因为现在艺术品的数字化转型趋势，使得NFT大放异彩。艺术品通过NFT哈希函数值的一串符码的确证、保真和溯源，成为稀缺的链上数字商品。也许，九零后、零零后等数字原住民以后所收藏的艺术作品大部分很可能是链上的NFT作品。由于区块链上的每个区块加载的内存有限，NFT往往在链上只呈现为算法生成的所谓代币的那一串元数据数字符码。而这串符码超链接的另一面是图像层，这种图像层的数字对象往往是储存在WEB2.0互联网中心化数据库或IPFS网络上的一个占很小储存空间的数字图像、数字录像、数字音乐、数字游戏皮肤和装备。通过NFT的确证，用户可以拥有虚拟世界中仅仅属于自己的虚拟身份、虚拟资产。由此，人类很可能正在适应一种在元宇宙中线上社交、线上消费的数字化生活。这样的一种数字化生活，其实是为整个人类文明从物理实在向线上数字的虚拟世界的迁移、转化提供了一种可能性。

2018年，巴西国立博物馆的火灾烧掉的艺术品达到2000万件。其中有些艺术作品根本就没有经过数字化精确扫描、上传而保留下数字孪生的虚拟实体，线下图文资料又保存不当，从而永远从人类的记忆当中被擦除，这是非常令人痛心的。如果人类有这样的一种觉知，能够把这些物理现实中艺术品转化为线上的一种数字化存在，再加上区块链技术为它们铸造一种分布式记账的通证，甚至把它们的基本数据作分布式存储，它们在数字的世界里是不可篡改、不可替代、永不消失、永不磨灭的。所以我们对物理实在界的留恋和感伤其实是一种矫情、是一种撒娇。

有一位年轻的艺术家葛宇路，他在百度地图上找到一条没有被命名的路，他把它以自己的名字命名为"葛宇路"上传信息，结果这条路在百度地图上一度真的出现"葛宇路"的标注。直到一两年以后，这个错误才被百度地图官方发现，并在中心化数据库中加以修改。事发之后，大家才知道，原来这是艺术家所创作的一个观念性的作品。我相信艺术家的这种艺术实践并不是出自一种感伤力，而是出自对技术治理的反思。这种反思当然也可以证实人的能动性、人的创造性在技术牢笼里头的一种突围，最后仍然显示了人在艺术创作上的自由意志。

刘永谋：我感觉你们两个人都在说自己不擅长的事，很奇怪。一个哲学家大谈伤感，这是艺术家的事情，感伤力给艺术家是提供了一个很好的舞台。

反过来，顾老师刚才大谈思想、科技，包括数字永生、技术到底是怎么样，那是哲学思想的专业。当然，这可能会给我们一个思想的碰撞和启发。

段伟文： 所谓的感伤力，其实是指哲学家不能负责行动。他要做的就是调动人们在科技时代对生存境况感伤的力量。它不一定能彻底改变技术时代的人的生存状态，但能缓解技术时代的存在之痛。

现在所谓区块链、数字货币还是存在大量的商业炒作和噱头。我讲感伤力，就是说哲学思想需要有一种传播力。通过传播让人感受到一种温暖。就像在澳门威尼斯人酒店中免费的矿泉水，不管什么人，就算输光了的赌徒，都会从中感到温暖。（但是请你要注意，在那里除了免费的矿泉水之外，其他的东西都不要动。）哲学就是要起到这样一个作用，它就是威尼斯酒店里的免费矿泉水或者凌晨一两点的麦当劳、肯德基的灯光。哲学最低的目标就是这样。哲学要做的事情就是让人们自身学会感性化地体悟其人生与生命，更强烈地感知其在技术时代的生存现状。

随着技术对人类的影响越来越深入，对人的剥夺也越来越深入。就好像现在很多人每天早上起来要刷微信朋友圈，其辛苦如同过去大臣每天早上要上朝是一样的道理。有一点对于技术时代的人很重要，就是自我呵护。要真正做到自我呵护，就必须要学会自我嘲讽、自我挖苦，要看出自己的丑态百出、自我暴露的尴尬。哲学就是要让人有一种感伤力、幽默力、自嘲力，以此来认清一些东西。其中包括制造一种看淡技术的文化，让它成为一种技术时代必不可少的反思与自省的氛围。

在这个意义上，我和葛宇路相当于一个上游和下游的关系，即通过观念的灌输让他觉得应该这么做。面对各种数字沉迷，其实哲学要做的就是这样一个事情：人是最高贵的，虚拟不能替代真实的肉身，机器再怎么样也只是一种游戏。

我可以把自己变成一个赛博格，可以搞一个脑机接口。而哲学要灌输的观念是：不要忘了，这些基于硅谷意识形态的创新就和人的所有行为一样，都存在荒谬的部分。

谈到追求一件艺术作品的永远存在，就像乾隆皇帝要在书画作品上钤印，这其实是格局很小的事情，真正的泱泱大国，人是不会干这种事情的。艺术要消失就会消失，所有事情都是雨打风吹去，要不然怎么叫风流呢？艺术和区块链的结合，其实是和资本的一种联姻，还是一种物质欲望在作祟，而不是精神的超脱。从这个角度来说，希望艺术这样走下去是没有前途的。当然，对具体的某一个人来说，通过这样的方式让自己的艺术得到永生，让自己的才华得到发挥，是可以理解的。所以任何话语都有不同的层面，有不同的语境。

非常可喜的是，人类文明真的创造了一个巴别塔，真正的各说各话。但是我们依然能够存在，所以人类文明的存在本身就是一个奇迹。所以我提出要让大家培养感伤力，形成这样一种氛围，也可能只是螳臂当车。

顾振清：还是回应一下刘老师刚才的发言，我不觉得艺术家去谈自己领域以外的事情是一个问题。因为艺术家一直在走出自己的边界。杜尚在1917年就曾经把一个工业用品的小便器拿到艺术馆去展出，虽然被拒绝。但后来这个艺术事件成为引发了整个当代艺术集合的一个缘起。

艺术家过问哲学甚至过问技术，其实就是为了激活脑力，激活创造性的底层逻辑，打破艺术过去的范本、范式和方法论原理对个体艺术家自身的奴役和规约、规训。这就是艺术家的一种文化自觉，一种挑战认知困境的勇气。正是由于这种艺术家发明力、创新力的不断爆发，才在艺术、哲学以及科学的交叉地带出现一些我们前所未知的新艺术、新作品。

另外，我想回应一下段老师对NFT艺术疆界的评价。NFT艺术其实降低了艺术创作的门槛。现在任何一个创作者，只要认为自己的艺术拥有价值，就可以将作品铸造到以太坊上去，让大家直接欣赏、购藏这些作品。以前的艺术过于中心化，需要通过画廊、博览会、拍卖行、美术馆、批评家、策展人等等中心化的机构和专业人员层层审核之后，才有可能展现在大家的视野中。在NFT这样的赛道上，哪怕一个插图师、一个程序员、一个产品设计师，他也可以是NFT艺术的创造者。他可以直接将作品晒到OPEN SEA这样的链上数字艺术交易平台，晒到藏家面前，和藏家直接对话。所以，我认为新技术不只是成为艺术的一种应用场景，技术真的会带来突变，给人类日益固化的知识格局撕开一条新的边界，这些边界很可能成为艺术家展现智慧的地方。

刘永谋：我其实是想调和两位，我没说艺术家不能谈哲学，但是作为一个哲学家，我更想听到艺术家谈我所不知道的东西。这是第一个意思。

第二，其实这样一种越界，哲学家谈艺术，比如伟文越界谈艺术很正常。

第三，我其实是一种表扬。伟文提供了思路，艺术家要用艺术的形式表现感伤力。顾老师是用一种艺术家的思维方式对哲学进行思考，对数字永生提出一种新的想法。

梅剑华：刚才段老师、刘老师、顾老师的观点非常不同，这是很有意思的现象。我觉得艺术是没有边界的，艺术家可以用任何方式去创作，只要作品得到大家的认可就可以。可以用很神秘的方式、很科学的方式，或者很疯狂的方式。作为艺术家，当然要捍卫他创作的权利。

另外，作为哲学家，哲学存在一个界限，在某个意义上来说不能越界。段老师的思辨和分析是一致的，我认为今天段老师并没有越界，段老师讨论的是感受性，是身为人的特质。心灵哲学讨论人最本真的感受、意识问题，就是讲机器意识、人的意识、动物意识都要谈意识有什么不同。

段老师谈的东西未必是与艺术相关的，但和艺术有关系，恰恰是人才会有这个特点，有人的独特感受性。在这个意义上段老师没有越界，而且他很清楚地知道自己的界限。

段伟文：我想用一两句话总结我的想法。哲学是什么呢？哲学需要有智慧，或者说未来的哲学应该是一种诡计或者投机。因为全世界都在投机的时候，如果哲学不投机，就无法生存下去了。

技术是什么呢？技术好比一个仓鼠轮，哲学的荧光棒要给仓鼠打 Call，让仓鼠越跳越快而不会跌落。仓鼠轮轴是人的欲望，欲望分为他人的和自己的，最后他人的和自己的混在一起，在技术时代仓鼠轮越来越快的时候，仓鼠已经跟不上了。

我之所以晃动哲学的荧光棒，就是为了使技术时代免于去未来化的步伐。去未来化是什么意思？对于数据驱动的智能技术来说，就是仅仅根据过去的数据做出的认知与决策会不会扼杀人的未来的多种可能性。特别是在智能监测技术用于预见人的行为和实施惩罚时，会不会剥夺人自我纠错的可能性。不考虑到这一点，将来的情况会不会像《少数派报告》(Minority Report)中一样，有预防未来犯罪局。

简单概括一下，技术时代存在两个特点：加速主义和无产阶级化。第一，加速主义。我们在欲望驱动下盲目地加速，不论人性够不够坚强，能否跟着它去旋转，但是人已经进入一个剥夺与自我剥夺的漩涡中去了。所以我希望用荧光棒打 Call 让人们自己产生一种感伤力来反省目前的生活。

讲到无产阶级化或去技能化，就意味着技术系统的智能相对于人的智能的一种短路，用斯蒂格勒的话说就是机器一直试图在运动、感觉和知性等方面抢先于人类。例如每天早上一醒来，滴滴就会提醒我，从我家打车到长安大戏院需要多长时间。现在的机器会猜你去哪里。好像它比你聪明，比你想得快。所以，这样一种先发制人的态势和加速旋转的仓鼠轮的结合会出现什么问题呢？它甚至会剥夺哲学家的反思力，在哲学家进行反思之前，机器就将哲学家反思的内容提前呈现出来，让你丧失反思的审美感。这样，哲学家有什么用呢？就像我本来想说一个谜语，谜语都没有说出来，谜底就已经呈现了。现在有的人会遇到的一种奇怪而恐怖的感觉就是，当他心里在想买什么东西的时候，广告就呈现在应用软件上了……

技术时代，哲学、艺术或者说是其他东西需要一种全新的创造。这种创造将来会变成一种文化的力量，让我们在自我嘲讽中找到一种自我呵护的方法。我们需要给加速旋转的仓鼠轮一个刹车片，给它一个反思的平衡器，使这脆弱的生命不至于迷失跌落在漩涡中。

所以，我甚至在想要不要用搞绯闻的方法搞哲学。有时候我们可以夸大一些事情，当然要以不伤害公序良俗为原则。由此，哲学可以适当走向感性化的虚构，可以像福斯特（Edward Morgan Forster）、阿西莫夫（Isaac Asimov）等小说家那样，编造人们在技术时代可能遭遇的荒诞趣事，批判、反讽加自嘲，让大家学会运用想象力，感性地反思技术未来可能的生活。这样，我们才有可能改变技术时代的命运，为我们的未来带来某种可能性。

但是现在的问题是什么呢？一些伟大的大学已经用人脸识别技术将我们阻挡在外了。这是不是在自觉不自觉地制造一种新的封建主义？但是我们拿它没有办法，总不能到门口和保安理论吧。所以，哲学家最后只好和文学与艺术相结合，哲学要影响现实，就不能不揭示与渲染技术时代普通人的感伤力——因为每个人，无论其地位高低，最终都是技术产品与服务的普通用户，都是普通的消费者，也都有可能成为技术滥用的直接受害者。因此，技术时代的哲学的荧光棒，就是要激发人们更加感性地发挥出自由的想象。

有一个很有名的哲学教授对我的工作评价是这样："别人把常识变成绝学，你是把绝学变成常识。"我们现在要搞一种新大众哲学，一种喜闻乐见的哲学，一种有感受力的哲学。让大家引起共鸣，不管这种共鸣是什么样的，只有真正拥有了这些感受力，我们才能免除在技术时代伦理的冷漠、价值的落寞，或沦为技术系统里沉默的螺旋状态。

顾振清：段老师所说的有感伤力的哲学特别像一种观念的艺术。在你所说的哲学的感性和感受力之上，其实有很多观念。艺术家在创作观念作品时，往往是在社会现象中感悟到一些语境上的异质化的元素。艺术家将这些异质化的元素提炼出来作为陌生化的体验，从而形成某种行为、装置或观念的艺术。最重要的是让艺术的表达形成人们的一种反思和经验。

刚才段老师强调哲学向大众靠拢的感受性和感性的思路，可以给很多艺术家一个启发。很多艺术家在作品中，也有一些科学化的表达和对社会性的干预。其实更多的艺术家在做对方法论的修正，企图让艺术去替代哲学家的角色，试图一语道破天机，甚至把奥卡姆剃刀的原理写在自己的手上。他们将悖论变成一个个非常简约的抽象图形，从而去讨论这样一种不可能的图形能否在数字虚拟的情况下得到永生的存在，这种思考是在拉近哲学、科学和艺术的距离。巴别塔的分野，曾经让艺术、哲学、科学离得很远。但是今天的讨论让哲学、科学和艺术又走得很近了。

梅剑华：谢谢各位老师，我们进入提问环节。我先挑我觉得比较重要的问题：加速是否盲目，盲目只在很久之后才能觉察到？比如人类第一次科技大爆发是牛顿的创造，那时怎么就不担心加速？

段伟文：当然可以这么说，因为所谓的加速并不是说事后或事先，一个时代的加速发展会使某些跟上这个速度的人群处在相对有利的地位，也会使得另外一些人处在相对不利的地位。所以我讨论感受力的时候，就是要我们感受微观的生命政治及其权力格局的变化。

梅剑华：想问一下段老师，技术批判与抵抗的观念目前仍然是学院派的观点，尚未在社会中建立共识秩序，您认为如何寻唤这种技术批判观念的行动主体呢？尤其是学院派之外的人，如果无法建立普遍共识，无法找到大多数人作为行动主体，感伤力是不是缺失行动的基础？

段伟文：是的，我就是看不到这样一种行动力。这些年我探讨了很多科技伦理问题，经常会讲到"agency/能动性/施动力"。讲到数据画像、智能推荐，其实商家平台为了向你推销产品才对你进行数据画像，数据画像并不是客观的，而是一个数据幽灵，是用来操控你的数据幽灵。这个时候我们应该调动主体能动性的力量，让数据画像变成一个我可以接受的画像。

要从根本上应对技术带来的各种问题，就要调动普通人对技术可能带来的伤害与苦恼的感伤力，而这并非一朝一夕的工夫。

要让技术研发、应用和部署者形成对人的尊严、隐私、权利等等一些价值观的尊重，就需要通过感伤力的作用促成这些价值抉择，用十年、二十年的工夫去改变。我们的文明有五千年，我们再拿五百年来形成这样的观念也不是不可以。

梅剑华：请问顾老师，不加反思地接受加速主义的脚本利用技术逻辑进行生产，人的创造力和想象力还何以可能？

顾振清：我觉得人的想象力还是会到达人类从未到达过的地方。当然，我们需要对技术治理所暴露的对人的隐私数据的透明化、商业化，有足够的警惕。无论如何，艺术家所做的这件作品是对数字化治理和科技进步所带来的对人的隐私数据的不断掌控的一种反思。

加速主义为科技带来新的疆界，比如区块链技术。在 ART BLOCK 平台上，艺术家创作的只是底层数据和方程式的编程文本。这些编程文本借以 ART BLOCK 的加密算法，成为可以不断生成 10K 级数量 NFT 艺术作品的一个母本，而参与进来的加密社区的藏家每一次交易，都会生成并拥有一个具有独一无二属性和外在表征的 NFT 艺术作品。这样，创造者成为一个集体创作作品的发起人，而每一个藏家也通过交易为艺术创作过程的不断演化做了一份贡献，从而扮演了"人人都是艺术家"游戏中的一个角色。这种链上原生的算法生成艺术为打破既有艺术系统的规约、规训困境提供一种新的可能性。它不仅是将加密艺术推广给大众，也希望大众向加密艺术走近一步，敢于去认知什么是当代艺术、什么是生成艺术、什么是加密艺术。所以，很多加密艺术的创作者在作品中为未来的藏家设计了激励机制，给予一些有勇气的藏家更多的权益和回报，让藏家敢于去互动，进入加密艺术的社区化协作关系中来。加密艺术这样的一种去中心化的思考和集体维护、多方共享的理念是以前的线下艺术未曾思考过的。所以，我觉得新技术的应用场景和发展规则本身正在给艺术打开新的大门。

梅剑华：谢谢顾老师。请问段老师，对于技术的反思，伤感和自嘲是否是人类增加幸福感的一种方式？

段伟文：我其实一点都不伤感，只是想运用感性化的策略与技术滥用缠斗。为什么强调感伤和伤感的力量呢？是因为哲学需要学习弱者的策略，要让人们去哭，让他们把技术时代的委屈和受到的压榨哭出来，这也是一种解困的方法。换句话说，我们要把幸福到来之前精神上受到的压力释放出来，哪怕这种释放只是一种缓解。

梅剑华：这也是很有意思的一个事情，能讲讲区块链是怎么照顾底层的吗？

顾振清：我回答一下，区块链对于底层人群还是缺乏照顾。比方对互联网没有选择权利的人，缺乏区块链技术的人，他们就没办法享受区块链主义所说的去中心化给利益相关者的好处，因为他连获得利益的门槛都迈不进去。所以这些程序员，这些权利的操作者在维护自身权力向传统的中心化权力发起进攻的时候依然有他盲视的区域。这些地方我们需要哲学，需要有更多的人文主义者去修正。

梅剑华：非常感谢顾老师精彩的回答。我把最后一个问题留给两位哲学家，因为这个问题是：老师希望我们在技术时代形成什么样的价值观？

刘永谋：任何一种回答显然都会引起一部分人的反对，这是肯定的。

第一，如果想讨巧的话，你要猜测一下大多数人怎么想，但是我们这个时代是一个没有大多数人的时代，是少数人杂合的时代。

第二，对于大多数人来说，经过你的思考和反思可以接受认可，能够自己说服自己又能够去实践的价值观，可能是适合你的价值观。

第三，我认为的更高一个层次的价值观应该是追求创造，顾老师一直讲要留存下来，如果没有创造力的东西是不可能留存下来的，也谈不到哲学家讲的获得智慧。

段伟文：如果讲到价值观，除了永谋讲的创造，我想讲一个什么？我们要更独立。

我几年前做过一个演讲"我们要走向强人工主义"，什么叫作"强人工主义"？人作为天之骄子已经到了一个要学会利用技术，最少依赖自然的阶段，在这样一个阶段我还是强调人的独立性。进电梯的时候，我坚持不跟狗一块儿进，这就是我的价值观。你也可以不认可我的价值观，但我也不伤害狗，我就是我，你就是你，它就是它。这就是我所讲的独立性，一种绝对的独立性，叫作"元独立性"。

第二，人的独立性还表现在减少对赖以生存的人造环境或者对技术的依赖性，尽管我们越来越依赖技术。我始终在大脑里有一个地图，不会用导航来决定我的路线。因为人有人的智慧，我每天早上从家到建国门从来不用导航，而是按照我自己摸索的一个路线，就算是高峰期，我用20分钟打车也可以到，甚至出租车司机都很佩服我，我觉得这就是人的智慧。

我有两个二十年前让人惊奇的故事。第一个故事，当时有很多投币电话，我和我的同学到学校外面遇到一个投币电话，我们搞了一个金属片投到电话机里面，结果投币电话机中的所有硬币都出来了，什么原因呢？因为你给它的输入超出了它的输入范围，机器就会神经错乱。第二个故事，我们学校的一个新校长刚去的时候就对人民大学西门做了一个改造，搞了一个自动门。有一天晚上，我们到人大西门外面吃饭，回来就傻眼了，因为自动门关上了。我当时想了想就学了警笛叫，结果自动门自动打开了。

所以，人的独立性在于不要过度地依赖技术。

第三，人的独立性在于不要过度地依赖自己和自己的欲望。哲学上真正的"元独立"就是独立于一切，包括独立于自己的欲望，因为真正的自由不是为所欲为，而是能做和想做的事也可以不做。说到底，其实我们并不知道自己是谁？甚至不知道自己想要的是什么？就像我并不知道我今天讲了什么一样。

梅剑华：感谢段老师充满智慧的讲座，感谢顾振清老师、刘永谋老师的精彩讨论。我今天也是挥着荧光棒的感觉，听完之后也忘记了很多东西，但是非常有收获。感谢观众朋友们的参与，今天我们的讨论到此结束。

现象学与当代艺术

未来艺术的几个基本概念

主讲
孙周兴：同济大学特聘教授、中国美术学院讲座教授
主持
梅剑华：山西大学哲学教授、《认知科学》期刊主编
与谈
刘畅：中国人民大学哲学院副教授、维特根斯坦哲学专业委员会秘书长
袁园：独立纪录片导演、艺术家、当代艺术摄影批评人

孙周兴：大家晚上好，谢谢主持人梅剑华教授、服务器艺术的邀请。今天跟大家分享的报告题为"未来艺术的几个基本概念"，是对扩展的当代艺术的一个讨论。

我这里做下个人简介，我主要是做德国哲学研究的，十几年以来也关注艺术哲学，最近几年也关注技术哲学。所以我的重点工作大概有四个领域：

1、尼采研究，我主编《尼采著作全集》14卷，已经出了6卷，还有8卷；

2、海德格尔研究，我从硕士阶段开始研究，主编了《海德格尔文集》38卷，已出30卷，还有8卷；

3、当代艺术或未来艺术研究，最近十几年以来我一点一点地做"当代艺术研究"，主要是德国当代艺术，主编了一套《未来艺术丛书》，已出13卷，计划扩展至30种左右；

4、技术哲学研究，这是我新启动的一个研究领域，也主编了一套《未来哲学丛书》，已出10卷，也打算做到30卷左右。

剑华让我做一个关于"当代艺术"的报告，我就想，如何把我所谓"未来艺术"的设想跟大家交流一下，这就是今天的主题。

从时段上讲，当代艺术大概是从1917年杜尚开始，到20世纪

80年代结束的一个西方文化现象。不过在我看来，当代艺术的真正发动是在第二次世界大战以后，特别是在20世纪60年代，约瑟夫·博伊斯（Joseph Beuys）对当代艺术做了一些具体的规定。但"当代艺术"这个概念本身是有问题的，问题在于每个时代都一定有当代艺术。我的"未来艺术"概念是想进一步拓展"当代艺术"概念。所谓未来艺术，是跟传统的艺术相对而言的。我做了一个大致的比较。

这个报告主要从六个概念入手来讨论我所谓的"未来艺术"，扩展当代艺术的规定性。所谓"规定性"是很麻烦的，因为当代艺术差不多是无规定性的，本来就是想破除传统艺术对艺术的规定。这本身很尴尬，理论讨论现在变得越来越尴尬了。我们在讨论一些不可规定的东西，但是我们试图通过理论对它们进行界定和规定。

我今天从"人类世""无界""观念""奇异性""抵抗"和"未来性"六个基本概念入手，探讨未来艺术的可能意义方向。

什么叫未来艺术？未来艺术是我对广义的或者博伊斯意义上的"当代艺术"的一个命名，但它在起源上要追溯到19世纪中期的理查德·瓦格纳（Richard Wagner），在哲学上深受20世纪上半叶的现象学和实存哲学的影响。此即说，我认为当代艺术就是未来艺术，或者说是未来艺术的基体。

瓦格纳于1850年著《未来的艺术作品》（*Das Kunstwerk der Zukunft*）一书，并提出"总体艺术作品"（Gesamtkunstwerk）概念，开启当代艺术之先河。更早几年，费尔巴哈发表《未来哲学原理》（*Grundsätze der Philosophie der Zukunft*，1843）提出"未来哲学"构想；它也成为稍后尼采晚期的哲思重点，后者在发疯前几年，不断构想一种未来哲学，除《善恶的彼岸：一种未来哲学的序曲》

(*Jenseits von Gut und Böse: Vorspiel einer Philosophie der Zukunft*)外，还留下了大量相关笔记。

为什么19世纪中期艺术家和哲学家都在讨论未来艺术和未来哲学呢？艺术人文学（一般所谓人文科学）向来具有"历史性"，是"历史学的人文科学"，几成一大陋习：文人们习惯于通过虚构一个美好的过去时代来贬低现实、无视未来。此为乐园模式。为何到19世纪中期人们会转向未来，形成未来之艺和未来之思呢？出于何种动因？

首先当然是因为时代——世界之变：第一次工业革命（1760年代开始）约一个世纪后，技术工业（大机器生产）的效应初显，火光的自然世界向电光的技术世界转换。欧洲人真正进入技术新世界了，而通过全球殖民化，其他非欧民族也开始被卷入。其次是伴随而来的精神价值之变：启蒙完成，自然人类的精神表达体系（哲学和宗教）面临崩溃。这就是尼采之言"上帝死了"。

这里面有一个巨大的变化，这个变化根本上是一个技术工业的效应。在这里我想表明一点：未来艺术包括当时同时出现的未来哲学的思考，背后的动因是技术工业。在19世纪中期，当时的技术工业还只是大机器生产，现在看起来还是很弱很差的状态。但已经有一些先知先觉的哲人和艺人，开始觉察到尚未显明的文明大变局。这个时候无论是艺术还是哲学，一般而言的人文科学，都面临一个姿态和方向上的转变。所以未来艺术实际上要追溯到瓦格纳，也就是19世纪中期，当然我们主要讨论二次世界大战以后真正启动的当代艺术，而且进一步，我想对之做一种再扩展，扩展为我讲的"未来艺术"。

一、人类世

现在,"人类世"(Anthropocene)概念被讨论得多起来了,我最近出了一本哲学书,叫《人类世的哲学》,我的同事陆兴华教授在写一本艺术书,据说叫《人类世的艺术》。我把"人类世"看作人类文明进入技术统治的状态,也可以说是技术统治的地球新年代。

1. 人类世是一个地质学概念。

在地质年代上,人类出现在新生代的第四纪,所以也有人主张把"第四纪"叫作"人类纪"(Anthropogene)。"人类纪"等于"第四纪"。第四纪分为"更新世"和"全新世","全新世"(Holocene)始于11700年前,是最近一个冰川期结束后开始的,故又称"冰后期"。不过有地质学家宣称:现在地球已经进入"人类世"了。

"人类世"(Anthropocene)概念最早由地质学家阿列克谢·巴甫洛夫(Aleksei Pavlov)于1922年提出,但未得到确认;在2000年《全球变化通讯》(Global Change Newsletter)的一篇文章里,生态学家尤金·斯托莫尔(Eugene Stoermer)和保罗·克鲁岑(Paul Crutzen)正式提出了这个概念。美国莱斯特大学的地质学家简·扎拉斯维奇(Jan Zalasiewicz)指出,"人类世"的最佳边界为20世纪中期(即1945年),"全新世"结束,"人类世"开始。对此我们需要做一个讨论。我以前是学地质学的,地质学讲究地层证据,也就是说地球的变化肯定会在地层上面留下痕迹。今天大概有下面这些痕迹:

(1)放射性元素,核武器试验和原子弹爆炸,加上核废料泄漏。

（2）二氧化碳，化石能源的燃料燃烧后排放出巨量的二氧化碳。

（3）混凝土、塑料、铝等，人类巨量生产和使用这些材料。

（4）地球表面改造痕迹。

（5）氮含量，现代农业大量使用化肥，导致地球表面氮含量激增。

（6）气温，由于地球气温上升，20世纪已经比前工业时代上升了1度，且以每十年0.17度的幅度上升，一旦比前工业时代上升2度就会产生多米诺骨牌效应。

（7）物种灭绝，第六次大规模物种灭绝，速度远远超过了前五次。

上列证据表明：人类已成为影响地球地形和地球进化的地质力量。人类现在不得了了，按照以色列历史学家尤瓦尔·赫拉利（Yuval Noah Harari）的说法，"自从生命在大约40亿年前出现后，从来没有任何单一物种能够独自改变全球生态"。

2. 人类世同时是一个哲学概念。

据我所知，至少有斯蒂格勒、拉图尔、斯洛特戴克（Peter Sloterdijk）等当代哲学家采纳了"人类世"概念。在哲学上，"人类世"意味着什么？我自己的感受和认知有几点：

（1）技术统治与人类世："人类世"＝从自然生活世界到技术生活世界的转变。"人类世"＝技术统治时代的到来，地球进入一个新世代，人类文明进入一个新状态。1945年是文明转折点。

（2）需要重解"轴心时代"："轴心时代"＝自然人类精神表达体系的确立。其世界经验基础是线性时间观，尤其在欧洲，哲学和宗教都是为克服线性时间观而产生的，哲学创造出一个无时间的形式/观念/抽象领域，宗教构造出一个无时间的永恒彼岸世界，都是为阻断线性时间的无限流失。我这些说法的背后是什么？今天的技术工业所造成的技术生活世界正在帮助我们建立另外的时间观念。这是需要专题讨论的，今天无法展开。

（3）需要重解存在史及其转向。海德格尔说整个"存在历史"（Seinsgeschichte）包含有两个转向：第一个转向是从早期思想和早期文艺转向的哲学和科学。差不多对应于尼采所谓的悲剧时代到理论科学和哲学时代的到来，所以第一转向＝"轴心时代"；第二转向是什么？似乎在海德格尔看来，19世纪以来工业革命以来，人类文明正在进入另外一个转向，到底是什么？海德格尔没有明说。我现在大致可以说，第二个转向＝"人类世"，即自然人类文明向技术人类文明的过渡和转变。

这是地质学上和哲学上的人类世概念。

我以为，今天讨论当代艺术以及所谓未来艺术，首先要讨论人类世。我的想法是，我们要知道我们在哪里？到哪一步了？慢慢建立这样一个对当下时代的理解。人类世首先是地球的历史时期。1945年为什么重要？因为1945年二战结束，原子弹的爆炸给人类最大的心灵震撼，我们终于发现人类本身的自然力量已经无法面对技术世界带来的那种巨大暴力。海德格尔的学生安德斯说，原子弹的爆炸表明一个绝对虚无主义时代的到来，它已经完全超越了自然人类文明。这时候，"人类世"就具有了哲学的意义。

二、无界

"无界"可以理解为艺术的去边界化或跨媒介。"无界"或"去边界化"（Entgrenzung）是当代艺术/未来艺术的一个准备性步骤或解构策略,其含义相当于现象学哲学的"解构"。在艺术史上,"无界"当与瓦格纳的"总体艺术作品"概念相关,也与博伊斯的"通感艺术"概念相关,虽然瓦格纳和博伊斯提供的学理依据不一样,但是作为当代艺术概念的"无界"首先要跟这两个艺术家联系起来。

在自然人类文明中,无论对于事物的感知还是对于制度构造,"边界/界"(Grenze)都具有决定性的意义。若无边界及其限制,物之感知和认识是不可能完成的;若不设界,制度和规则也无法制订。亚里士多德把空间设想为包围着物体的边界(Peras),其意义指向十分明晰。

当代艺术/未来艺术的"无界"具有多重含义。我觉得作为"扩展的艺术概念"的"当代艺术"概念还不够,所以需要再拓展,我命之为"未来艺术"。

1. 媒介无界。甚至可以谓物无界。杜尚对于当代艺术的实质性贡献首先在此。自然人类把手工物/器具中的佼佼者称为"艺术作品",显然证据不足;加上技术工业的精造能力越来越强,技术物无论在质上还是在量上都超越了手工物,已经成为生活世界里主导性的物,这时候,艺术媒介的人为划界当然已经不能成立了。

2. 样式无界。这首先意味着艺术样式之间的相通汇合,同时也意味着艺术与哲学之间的二重性关联,即艺术被哲学化而哲学被艺术化。比较而言,艺—哲之间的无界差异化运动,是更具转折性意义的。

3. 人际无界。人际无界当然还体现在对作为职业和专业的艺术家身份的消解,在一定意义上可以说回归了古典艺术理解,即艺术(techne)就是劳动或一般而言的"制作"(poiesis)。进而,当博伊斯说"人人都是艺术家"时,他是基于一个实存哲学／个体主义的立场,主张个体自由和个体行动的创造性本质,在政治上则表达为个体权利的唯一性和完全的民主制度(如博伊斯坚决反对代议制)。

"无界"有这样三个方面,我在这里只能做一个概括性表述。无界艺术的动因是什么呢?我愿意指出两点:

其一,技术世界的物性之变。在三种物即自然物、手工物和技术物中,手工物(器具)更接近于自然物而不是接近于同质化的技术物(机械工业产品)。在技术统治的世界里,自然物和手工物已经隐退了,技术物占据主导地位,造成生活世界的巨变,这也是"人类世"的基本标志。生活世界越来越被同质化、同一化了。

其二,基于技术互联体系的全球民主化。作为商讨程度最高的制度形态,民主生活及其制度形态的真正基础是技术工业,因为正是后者为人类提供了可交往性或可讨论性的基础。自然人类的文化价值等级渐趋崩塌。就此而言,依然是技术工业要求和促动了"无界艺术"。

三、观念

观念艺术(Konzeptkunst)是当代艺术／未来艺术的基本标识,也是前述"无界艺术"的必然后果。观念艺术是怎么成立的?在古典的技艺(techne)时代里,"观念艺术"显然是不可想象的,因为"观念"(idea)只是广义科学(episteme)的课题和目标。那么我们要问:在当代／未来艺术中,经常令人起疑的"观念艺术"是如何可能的?

在传统哲学中,观念＝共相＝本质＝普遍性,是通过理论和方法的"中介"而达到的抽象物。欧洲哲学和科学区分两种普遍化方式（观念构成方式），一是总体化，二是形式化，分别形成了经验科学和形式科学。但实际上，也有非科学的观念构成方式（宗教、文艺，甚至日常经验），其他非欧民族也有自己的观念构成方式，这两者多半限于"总体化"。

这个时候我们要看到的是，古典艺术概念里是没有观念艺术的，因为观念—普遍性是科学和哲学的目标，而不是艺术的目标。这样就出现了一种哲学，就是现象学，这种哲学是20世纪唯一的一种新哲学。现象学要讨论的问题是，不用理论和方法的观念构成方式是如何可能的？它一定放弃观念的无中介化的直接性把握，这就是所谓的本质直观。本质是可以直接探讨、直接把握的。"本质"（essence，这个词我觉得翻译得不好，无法暗示它的观念性和普遍性）在欧洲语言当中实际上意味着普遍性，但现象学认为，与个别感知一样，"本质"也是可直观的，也即可直接把握的。

这种去中介化的努力含有强烈的反理论（反传统哲学和科学方法）的动机，而且显然它是更合乎事情本身的。在我们的经验中、在我们的生活世界中、在我们的讨论中，我们不需要中介就能理解普遍观念。比如我们现在不讨论当代艺术、未来艺术，我们来讨论一下民主制度，我们讨论一下什么叫民主？什么叫自由？这时候我们不需要通过中介就能达成理解，没有人不理解的，我们对民主、对自由的看法和想法当然是不一样的，但我们直接理解了。这在很大程度上也消解了感性—超感性的传统区分。现在我们完全可以说，现象学为当代艺术准备了观念前提。

作为观念艺术的当代艺术意味着什么？我想说三点。

1. 观念的物质性（身体性）：观念的可感可观表明观念并非感

性生活世界之外的东西，不是在另外一个世界即超感性的世界，它本来就是我们生活世界里面，是活生生的，不断地发生的东西。在这个意义上，传统心－物（心－身）二元论已被解构。

2. 观念的行动意义：观念艺术的预设是观念即行动，观念与行动是一体的。哪怕最简单的感知行为也是观念构成和意义生成，也是艺术行动。最简单的感知行为，比如观看，胡塞尔所谓的"外直观"，也是赋义的，也是富有意义的，甚至可以说，也是创造性的——我把你看作什么，这已经是高度复杂但又十分简单的（直接的）。今天我看不到大家，不知道大家的反应怎么样，刚才主持人说今天可能有几十万人在听报告，于是我更加紧张了。听也一样，也是直接的感知行动，各位听出什么来，是既复杂又简单的，是生动而赋义的行动。简而言之，我看到一个人，我把他感知为什么，这已经是观念构成和意义生成，这已经是艺术创造、艺术行动。所以，观念行动的意义实际上是观念艺术的一个预设。

3. 哲学化的艺术：观念艺术＝无界艺术。有了前面的讨论，我们已经完全可以理解这个等式了，我们讲的无界艺术根本上就是观念艺术，即哲学化的艺术。

四、奇异性

何谓奇异性？奇异性是艺术的本质特征。古希腊人有一个说法叫 poiesis，即创造、制作，我愿意把它译成"创制"。"创制"即揭示即真理（aletheia）。任何创制活动都是意在揭示，我写一首诗，创作一件作品，或者哪怕是做一个感知行为，把某一个事物理解为什么，等等，实际上都在做一种揭示，都已经是一种揭示性的活动。所谓的奇异性＝创制之新。我创制一个新的东西，实际上所有的创制活动，所谓 poiesis 的创制活动，都是创新的，只是创新程度有差异。

奇异性是自然人类心智不可或缺、不可替代的基本要素。奇异性意味着：奇思妙想、陌异化、神秘化、非同一化。奇异性的基础：世间事物的殊异性/异质性（差异性）与人类行动的变异性。人类的行动是变动不居的，有巨大的变异性，这是奇异性的基础。

进一步，我认为艺术与科学的基本差别就在于奇异性。

1. 艺术是一种非同一化力量，即"使……不一样"——使事物和行动变得不一样。

2. 科学以及传统哲学则是一种同一化力量，即"使……一样"——使个体普遍化。

3. 艺术与科学的关系：大家知道有一些著名科学家喜欢说，他自己的研究工作就是艺术性的，科学就是艺术，我认为这基本上只是打比方，不能当真的。艺术与科学有一个根本的差别，艺术是非同一化的，科学是同一化的。科学是在同一化进程里进行的一个同质化工作。不过，在科学通过创新突破边界——突破库恩所谓的"范式"——意义上，科学才接近于艺术，才具有艺术性。而在通常情况下，科学的本质是同质化。

今天我们越发面临一个奇异性与技术性的关系问题。在技术世界里，由于技术工业的粆平作用，奇异性（奇与异）越来越难得，越来越稀罕了。而为抵抗千篇一律的同质化进程，我们越来越需要艺术了。同时在此派生出来的一个问题是：技术可能成为奇异性创造的方式吗？技术产品可能成为奇异的作品吗？海德格尔后期不断在讨论一个问题，如何把技术对象或技术产品纳入生活世界中去，使之成为一个差异化的东西。他显然已经意识到这个问题了。这也是当代艺术观念带给我们的一个难题。

五、抵抗

什么是抵抗？阿多诺《美学理论》（Ästhetischetheorie）中有一句话，我一直未能确当地理解。阿多诺说："艺术只有作为社会抵抗形式才是有意义的。"这大概是对艺术的一个特别有意思的规定，第一次把艺术与"抵抗"联系起来了，可能从来没人这么想过。

不过差不多同时，当代艺术大师博伊斯也有类似的思考。博伊斯虽然没有直接说"抵抗"，而是说"社会雕塑"，似乎比"抵抗"更积极、更激进。但"社会雕塑"本来就是一个"抵抗"概念，或者说，"介入"即"抵抗"，"介入"行动即是"抵抗"行动。

抵抗的普遍性表现为两个方面：

其一，抵抗具有实存哲学（通译存在主义）的意义。"实存"（exisitence）的本义是"站出去"或者"出去的持立"，而"抵抗"的德语词语是 Widerstand，其字面义为"逆反的站立"。个体实存要出去，必有"阻力"，也必有"抵抗"。

其二，抵抗是普遍的逆风而动。博伊斯之后，艺术家基弗（Anselm Kiefer）最强调"抵抗"的普遍性，我们无时无处不抵抗。我们要抵抗制度，也要抵抗流风，要抵抗习惯，也要抵抗媚俗，要抵抗集权，也要抵抗无聊，我们在前进时逆风而行，我们在言语时要防止陈词滥调。每个人都不得不做这样的抵抗，所以抵抗是无处不在、无时不在的，这是抵抗的普遍性。

抵抗之于未来艺术意味着什么？我认为也可以指出两点：

1. 抵抗作为艺术姿态：抵抗的根本指向是技术工业的同一化进程及其后果。正是在此意义上，抵抗可能成为根本的未来艺术姿态。

2. 抵抗作为实存策略：抵抗内含于个体之实存结构，因此是本质性的。作为实存策略，抵抗是必然的解构姿态。所谓的抵抗是一种明知不可为而为之的一种姿态。比如现在我们明明知道技术工业的进展已经无可阻挡，今天已经没有一个个人或组织可以抵抗之，但是我们必须抵抗。按尼采的说法，我们明明知道生命是虚无的，存在是虚无的，一切都是虚无的，我们依然要抵抗，仍然要积极生活——虚无不是消极生活的理由，恰恰相反，它是积极生活的理由。这是尼采教给我们的东西，我叫作"积极的虚无主义"。同样的道理，我们明明知道抵抗是无效的，抵抗无效不是不抵抗的理由。

六、未来性

何谓未来艺术？我所谓"未来艺术"乃是当代艺术的扩展和接续。一般而言，作为一种艺术潮流，尤其是在德国，当代艺术在20世纪80年代随着存在主义运动的结束而慢慢衰落了。但当代艺术的影响至今依然，依然对当今世界和文明产生着极为重要的作用。无论就意义还是影响而言，当代艺术都应当被理解为20世纪人类最伟大的文化现象。我曾经问：为什么没有特指的"当代哲学"概念，而只有"当代艺术"概念？我认为，当代艺术许多伟大的要素还要继承下去，而且还得进一步发扬和拓展。

我为什么提出"未来艺术"概念？我是想说，我们可以把当代艺术的一些要素作进一步的扩展。未来艺术当然是与过去（传统）艺术相对而言的。过去（传统）艺术是自然人类的手艺／劳动，此即希腊人所谓 techne，techne 的特点我概括为三点：模仿性（希腊人对艺术基本的本质规定，人就是向自然学习、模仿自然、模仿事物，再创造一点东西，也不是创造东西，而是制作一些东西，制作就需要技巧）、技巧性（技巧产生大师，大师变成一个模范）、尚古性为特征。而未来艺术则是新人类（技术人类），是技术生活世界的艺术，具有弱自然性（技术性）、观念性和未来性等特征。虽然我们是某种程度上的自然人，但我们已经进入无可逆转的技术化进程中了；至于观念性，我们前面已经说了，它意味着行动性；未来性则是新生活世界（技术生活世界）的新时间经验所要求的。

前面我们从"人类世""无界""观念""奇异性""抵抗"五个概念着手，探讨未来艺术的可能意义方向，对不可规定的"未来艺术"给出一种指引性的规定。此外还得加上"未来性"这一规定。

艺术的未来性意味着什么？我想说三点：

1. 艺术的重新定向。在自然人类文明向技术人类文明的根本变局中，艺术（连同人文学）需要基于新时空尺度和新世界境域的重新定位和定向。

2. 艺术的实存规定。必须重申艺术与实存哲思的同构关系或奠基关系。在很大程度上，起于 19 世纪后半叶的实存哲学（存在主义）为当代艺术奠定了观念基础。我在《未来艺术丛书》"总序"中有这样的说法："实存哲学对此在可能性之维的开拓和个体自由行动的强调，本身就已经具有创造性或者艺术性的指向。实存哲学说到底是一种艺术哲学。实存哲学指示着艺术的未来性。"这个说法差不多表达了当代艺术／未来艺术的哲学背景。

3. 艺术的新使命。尼采有言："哲学家告诉我们需要什么，艺术家把它创造出来。"尼采赋予哲学的规定是认识—批判—筛选。当阿多诺说艺术只能成为一种抵抗形式时，当代艺术成为哲学化艺术时，我们必须认为艺术获得了一种原本由哲学承担的新使命。

今天我们面临着一个问题：何谓艺术的终结？艺术有未来吗？最后，我愿意用当代德国艺术家安瑟姆·基弗的一个命题，他在题为《艺术在没落中升起》(*Die Kunst gehtknappnichtunter*)的访谈中探讨了这个问题，即艺术的终结和艺术的未来性问题。

艺术是如何没落的？在基弗看来这个问题很简单：艺术通过设计而没落。为什么？为什么是"设计"？设计是技术工业对我们生活世界整体的改造。今天的生活没有设计是不可能的了，甚至通过设计，艺术被扩散到了日常生活之中了。从积极方面说，设计进入日常生活之中，使日常生活世界泛审美化、普遍审美化了。然而，基弗看到的是通过普遍的设计进程导致艺术对生活的过度介入，结果就是艺术的没落。他说："设计以一种反姿态断定自己是艺术。这样一来，艺术就在设计中没落了，因为艺术不再能与设计区分开来了。"

这是基弗的说法。博伊斯作为当代艺术的开创者当然不会这样说。博伊斯豪言：世界的未来是人类的一件艺术作品。他知道未来世界里更重要的是艺术，而不再是传统的哲学。实际上不光是博伊斯，更早的瓦格纳也有此想法。瓦格纳当年就说：教士和哲学家的时代已经结束了，以后是政治家和艺术家的时代。

我就讲到这儿，谢谢大家！

对话

梅剑华： 非常感谢孙老师的精彩讲座。之前跟孙老师沟通，我们想请他讲海德格尔的艺术哲学、讲尼采，但孙老师不愿意重复自己最熟悉的东西，愿意讲未来艺术，我觉得这本身就像一次艺术创作，非常有意思。

今天孙老师跟我们分享了未来艺术的六个基本概念，都是非常大的观念：人类世、无界、观念、奇异性、抵抗和未来性。

这些观念组合在一起，就是一种未来艺术的工作，通过谈论未来艺术成为未来哲学、未来艺术。就像我们说元哲学，通过谈论怎么做哲学、哲学是什么，而属于哲学的一部分。这种元艺术也是艺术的一部分。

孙老师对未来艺术做了宣言，告诉我们艺术家的新使命是什么，他特别谈论哲学跟艺术的关系，哲学家告诉我们需要什么，艺术家把它创造出来，创作就需要艺术家。这是一种新的理解，虽然孙老师告诉我们实际上是一个比较古老的说法。

博伊斯说世界的未来是人类的一件艺术作品。我想是因为未来具有无限的可能性。艺术作品如果是已经被固定的东西，就很难产生新的理解。因此，不妨把接下来一个半小时视作一次艺术的集体创作，两位嘉宾跟孙老师可以就未来艺术的基本观点做一些深入的讨论甚至想象。

下面有请今天的讨论嘉宾：中国人民大学哲学院副教授刘畅老师，独立纪录片导演、当代艺术摄影批评人袁园老师。

袁园： 今天孙老师谈"未来艺术"这个主题，我听下来其实有特别多的问题和困惑。

关于当代艺术的当代性有特别多的争论。首先要去回应什么是当代。因为"当代"包含若干时间的概念，一是尼采说的"不合时宜"，反对这个时代，以此来作用于这个时代，从而有益于未来的时代。在这个层面，尼采说的"不合时宜"包含"未来性"在里面。

或者孙老师说的"未来艺术"是当代艺术的延伸吗？作为一个艺术家或者批评家，如何理解未来艺术的概念呢？具体什么样的艺术实践可以被称为未来艺术的实践呢？

再回到孙老师讲的"抵抗"概念，什么样的抵抗是一种积极的干扰和干预，对我们当下所处的社会结构产生效用？

我想针对孙老师讲的六个概念提出一些问题，关于这些问题我也没有答案。

一是关于人类世，今天"人类"的概念已经变化了，要打上一个大大的问号。这个"人类"已然不是所谓的自然人类。技术已经完全内化在人自身了，尽管看上去还是一个有机体的形态，但人类的内涵已经完全变了。刚才孙老师讲人类世是人类从地质学意义上已经改变了地质结构。我理解是人类世已经改变了人自身，这个是一个问题。

另外一个问题是关于"无界"。谈无界肯定有一个对边界的预设，今天人和技术、人和物的边界也完全消弥了。例如马斯克的脑机结合实验，以及包括基因实验在类的各种生物技术，那些远在艺术视野之外的技术，实际上已经深刻地改变了人自身的边界，而我们甚至都意识不到这种改变，更不知道边界在哪里。所以，我的困惑在于我们用什么样的方法可以认识到那个"界"？

再是孙老师讲到"奇异性"和"观念"的部分。在艺术史语境里所谈的观念，会关联到 20 世纪 60、70 年代早期观念艺术的发展脉络，我理解您谈的观念并不在这个语境之中，那么未来艺术的观念是什么？这个观念跟前面讲到的边界观念，跟人类世的人类观念之间是什么关系？

孙周兴：谢谢袁园，给我提了许多尖锐的问题。

第一个问题，什么叫当代？我对"当代"概念也不满意，所以我想启动"未来艺术"概念。当代艺术这个说法争论很多，有人说当代艺术是胡搞，有人甚至认为当代艺术是政治阴谋，等等。而我认为，当代艺术大概是从博伊斯之后一个时期的东西，它是特指一个历史时期的产物。于是我们就不知道以后的艺术是不是还可以叫当代艺术。我实际上想说，未来艺术可能比当代艺术这个概念更能传达艺术面向未来的开创性或者是创造性。

第二个问题很尖锐。什么样的艺术实践是未来艺术？眼下我只能说，合乎我的一个奇异性标准的、奇思妙想的艺术和艺术行为就是未来性的，就是未来艺术。

再就是关于"人类世"概念。我同意，人类世概念不光是指地球进入一个新时代，同时也是人类自身已经进入非自然化或者技术化进程之中。人类已经不再是自然人了，有机工业、化工工业对我们人类的改造是很彻底的，不光是生活世界周遭环境变了，我们的体质也变了。我们的精神世界也变了，越来越被计算化、被量化，进入一个普遍计算的模式里。总而言之，今天人类无论是在心灵上还是在身体上，都已经不再是原本意义上的自然人，这一点毋庸置疑。所谓"人类世"的意义，不光是指一个地球时代的变化，而且也是人类本身的变化,这个没有问题。

还有一个问题是"界"的问题。"界"还在吗?现在的问题恐怕是"界"的消失。界/边界为什么重要?我们大概是通过对边界或界限的体认确定一个事物的个体性。如果没有边界或界限,那么我们的经验是无法落地或无法完成的。亚里士多德说"空间"就是事物的边界,每一个事物都有自己的边界。所以现在是人与物的边界被消除了,比如刚刚袁园提到的人机相连,我们因此已经失去了把人与物区别开来的边界。这些都没错,而这恰恰表明了艺术的重要性,因为艺术实际上是这样一种力量,它是要抵抗技术带来的物与物之间、人与物之间的无界化,因为我们通过技术进入一个完全抽象的世界中了。我所谓"完全抽象的世界"就是无界的。艺术可能是力求在这样一个无法抵抗的抽象世界当中保持和恢复边界的努力,差不多可以叫作"差异化的努力"或者"非同质化的努力"。

还有一个所谓的"观念"和"观念艺术",我同意袁园的说法,我大概不是在艺术史意义上讨论"观念艺术"的。但是,艺术史上所谓的"当代艺术",装置也好,新媒体也好,其他艺术也好,我大概会说,它们在很大程度上都可以叫作"观念艺术"。

刘畅: 分析哲学传统下的时间形而上学,虽然内部有许许多多的争论,但整体上,还是在套用线性的、均质的模式去设想时间。这样一个陈旧的、缺少想象力的时间图景,我个人也有不满。照这样的时间观,就算沿着一条均匀的直线,从过去流向现在,从现在流向未来,这个将要抵达的未来,仍是一个没有"未来性"的未来,因为这里有的,不过是一个又一个"现在"的循环反复而已。

记得小学的语文书里有一篇课文,题目是"遥想人类的 21 世纪"。课文说，未来将会有一项神奇的技术，锅子放上去，看不见火苗，但"须臾之间"，锅子就热了！当时我们还纳闷，这得是个什么东西呀？另一项技术，是说我跟地球另一端的朋友打电话，而我们不只能语音交流，还能在屏幕上见面！……现在，我们身处的恰恰就是这个"未来"。若干年前的人们所想象的，就是今天的我们自身所是的现实。

当然，如孙老师所言，任何时代都有属于自己的"当代"。同样，相比于过往，任何时代也都是曾经时代的"未来"。不过，孙老师的讲座向我们展现的，却是一种更真切意义上的"未来性"——我们正在从"自然人类"进入"技术人类"，人类正在从"更新世"进入"人类世"，在这个全新的世代，观念的不断调整、奇异性的不断涌现，已经成为我们生活的常态……而所有这些都表明：要对我们所处的当下有所理解，就要不断刷新我们一向持有的理解。我们不再沿袭过去的方式，不再沿袭哪怕行将成为过去的"现代性"的方式，来理解我们的生活。就此而言，我们对自身时代的理解是"未来性"的。或者说，在一个意义上，我们就像其他任何时代的人一样，生活在自身所处的那个现在。但在另一个意义上，我们却在以前所未有的方式，生活在了"未来"。

任何时代的人都可以把自己的那个时代叫作"当代"。就此来讲，"当代艺术"这个提法，似乎没有体现出我们这个时代的艺术的独特性。是叫"当代艺术"，还是叫"未来艺术"，就不只是一个"冠名"的问题。改换名称，改换的是对这个时代的理解维度。

但这也引出了我想向孙老师提的一个问题。可以说，这是一个相当悠久的问题，是关于"流动"和"存在"之间的张力，或者说，赫拉克利特和巴门尼德之间的张力。一方面，我们面对的是一个流动变化的世界。"万物皆流，无物存驻。"但另一方面，像柏拉图强调的，我们所要理解的，总是一个恒定的东西，一个有其形式、有模有样的东西。只有有了"模样"，有了它自己的"相"，它才成其为我们所理解的那个"观念"。所以，我也想从这个角度重提一下袁园老师刚才提到的问题：如果一切都没有了界限，如果我们所做的就是不断地冲破一切的疆界，那么，我们终将面对的，就是那个混沌无形的、瞬息万变的"变化"本身，就是一道现象的浊流。面对这个浊流，我们是看不到"观念"的，我们是没有办法形成任何理解的。因为对任何观念、概念的理解，哪怕是对"未来性""未来艺术"的理解，也都要求把捉到某种恒定的、有形的东西，或者说，都要求理解上的某种成形。可以说，直到今天，这仍会是哲学的一项不变的使命。

怎样在"多"中找到"一"，怎样在"变化"之中找到"恒定"？这在当年困扰柏拉图的问题，也仍在今天困扰着我们，哪怕我们现在讨论的是"未来"哲学、"未来"艺术。当然，这不意味着我们就要因此否定变化，或者就要接受某种柏拉图主义。困惑仍可能从多个方向上提出来——比方说，如果人类已经从自然人类进入了技术人类，那么在什么意义上，人依然是"人"？当艺术从传统艺术进入了未来艺术，它又在什么意义上还能被理解作"艺术"？同样，关于"哲学消亡"的忧虑，也至少不晚于"艺术消亡"的忧虑……这些都是我的一些困惑。很想得到孙老师的解答，感谢。

孙周兴： 谢谢刘畅。我没有想到你也在关心时间问题，很有意思。实际上我对时间问题的思考跟尼采、海德格尔还是脱不了干系。在哲学史上，尼采应该是比较早思考时间问题的，他试图对传统的线性时间观做一个突破，但现在还是不太受关注。实际上，尼采所谓永恒轮回观念是想提出一种以当下瞬间为核心的循环的非线性的或非直线的时间观点。尼采在《查拉图斯特拉如是说》里曾经说"时间本身是个圆圈"，这样的鬼话当时是很难被接受的。但是后来物理上的相对论出来，在科学意义上也接近于尼采的观点了，时间不是一条直线。

时间是一条均匀的直线，这样的想法不但是亚里士多德的，也是牛顿物理学的。刚才我在报告里讲到一点：哲学和宗教大概都是为了消除这样的时间观念，因为这样的时间观念太可怕了，如果时间是永远不会回来的一条均匀的直线的话，那么每个人都无可奈何，都是等死的人，我们只能在旁边等死，毫无办法。所以哲学和宗教是要创造一个不变的、形式观念的世界或者无时间的、永恒的彼岸世界。

在哲学上尼采是第一个明确反对线性时间观的。他把时间观念重构为一种以当下瞬间为核心的一个发动性或创造性的时机。海德格尔有比较狡猾的一点，他的时间观实际上是受尼采的影响，但他故意不说，在《存在与时间》中根本没有提到尼采，感觉好像没有看过尼采似的。当然海德格尔的时间观也有变化，这个变化是什么呢？海德格尔触及将来和未来性，认为三维时间是由未来/将来这个维度带动的，因为人本质上是面向未来、面向可能性的，所以必须由将来发动当下和过去。就此而言，海德格尔是真正第一个讲"将来时间"的，也就是我说的"未来时间"。你上面的这些理解都很有意思，有几句话说得特别好：我们已经生活在未来中。当然是这样的。以前的线性时间观不关心未来，说未来还没来呢，我们无法关注它。

第二个问题，你谈到不变性，变中"不变"的东西，我当然能理解你的意思，指向"变与不变""流动与恒常"之间的"张力"问题。如果我们把观念行动化，把当代艺术当作一种行动的艺术或者观念艺术，那么我们就面临一个问题，就是：我们守不住这个稳定性，或者说不变性。这个我当然会同意，观念（idea）本身是一个稳定的普遍性。你说"恒定的模样"，这个说法蛮好的。实际上是今天面临的一个难题。

我认为现象学以及后面兴起的当代艺术，最重要的一点是把传统的这种变与不变的绝对二分给消解了，这一点很重要。一个普遍的观念必须通过理论和科学才能去达到吗？这完全不是我们实际生活的真相，实际生活里根本不是这样的。就像现在，我说"刘畅兄，我们不谈艺术呀观念呀，我们开始讨论一下什么是自由可以吗？"你马上会说 OK，你不能说"哎呀，我得先查查字典，我先去请教一下谁谁，再来跟你讨论"。事情不是这样。普遍观念的获得和理解是可以在当下直接启动的，不需要中介。我把它叫作无中介化或者去中介化，这是现象学哲学的一大突破。

然而，去中介化也导致了一个问题，就是你刚才说的"观念的模样"在哪里了？观念没有了"样子"，没有了恒定性，因为观念变成一种行动，观念是实际发生的流变过程。这是对传统哲学的僵化的中介化习惯的解构，其实欧洲近代的宗教改革也有同样的意义，路德所谓的"因信称义"也是要去中介化，而且比现象学哲学来得更早。我认为这是有意义的。再有一个意义就是：正是通过这种去中介化，通过把观念直接化的努力，当代艺术才得以发生，当代艺术才可能成为观念艺术。这方面有好多问题，也许我还没有做稳当的清理，还需要时间。

梅剑华：谢谢孙老师和刘老师，你们聊的对我也有很多启发。实际上孙老师和刘老师是在不同的传统里面关注的时间问题。1921年，柏格森跟爱因斯坦有一个争论，对于爱因斯坦来说只有唯一的时空观；柏格森说：你说的对，但还有另外一种时间。很有意思的是，当时有一些物理学家站在柏格森一边说："对，爱因斯坦的相对论不是必须接受的，应该有另外解释的可能性。"将近一百年之后，我们对时间的理解有一个新的理解。我们现在做哲学的，不管是分析哲学还是欧陆哲学，怎么面对科学对哲学的挑战？

今天孙老师讲到当代艺术跟未来艺术的关系，我想到从概念上有一个区别：当代艺术都可以直接认知，而在根本上，未来艺术是无法达到的。明天会更好，明天会说明天会更好，明天、明天再明天，我们永远到不了明天，对于未来敞开可能性，不仅是说明天可以做一些事情，而是存在有一些未来，完全不知道对它说些什么。

在这个意义上，可以说当代艺术属于未来艺术的一部分，但是未来艺术不能跟当代艺术画等号。有一部分未来艺术是当代艺术，有一部分是超越了现在能够达到的一个东西。这样一个东西可能是刚才我们讨论的"无界"，最大的一个"界"是我们怎么去撞未来的界，在什么意义上能够预测未来？现在已经预测，假设人工智能可以超越人类智能，我们可以上火星，我们可以实现人类的永生。

往回追溯，从宇宙大爆炸到现在，基本上所有的图景甚至可以在计算机里进行模拟，但是对未来是没有的。你能设想一亿年以后是什么情况吗？不知道，完全不知道。

但是悖谬的是，当我们在这样说的时候，实际上我们认为未来是这样的,是线性的,是向未来发展的,人是要死的,地球是要变化的。

我们再回来看这种当代艺术和未来艺术的关系,孙老师讲有一个线性的时间观,还有尼采的循环时间观、永恒轮回的时间观。所以我想问孙老师这个问题,你讲的这样一种未来艺术观,我的理解好像是在线性观念里边能够说得更清楚。当然,我反对对线性时间观做唯一的理解,但是在循环时间观里边怎么理解这样一种未来艺术?

孙周兴: 当代艺术与未来艺术两者之间不能简单地画等号,这个没问题,我当然同意。你还提了一个问题,关键不在于对生活世界里正在消失或者已经消失的边界的认识和经验,未来的边界在哪里,是我们无法预测的。这些我都同意,没问题。

但有一个很要命的问题是,关于未来艺术的理解可能在线性时间观当中更能说清楚。我不知道怎么反驳你。但我大概会说,实际上在线性时间观当中没有"未来"这一说,因为未来只不过是还没有到来的现在,这是海德格尔的说法,即所谓的"现在时间"观。什么叫未来?未来就是尚未到来的现在;实际上也没有过去,过去也只是已经消失的现在。

线性时间观有两个基本的设定:其一,时间是一条直线,这是一个形式的规定。尼采在《查拉图斯特拉如说》中说,所有直线都是骗人的。我翻译这段话的时候忍不住想笑,他没说所有直线都是骗人的,他说所有笔直的东西都是骗人的,世界上没有笔直的东西。两点之直线最短,这个"直线"只是一个假设,实际上没有一条真正的直线。其二,时间这条直线上所有的点都是均匀的、同质的。过去这个点，现在这个点，将来这个点都是一样的，所以在线性时间观里其实没有未来这一说，都是"现在"点的运动。尼采首先是想回到希腊人的那个 Kairos 时间经验，它不是物体运动的时间，不是直线的时间，而是我们做事、我们聊天、我们创造、我们活动、我们交谈的"时间"，这在希腊人那里被叫作 Kairos（凯若斯，或译作卡伊洛斯），这个希腊文真不知道应该怎么译，也许可以译为"时机"或"契机"。除了物理的、运动的时间，古希腊人还有另一种时间观，就是 Kairos 的时间，我想称之为"创造性的时间"，是科学的时间之外的"艺术的时间"。这种"时间"里是有未来性的，而前面讲的线性时间或现在时间是没有未来性的，这也是后来海德格尔在《存在与时间》中提供出来的"时间"理解最有意思的地方。

梅剑华：非常好，我跟你唯一的分歧叫作线性时间观，实际上这个名字不对，你这样说我也非常认同，就是人类所感知的时间，当然不是均质的，未来发生什么样的变化，有一些事件的发生造成一个改变。

孙周兴：线性时间观的两个基本设定早就受到质疑了，但我们还愿意采纳线性时间观，因为技术的力量太强大了，技术已经成为日常生活主导性的东西。线性时间观实际上体现为"钟表时间"，钟表的每一格都是一样的，永远在直线流失。我说的线性时间观的两个预设都体现在"钟表时间"中。

袁园：我想接一下刚才梅老师和刘畅的话题。孙老师讲的六个概念，我恰恰觉得刚才谈的"关于时间的观念"是最核心的。因为只有在时间的观念上面去理解"未来"，那个"未来"才不是线性的未来。

我支持孙老师的观点未来艺术就是当代艺术，当代艺术就是未来艺术。这其中的"当代"和"未来"不是线性的时间概念，"当代"也是说我所处的当下是一个激进的当下。什么叫"激进的当下"？就是我建构了未来，我在这个当下建构未来。所以在这个意义上，"当代艺术"的"当代性"是一个极为激进的当代性。只有你在当下建构未来，当代艺术就具有当代性，同时也具有未来性，因为它把未来建构在当下。如果没有转变时间的观念，你还停留在线性的、均质的时间轴上面，就根本不可能理解未来，也不可能理解当代。

"奇异性"的概念，理解的关键也在于时间，这个时间不是线性的、均质的时间，而是"艾甬"时间，是异质的，是把过去和未来都在当下展开的时间，在这样一个异质的时间体验中，既深刻地关联当下，又在当下建构未来，这个时间就具有了奇异性。

"界"是最为重要的，个人的、主体的边界，所有的边界归根结底都是时间实存的边界。这个边界的改变可能是最根本的抵抗，抵抗所谓的历史、陈词滥调、规范、标准。在这个意义上也就回到尼采所说的：人是不确定的动物。人真正抵抗的是人的确定性，抵抗就意味着始终没办法确定我是一个什么样的人。也就是说人始终保持自己人的不确定性、不可预知性，在每个当下建构那种不确定和不可预知的未来。即使置身技术完全内化的时代，人抵抗的始终是自身的确定性，面对的问题也是如何在每一个时间呈现出来"人的不确定性"。我觉得只要把时间的观念打开，孙老师这六个概念完全是贯通的。

梅剑华： 袁园老师，你的理论跟我是冲突的，我想先辩驳一下。你认为当代艺术和未来艺术是等同的，我不认同。因为你认为我假设了一种线性的时间观，而我认为是没有的。

我认为它不等同的根本原因在于，这个"界"在界内的是确定的，"界"是怎么划定的，界内是可预测的，但是界外的那些未来的时间是我们没有办法知道的，我们想通过艺术创作召唤到当下，但是在根本上做不到。所以，在这个意义上"时间性""未来性"就是因为有一个界，这就是我们要冲撞的所谓时间的边界，并不是说要冲撞线性时间的边界。"界"就在这儿。

这个意义上，我还是坚持认为未来艺术大于当代艺术，你可以把它召唤到当下，但是要意识到这仅仅是一种召唤而已，有可能是不可企及的，当然召唤会产生各种很好的形态。这是我的一个小的回应。

袁园： 你说的召唤没问题，德勒兹也说艺术和哲学都是召唤不存在的人、缺席的人。召唤的不是一个国族身份、性别、种族身份上的人，而是缺席的人。我倒觉得刘畅回应了你刚才那个问题，刘畅刚才谈到混沌，未来性就是切入混沌，但凡有"界"就说明有规范、有标准。未来性就是切入到混沌。

孙周兴： 太好了，你们两位"吵"起来了。我大概是愿意站在袁园这边的，他把我的几个概念串连起来，讲得特别好。时间观念是一个核心的东西，我也可以直接说，艺术人文科学一直以过去为定向，是"历史学的人文科学"，但今天我们恐怕得变一变，艺术人文科学要有一个重新定向，从过去定向修正为未来定向。这实际上主要是 20 世纪的由现象学、存在哲学或实在哲学启发出来的，它们把人的本质规定为一个创造性和开创性的本质，是指向未来和可能性的。

有意思的是，正是技术工业催生了这一点，因为正是技术工业对生活世界的改变，也改变了我们的时间和空间概念。我们看到，对时间和空间概念的改变首先是哲人马克思。马克思说：时间是生产、劳动的尺度。马克思没有进一步说下去，但他显然已经跳出了传统线性时间观即物理时间观，第一次把时间与生产、劳动、创造联系起来了。

说到创造，刚刚袁园说得特别好，创造是不可确定的，艺术是不可确定的，最后实际上是生命的不确定性。传统哲学和宗教是一种确定性的力量。这个时候，我们就要思考后哲学时代艺术的使命，因为艺术的本质是一个指向未来的创造性、奇异性的活动。当然这后面有一个时间观念的改变，这一点特别重要。刚刚袁园说的一点对我启发很大，真正的抵抗是基于人的不确定性，我完全同意。真正需要抵抗的确定性是被塑造出来的，是由传统哲学和宗教——我刚才说的自然人类的精神表达体系——塑造出来的。

刘畅：我想再追问一下孙老师对"未来性"的理解。孙老师、袁园老师都在强调，人面向未来的创造性和不确定性。我感兴趣的是：怎么处理未来的不确定性与未来的可理解性之间的张力。如果把理解想象为一种把握，那么它所要把握的，总是某种意义上有形有象的东西。假如未来对于我们是完完全全的混沌，每一刻跟每一刻都截然不同，没有任何有章可循的东西，那么确实可以说，这是一个完完全全非线性的、非均质的时间。但问题是，面对这样的一个未来，我们能够做的就只有目瞪口呆了，我们理解外界和理解自身的能力将全部消失。

孙老师刚才提出了一个很有意思的想法：直接通过行动去理解、去把握。我也觉得，这是一个非常有启发性的维度。在分析哲学传统下，也有关于行动的系统讨论，比如维特根斯坦的学生安斯康姆（G. E. M. Anscombe）。切入"行动"问题的一个角度是，怎么区别我主动做出的行动，与我被动遭受的、只是发生在我身上的事情。二者的区别是什么？安斯康姆认为，对于我们有意做出的行动，我们是可以"不经观察就知道"我所做的是什么的。假如不是我们所做的，而只是我们所遭遇的，那么就需要观察才能够知道。因为当我们作为行动主体面向未来的时候，虽然未来仍保持着开放性和不确定性，但我们是带着我们的行动规划去面对未来的，这确立了行动之为行动的意义，构成了关于未来的非观察性知识的一个确定性的来源。

我感觉，如果把完全的重复和完全的不确定视作两个极端的话，那么这两个极端都会让我们的生活从根本上丧失意义。我们要作为我们活着，像您所说的，以真切的方式"实存"着，我们就要对我们自身的生活有所塑造，有所领会，而不论是一成不变的永恒重复，或是眼花缭乱的无序流变，都会让我们的自我塑造与自我领会成为不可能。一方面，我会非常同情庄子所说的——日凿一窍，七日而浑沌死。但另一方面，我们作为有理性能力的人，我们要有所认知、有所理解，就又不得不破除那个浑沌。这中间确实存在着一种真实的困难。

未来艺术的几个基本概念

正因为人是有"未来性"的动物，所以人才有两种东西：一个是"希望"——要是没有未来，要是我们能做的唯一一件事情就是像钟表一样周而复始地重复自己，我们就被剥夺了任何创造的可能，就不可能有任何的希望。但从另一个角度讲，正因为人有未来，所以人才会有"恐惧"。"恐惧"所面对的是像死亡那样的一股毁坏一切的力量，也可以说，就是纯粹的"不确定性"本身。假如我们被迫面对的是每一刻都在翻滚变化的未来，"我"就死了。我们将不再有我之为我的那个稳定的样子，不再有人，不再有理性，不再有我们所理解的一切东西的存在，而这就是死亡的恐惧。幸运的是，我们的生活处在全然的确定性与全然的不确定性之间，处在希望与恐惧之间，正因为这样，才可能有"我们"，才可能有我们所理解的"生活"。

我不知道，可能在某种程度上，我还是会更多受到维特根斯坦思考方式的影响。比起"观念"，我会更关心"概念"。因为假如没有概念层次的理解作为保证，观念层次上的革新、创造也将是不可能的，二者就像河床与河水的关系。

孙周兴：刘畅提的问题特别好。如果未来是一个不确定的方向，我们只是为了创造一个面向不确定的作品，当然是十分恐怖的。实际上尼采当年也面临这个问题，因为尼采一开始说生命的本质就是创造，就是权力意志，就是不断地扩张和不断地提高，但问题来了，就是你刚才描述的这样一个问题：我们不断地创造、不断地扩张、不断地提高，什么时候是个完结呢？尼采对此深感无奈，无比痛苦。他终于思得了"相同者的永恒轮回"学说，这时才觉得安心了。

我这里无法细说"永恒轮回"学说。我只想指出，尼采提出这个学说的动机是要解决生命和生命行动的重复的意义问题。人生不断重复，为什么我们愿意重复？一次与一万次有何区别？尼采以轮回学说告诉我们，生活就是创造，每一次创造看起来是重复，其实不是重复；创造的意义在于制造差异性，每一次都不一样，每一次都不可能是真正的重复。不断地制造奇异性，不断地制造差异性是更有意思的。以前的哲学加给我们同一性制度，同一性的确定观念，太强烈了，太僵化了，现在我们要松动它一下，这一点相信各位都会同意。

刘畅： 同意。

孙周兴： 另一个方面，除了把观念行动化，把哲学艺术化之外，还有一个反面是艺术的哲学化。而且我认为，20世纪人类文明当中最根本性的变化，撇开政治面不谈，其实就是艺术与哲学相互之间的重构，这种重构是艺术被哲学重构了，哲学被艺术重构了。

我们今天讨论的是未来艺术或当代艺术，至少强调一下艺术哲学化这个面向。但是无论尼采还是海德格尔，他们在根本问题上还是相当公正的，他们总是在讨论两个面向，即艺术哲学化与哲学艺术化。在尼采那里被叫作艺术与哲学的关系问题，而在海德格尔这里则说成"诗"与"思想"的关系问题。

刚才刘畅追问观念的样子在哪里？我觉得这里最核心的问题依然是艺术与哲学之间的"界"的问题，"界"在哪里？要不要守这个"界"？我们看到尼采和海德格尔不断地破哲学的"界"，但如果完全无"界"了还叫哲学吗？还有哲学吗？我认为他们是不可能不想这一点，这个"界"是不能全破的，这个"界"还得有，但是要降下来，怎么降？就哲学而言，我以为它要变成一种"弱论证"，西方传统哲学是讲"强论证"的，今天的分析哲学依然维持着"强论证"传统，但从尼采以来，西方人文哲学开启了"弱论证"的方式。

在这个意义上，艺术与哲学比较而言，我还是愿意认为，艺术可能是更有力量的。为什么？因为现代技术工业在很大程度上强化了传统哲学的同一性制度和同质化进程。我们得寻求一种力量来松动它，这也是法国当代哲学的一个动因。但在哲学之外，异质性的艺术好像是更强大的势力，现在好像只能通过艺术稍事抵抗，比较而言，哲学的抵抗力量越来越弱。

大概是这样，各位也许会有不同意见，因为我们做哲学的还得守住观念的模样，而我自己就是搞哲学的啊。

刘畅：感谢孙老师，让我们认识到面向未来，不但要有一副足够开放的心态，还要有一颗足够勇敢的心灵。

孙周兴：太对了。

梅剑华：我也有一个问题，刘畅说到未来完全重复是不行的，完全创造也不行的。最终会发现，好像要在不确定中有一些确定性的因素，那确定性的因素是靠什么给予呢的？

孙周兴：还是以海德格尔为例，他的哲学态度有一个重要的变化。前期的《存在与时间》基本上还是一个哲学的主张，他还是说得很清楚的：对我们的生活世界，对我们生活的理解，一定得获得形式的意义。我们不是特别想关注某个人的私生活、私人经验，这些不是哲学要讨论的，哪怕是个体化的实存哲学/存在哲学。我们要讨论的是生活或者此在本身的形式意义是什么，海德格尔的说法是，要讨论此在实存和此在在世的"形式结构"。这个意思是很哲学的，所以海德格尔把自己的前期哲学还叫"先验哲学"。

先验哲学关注知识和经验的形式条件，在我看来是欧洲存在学或本体论（Ontologia）的主要部分，甚至可以说，存在学就是先验哲学，两者是可以相等的。前期海德格尔依然想构造一种存在学，他称之为"基础存在学"。但到了后期，海德格尔越来越希望突破哲学的先验性和强论证，因而转向了诗意表达。于是就面临一个问题：把哲学表达为文学，表达为诗意的东西，这时候它还能叫哲学吗？所以你刚才提出的问题，海德格尔在《关于人道主义的书信》里已经有回应了，他说，思想是有自身的尺度的，这个尺度还是要守住的。如果进一步追问思想的尺度在哪里，他会说，那当然不是逻辑的尺度，不是传统先验哲学的尺度，思想的尺度别具一格。

梅剑华：是，他从哲学转向文学有点儿从所谓绝对的确定，慢慢地走向一种不确定，确实有这样一个因素。

孙周兴：这是 20 世纪典型的哲思案例。怎么来守住艺术与哲学的"界"，这个"边界"怎么守？

梅剑华：现在观众开始提问了。第一个问题，未来艺术的关键词中有没有"强度"这个概念，您讲了六个概念，有没有艺术的强度？

孙周兴：我还真没有想过"强度"概念。如果从生命哲学和实存哲学角度来说，是需要有"强度"这个概念的。尼采说人类已经进入"颓废"状态，所以在尼采那儿肯定有"强度"概念，恐怕正是他的"权力意志"概念的含义之一。当他说"作为艺术的权力意志"时，他显然认为，今天只有艺术才能为我们提供生命的强力和强度了。

尼采有一个不无讨厌的想法，就是把美等同于力量，等同于你提出的"强度"。美就是强壮。这听起来像是一种强盗逻辑。但我们似乎也不得不承认，尼采是很先知的，他预见到了技术工业对自然生命的弱化进程，而且从今天来看这个弱化进程已经是无可挽回的，真的需要"强度"概念。

很遗憾我没有把它当作我所谓"未来艺术"的基本概念之一。我今天的报告只讲了六个概念，我不认为这就是全部了，也许可以讲八个或者十个概念。

梅剑华：我尝试回应一下：艺术当然是需要强度的，但是在你这六个概念里边它不是最重要的。跟这六个概念相比它要弱一些。比如你讲"抵抗性"背后没有强度吗？"奇异性"没有强度吗？应该都有，"强度"应该是再弱一点的概念。

袁园：我想说一下"强度"，艺术更是要对强度保持一个警惕。这个警惕是什么呢？在技术层面对强度保持警惕。现在的新技术都是以强度的名义来进入的。比如说脑机结合或者是芯片植入，可以让你的记忆能力更强，基因改造可以让你身体的某个部分更强，无论是以什么样的方式，以所谓增强现实、增强能力这样的面貌出现，这都是极度危险的。因为这种强度不是中立的，它是建立在一个已有的人的标准上面。比如说理性、健康，这都是人的确定性的标准，技术在一个已有的、确定性的标准上面增强，其实跟尼采所说的"不确定性"是完全对立的。

尼采的"不确定"讲的是要对确定性规范的抵抗。而这种所谓"增强"的技术是基于一个既有的确定性标准。所以艺术的"强度"要特别警惕这种以中立的面孔出现的所谓增强人的技术。

孙周兴：我当然会支持你的说法，技术是在不断地加强我们的各种力量，但是这种加强是很虚弱的，而且是悖谬的、自相矛盾的，它的代价恐怕是从根本上使我们弱化。与"强度"相对，我们好像可以提出一个"虚度/弱度"概念，可能我们时代更需要的是一个跟"强度"相反的概念。

袁园：我倒是觉得强度这个概念是孙老师讲的"抵抗"的内涵。因为强度肯定是抵抗性的内涵。

刘畅：对，面对技术的强度，艺术作为人的那种强度的独特性恰恰有点儿呼之欲出了。刚才孙老师也在强调未来艺术这样一个重要的特征，以技术力量代表的其实是一种设计。而设计这个东西，很大程度上是对艺术的挑战。面对技术的强度，人要做到的却是要让自己足够的柔弱。像老子所说的，"人之生也柔弱，其死也坚强"。

孙周兴：这实际上也是刚刚去世的法国哲学家斯蒂格勒的想

法。人越来越强，技术不断地挑衅我们的欲望，我们不断地强大和提高，不断地"增熵"，斯蒂格勒提出"负熵"概念，他显然意识到了技术文明的困境，最后他自己受不了，就自杀了。我不知道他怎么死的，现在还不知道他自杀的原因，但我想肯定有这个因素。

梅剑华： 第二个问题：请问怎么更好地理解艺术的哲学化和哲学的艺术化？

孙周兴： 刚才讨论的时候我提到了这个问题，艺术与哲学在传统西方文化机制里一直处于对抗关系。说"对抗"也不太对，其实是一种"等级对抗关系"，因为艺术与哲学不是平等的对抗，而是等级化的对抗，艺术是低的和弱的，哲学是高的和强的，是这样一个等级关系。这一点在19世纪中期以后慢慢改过来了，当然最重要的是叔本华和尼采，特别是尼采。尼采对"超人"有一个艺术哲学的规定，他认为未来的人是一个新类型，是艺术哲学家或者是哲学艺术家。海德格尔后来继承了尼采的想法，艺术与哲学在海德格尔那儿叫诗与思（诗歌与哲思），两者之间的二重性关系的重构，将是以后文明最重要的课题。这些在理路上都没有问题。

重构艺术与哲学的关系为什么变得很重要？我认为这里面有一个基本的二重化的理解逻辑。我们以前把艺术与哲学、感性与理性、感性与超感性等等都看作一种对立性、二元性的关系。海德格尔有特别重要的一点，他认为这两者必须有一种差异化的交织互动。刘畅刚才也谈到这一点。艺术与哲学的关系是文明最核心的关系，这种关系已经获得了重构，其要义在于，艺术必须通过哲学获得自己的个性，而哲学必须通过艺术来完成自己，两者不是对抗的，而是二重化和差异化。这一点在二战以后的西方文化当中已经——或者正在——变成现实，简单举一个例子：二战以后德国哲学越来越不行了，但德国当代艺术已经成为世界上最强大的艺术潮流了，所谓德国新表现主义艺术；与之相对，本来艺术很强的法国，今天却是另一种情形，法国艺术不行了，当代法国哲学倒是变得越来越强。所以在德、法两国之间，艺术与哲学差不多完成了一个特别有意思的位置调整和角色互换，这是二战以来发生的事。今后会怎么变动？我还想象不出来，但我愿意强调的是，今后文化中两个最基本的要素——艺术与哲学——两者之间关系的调整，恐怕不是在两者之间取得某种平衡，而是要通过差异化的关系获得各自的确认。

梅剑华：第三个问题，请孙老师多说几句关于现象学方法与未来艺术的关系？

孙周兴：我算不上现象学专家，我能说些什么呢？今天我大概疏忽了这一点。对于当代艺术或者我所谓的未来艺术来说，现象学的意义主要有两点：第一是观念直接化或者行动化。这一点正是胡塞尔所谓的"本质直观"的意义，普遍的东西是可以直接看到、直接把握的，这在以前的哲学中是不能想象或者无法想象的。所以这一点很重要。另一方面，当这一点完成以后，现象学开启了一个新的思维方式，我称之为关联性思维。现象学意味着西方哲学文化进入第三个阶段了。第一个阶段是古典时期，人们认为事物的意义、事物的存在就在于它自身，物是自在之物；到了近代哲学，人们认为事物的意义、事物的存在在于对象性，物是为我之物；现象学则开启了一种关联性思维,认为事物的意义、事物的存在于它如何与我关联,物是关联之物。今天回过头来看,现象学最具洞见的地方就在于,它已经看到一个互联世界的到来,一个普遍关联世界的到来。这一点是胡塞尔现象学的重要贡献,海德格尔更进一步,强调了行动意义,即这种关联意义又是如何发动起来,由此,现象学便转向了实存哲学,通常所谓的存在主义哲学。如果说西方传统哲学和宗教是一种超越性思维的话,那么,现象学完成了一次革命,也即从超越性思维向关联性思维的转变。已经过去一百多年了,现象学的力量和影响依然。这个问题可以开个会来专题讨论。到底现象学意味着什么?现象学对于每个个体意味着什么?对我们的思考意味着什么?对我们的文化意味着什么?都大可讨论。

上面我讲了两点。概括一下:一是观念的直接化或者行动化;二是关联性思维的开启。有了这两点,现象学以及稍后的实存哲学,就为当代艺术或未来艺术准备了观念前提和方法论。

梅剑华:第四个问题:古代技术与现代技术对艺术的影响有实质差别吗?宗教与科技对人的影响差异在哪里呢?这些都是作为人类异己的方式入侵,古代的工具和现代技术都是作为人的部分,是否只是现代技术的泛滥造成一种眩目的现象才被单独指出?

孙周兴:我曾经有一篇文章专门讨论这个问题。古代技术与现代技术大有差异,可以说完全不一样。从西方传统讲,古代技术是自然人的劳动、手艺(techne),这是古希腊人的基本理解。千万要注意,古希腊意义上的"techne"与科学是没有关系的,在古希腊人那里很难说有"科技"。科学技术的发生当然与古希腊文明有关，主要是因为古希腊为今天全人类提供了形式科学，比如说几何学、算术、逻辑学等。但是，古希腊的科学（episteme）特别是"形式科学"与所谓的技艺或技术（techne）没有什么关系，因为科学是静观、沉思，而技术是劳动、制作。这是欧洲古代的"技术"概念。

简而言之，古代技术实际上是广义的艺术，是我们自然人通过劳动完成的制作（poiesis）。到近代以来有一个根本性的变化，古希腊传下来的形式科学居然可以通过实验变成现代技术了。其中根本的变化，我认为是由两个关键人物推动的：一个是牛顿，另一个是伽利略。牛顿推动了物理（自然科学）的形式科学化（数学化）；而伽利略通过比萨斜塔实验表明一点：形式科学是可以实质化、实验化的，这就为后来18世纪的技术工业作好了准备。

现代技术及其工业制造无论在性质、规模、力量、效用等方面都跟古代技术不一样。技术工业的真正开始是1760年，所谓第一次工业革命。之后不到一百年，西方开始对全球进行殖民化，统治了全球。技术工业的头一个百年也还只是初级的，在马克思时代是大机器生产，当时连电灯都还没有。我都怀疑尼采有没有见过电灯，因为第一个电灯是1879年，恐怕在尼采发疯前（1889年）还没有进入日常生活。电灯的发明意义重大，表明人类从火光世界进入电光世界了，表明世界彻底亮了，启蒙完成了，一句话，人类真正进入技术生活世界了。这也就开始跟古代技术/艺术告别了。

所以我们需要做一个区分，也大可追问一下：现代技术到底是如何发生的？源自古希腊的形式科学到底如何可能实验化，终于生成现代技术？现代技术最后如何变成技术工业，风靡全球？

我这里没法展开讨论了。如果提问的朋友有兴趣，可以看看我的相关文章，多半收在我的新书《人类世的哲学》里。

梅剑华：下一个问题是问袁园老师的，今天我们可以确定什么是当代艺术，但不能确定什么不是当代艺术。请问您认同吗？

袁园：当然是不认同的。什么是当代艺术？无论是艺术家还是批评家，不同的人肯定都会有不同的解释。所以当代性这个概念是不是当代艺术本身是一个特别日常的问题，你站到每个艺术实践作品面前都会遭遇这个问题，这是没有定义的。

梅剑华：人工智能在未来介入艺术上面会怎么发展？其实我们讨论过一次科技艺术，比如说科技艺术算不算未来艺术？

袁园：海德格尔谈论技术的时代跟今天所谈论的技术已经完全不是一个内涵，今天的信息技术、生物技术、基因技术、人工智能技术，实际上已经完全重构了我们的世界。世界的图景已经变了。世界已经被这些技术重构出新的政治、地缘、人的关系，也就是说现象学里谈的"关系"现在已经被重构了，那么海德格尔的技术哲学过时了吗？这是我的问题，我抛给孙老师。

孙周兴：我先来说说新技术与当代艺术这个问题。现在有"科技艺术"概念，通过科技的手段和媒介创造艺术，在当代艺术意义上当然是成立的，因为当代艺术是没有媒介限制，所谓"无界"，为什么科技媒介和手段不能用来做艺术呢？所以"科技艺术"也是当代艺术的一部分，这个似乎没有问题。问题恐怕主要在于，我们还得认识到，科学技术（科技）与艺术是有根本差异的，本质上是不一样的。如果说艺术是一种异质化的力量，那么，科技的主体是一个同质化过程。我们不能通过打比方来掩盖和抹杀两者的差异。

袁园后面这个问题也有意思。我当然不会说，现象学、海德格尔哲学可以应对今天我们碰到的全部问题。海德格尔离开人世快五十年了，他是 1976 年去世的，今天的很多东西他都没见过，他家里连电视机都没有，要看足球赛就只好到邻居家里去，更不要说电脑了。但海德格尔确实也有预见力，他从哲学意义上对基因工程和生物技术作了一种预测，认为人类通过技术手段来复制自己的时代马上要到了，这应该是在 20 世纪 50 年代，在当时还是先知先觉的。

刚才我讲到，现象学提倡"关联性思维"，这是现象学的一大突破，是欧洲世界观和方法论的一次根本性转变。我认为，这主要是因为技术工业改变了这个生活世界，一个互联世界到来了，才需要对事物、对人与物关系有一个重新理解。胡塞尔和海德格尔都达到了这样看法，在这个意义上他们是有先见之明的。也正是在此意义上，我认为，现象学对于这个越来越普遍关联的世界还是一个适当的理解方式。这个世界越来越变成一个互联的世界，包括人与人、人与物、物与物之间的普遍关联，现象学最早发起了对于这种关联性的思索，意义重大。但是，这个关联性世界同时遇到了技术工业的普遍同质化进程，所以光有现象学的关联性思维改造恐怕还是不够的。以我的说法，今天我们可能更需要艺术，形成一种异质性的抵抗力量。我不知道有没有回答你的问题。袁园总能提出一些尖锐的、也比较阴险的问题。（笑）

未来艺术的几个基本概念

梅剑华： 今天是非常好玩的思想之旅，一个冒险、一种创作。一开始我们想让孙老师讲海德格尔、尼采，后来孙老师给了我们"未来艺术"这个题目，最后讲下来，其实也听到了海德格尔、听到了尼采，因为这种思想的根在这个地方。

孙周兴： 我的哲学背景毕竟还是尼采和海德格尔，这个没办法，但我以为，停留在他们那儿也是不够的。

梅剑华： 由于时间关系我们今天的讲座就到这里，感谢各位嘉宾的精彩分享，感谢观看的朋友们，再见。

《存在与时间》的"入口"

谈谈海德格尔的"存在之发问的形式结构"

主讲
王庆节:澳门大学人文学院哲学与宗教系特聘教授
主持
袁园:独立纪录片导演、艺术家、当代艺术摄影批评人
与谈
顾振清:当代艺术批评家、独立策展人
刘畅:中国人民大学哲学院副教授

王庆节：非常感谢服务器艺给我一次这样的机会和大家一起分享所学。我对艺术哲学研究不多，不敢妄谈，所以今天主要想从海德格尔的《存在与时间》讲起，因为大家都比较熟悉这个文本。我的讲座部分会集中在《存在与时间》第二节的讲解和梳理，希望能由后面的讨论来涉及当代艺术和艺术哲学的话题。

《存在与时间》的基本思路如何在《导论》中预演？

我为什么选择第二节呢？因为我认为《存在与时间》第二节实际上是全书真正的开端。全书的问题意识在这里真正出现，它的核心概念，即存在、亲在（Dasein）、存在者、存在之领会、存在的意义、解释学循环等，第一次在海德格尔的意义上出现。因此，倘若读不懂第二节，就很难真正进入海德格尔的《存在与时间》乃至全部海德格尔哲学；忽视第二节，也会或多或少地偏离海德格尔的问题方向，误解或者低估海德格尔《存在与时间》的哲学意义。

在开始讲整个第二节之前，我们首先讲讲《存在与时间》导论的结构，然后我们来讨论这个第二节与导论乃至全书的关系，以及这个第二节在全书中的地位。这样我们就会明白，《存在与时间》全书的思路是如何在《导论》中预演和展开的？

我们看到，《存在与时间》的《导论》部分共分两章，每章四节，一共八节。导论面对的是一个未完成的《存在与时间》，所以它不仅是已经出版部分的导论，更是计划中的全书的导论。《存在与时间》全书一共曾计划有两卷六篇，每卷三篇。结果，出版的仅仅是第一卷的前两篇，每篇有六章。这样，如果加上导论两章，一共就是十四章。这就是为什么现在见到的全书总共有两篇十四章共83节、445页、40余万字。而我们知道，这个已出版部分仅是全书原先计划的三分之一。

《存在与时间》的导论部分两章八节，其结构和铺排可简略概括如下。第一章讲全书的问题结构与亲在在发问存在问题中的优先地位。第一章包括1—4节，因为我们下面要详细解说第一章第2节，所以我先来简略地说说第二章四节的结构和内容，再回过头来说第一章四节的结构和内容，最后，我们再逐字逐句解读第2节，也就是我今天讲座的主要内容。

让我们先来看第二章的四节。第二章讲的是所拟全书的内容结构，其中包括三个部分。第一部分包括第5和第6两节，而第7和第8节分别是第二和第三部分。第5、第6两节的标题分别是："亲在的生存论分析"（第5节）和"解构存在论的历史"（第6节）。海德格尔将这两节的内容概括为"厘清存在问题的双重任务"，这是海德格尔拟定的《存在与时间》全书的两个主题，也是计划中的两卷正文的基本内容。其中，第5节在内容上相应于所拟全书第一卷的内容，第6节相应于所拟全书第二卷的内容。我们后来知道，这个全书计划只完成了第一卷的三分之二，而这里与第6节相应的第二卷则完全没有写出。二十六年之后，海德格尔在1953年出版的《存在与时间》第七版序言中，正式宣布放弃全书的续作计划。

相应于第 5 和第 6 节谈论全书的内容,第 7 节也非常重要。在这里,现象学概念成为海德格尔讨论的中心,海德格尔试图通过对现象学概念本身的厘清,将《存在与时间》中所要发掘的思想与以他的老师胡塞尔所代表的现代现象学的经典立场的传承关系做厘清和切割。最后是第 8 节,标题为"所拟全书的纲目",主要交代全书章节的划分和框架,由此我们可一窥早期海德格尔所欲搭建的《存在与时间》庞大思想体系的雏形和架构。

现在让我们回到第一章,来看看第一章所包括的四节的结构和内容。我们前面说过,比较于第二章讲《存在与时间》的内容结构,第一章讲解的是全书的问题结构和亲在的地位。全章和第二章一样,一共也是四节。如果是讲问题结构,是什么问题构成了《存在与时间》的根本问题或问题意识呢?海德格尔这里实际上提出的是存在的问题或者是关于存在的问题意识。那么,海德格尔在《存在与时间》的开头,即第一章作为全书开始的四节中是如何提出存在问题或重提存在问题的呢?下面让我们一一道来。

重新发问存在问题

我们知道,在第 1 节中,海德格尔讲过去对存在问题的发问都问错了方向或层次,这明显是一个否定性和批判性的角度。因此,海德格尔说,存在至今仍是个问题。这就是为什么海德格尔要将第 1 节的标题设定为"重提存在问题的必要性"的原因。在这里,我想首先区分一下"问题"和"疑难"这两个概念的不同理解。尽管"问题"与"疑难"在德文中经常用同一个词来指称,即 das Problem,但海德格尔常常在双关的意义上使用它。"疑难"当然是

"问题",但它不仅仅是难解的问题,而且常常是这样一类难题,即对这类问题,我们不仅没有答案,甚至我们都不知道如何去发问。一般理解的"问题"是,当人们提出这个问题时,已经多少预设有答案。但在海德格尔看来,如果是真正意义上的哲学"疑难"或存在疑难,它是"既没有语词也没有语法的"。所以,对这类"疑难",我们往往根本就不知道如何去发问。这样的问题才叫作形而上学的或者存在的疑难。当海德格尔讲"存在问题"时,他更多是在这样的"疑难"意义上讲的。

如果说第 1 节所谈以往关于存在问题的发问都问错了方向,其基调是否定性和批判性的;那么从第 2 节开始,海德格尔谈论存在发问的态度就开始变得积极和正面。

如此说来,海德格尔在第 2 节讲的是什么呢?我们看到,海德格尔在第 2 节一开始就讲,如果我们要想真正地发问存在问题,首先就要去弄清楚如何"发问"?即弄清发问或提问本身的基本结构。换句话说,"发问"或"问题"包含有哪些根本要素?一般问题的"发问"与"存在问题的发问"之间的区别在哪里?存在问题发问的层次、特点以及途径究竟是怎样的?第 3 节更进一步,讲当今人们重提存在问题,并非一时的心血来潮,而是出于科学/知识(Wissenschaften)"危机"的逼迫。海德格尔将上个世纪初的物理学以及诸科学领域发生的革命的本质理解为"基本概念的危机",基本概念是任何科学/知识得以成立、得以"存在"的基础,而这些作为具体科学基础的"基本概念"发生危机,说明科学知识在"存在论层面"上危机的严重性。所以,重新发问"存在问题"之一般或存在问题本身,就在所有的"科学存在论"问题面前,具有无可置疑的"优先地位"。比如说,二十世纪初物理学革命的发生就是因为那些传统物理学的存在赖以为基的最基本概念，像"时间""空间""物质"等等出现了疑问。同样的道理，我们今天发问"中国哲学的合法性"，或者讲"哲学的终结"，都是在对"中国哲学"或"哲学"本身的基本概念进行质疑和发问。再如，对艺术家而言，现在比较流行的一种说法是"艺术的终结"，这实际上也是因为"艺术"这个概念，在当今时代发生了危机。所以，要回应各个具体学科或科学的奠基性的基本概念的危机问题，我们必须首先发问存在问题。在海德格尔看来，所有问题的出现，其核心都在于"存在"这个概念本身出现了疑难。这样，海德格尔就从第3节进到第4节。第4节讲的是，在发问"存在问题"时，发问究竟从哪里入手？从"人的存在问题"，即"Dasein/亲在的生存论分析"，又称"基础存在论"入手，这就是海德格尔赋予《存在与时间》的基本任务。

所以，如果把第一章的全部四节放在一起来看，我们就会清楚地看到海德格尔一再重提存在问题，或者发问存在问题的"问题意识"。我们为什么要发问存在问题呢？因为它涉及的是一切问题或发问中最根本和最重要的问题。鉴于这一理解，我们就要首先去弄清：究竟如何发问存在问题？这样，我们就回到了第2节，这恰是我们今天要讨论的基本话题。

《存在与时间》第二节的三个主题

第2节在德文版第5—8页，中译本6—10页，共3000余字，分十二个自然段。很多人说海德格尔不好读、读不懂，但是我觉得，至少这一节几乎没有一句废话，它是一环套一环，可谓字字珠玑，非常凝练。下面我将第2节的十二个自然段分三个主题来读解和讨论。

第一个主题集中在第1到第3自然段，讲发问存在问题如何开始。海德格尔讲，存在问题既然是一种"发问"，那我们就从分析任何一个一般性"发问"的基本结构和要素开始。这种分析的风格和方式应该从胡塞尔的现象学分析和描述方法学来，至于具体内容和胡塞尔有无关系，有待考证。但我想这个说法和风格一定是现象学的。

第二个主题是讲"存在问题"作为"别具一格"或者"与众不同"或"特（别）（突）出"的问题的结构及其要素的特点。这是第4至第9自然段。这一部分特别重要，"存在""存在者""存在的意义""亲在"以及之间的相互关系等等，第一次在海德格尔的意义上出现并得到讨论。

第三个主题是讲发问"存在问题"的时候，在发问的"问之所问"的"存在"与作为既是"存在者"又是"发问者"的"亲在"之间必然会发生的一种"解释学循环"。按照海德格尔的解释学的说法，任何一种理解、任何一种解释都有一个循环，这个就是发问存在问题的方法。这是第10至第12自然段。在这里，"解释学循环"的概念作为"基础存在论"的概念提出并作为《存在与时间》的"真正方法"或"道路"概念贯穿全书。

所以，第2节实际上一共是三个主题：1.一般问题的结构；2.存在问题的结构；3.发问存在问题的方法。

"发问""寻求"与"探究"

下面我们具体来展开。第1段主要讲为什么讨论"存在问题"

的结构要从一般问题的结构开始。第1句承上启下，接着《存在与时间》的第1节来谈这个问题。我们之前讲过，《存在与时间》第1节是讲重新发问存在问题的必要性。这就意味着所有以往的传统哲学都问错了问题，或者在这一发问中"遮蔽"了问题的方向，我们需要重新发问。怎么个问法？海德格尔点出"存在问题"就是"那个"基本问题，而要想把那个基本问题作为"特别突出"的问题真正提出来，我们需要从"一般发问"的结构分析开始。

第2段单刀直入，旨在阐明任何问题或者"发问"的形式结构。首先讲关于发问的一般理解。发问既可以是"问问而已"，也可以是明确地提出问题。但若要"明确"而且"透彻"地提出问题，就必须明白，"任何发问都是一种寻求。任何寻求都有从它所寻求的东西方面而来的事先引导"。这句中的"寻求""所寻求的东西"与"事先引导"是关键词。"寻求"的德文词是"Suchen"，"所寻求的东西"是"das Gesuchte"，"事先引导"是"das vorgaengige Geleit"。这一定义中的关键词与下面所讲的问题结构中的诸要素相关。这个"寻求"就是任何真正的理论上深入与细致地"探究"或者"研究"（untersuchen）的开始，这里有无暗指胡塞尔的《逻辑研究》（*Logische Untersuchungen*）不得而知。维特根斯坦《哲学研究》也用的是这同一个德文词。发问是一种最根本的寻求。所以任何一种"发问"都有"事先引导"，这就引出"存在发问"与众不同的"特出"性。寻求、探求或者是研究这个概念海德格尔后来用"奠基"，而康德用"批判"来表述，说的是在最根基处重新发问、重新考察、重新思考。

如果任何发问本质上是"寻求"和"探究"，那哲学史上的"探究"都是怎么回事？所以这第2句话讲"发问是在'其存在与如是而存在'（Dass-und Sosein）的方面来对存在者所进行的认知性寻求"。就我对西方哲学史的理解，这里的"其存在与如是而存在"实际上讲的是亚里士多德的"存在论"探究。亚里士多德的"存在论"宏大精深，但核心处有两个重要的方面，一个是实体论，一个是四因论。大致来说，实体论讲如何是（Dass-sein）的问题，四因论讲本在（So-sein）的问题。所以这是"存在论"或者"本体论"在西方哲学史上的开端。而这个开端在根本上说的是"对存在的认知性寻求"。所以，海德格尔这一句话讲述了从亚里士多德开始西方形而上学的历史过程。换句话说，这个历史过程，描述的就是"对存在者所进行的认知性寻求"的历史，它指的主要是从亚里士多德开始的哲学传统在近现代知识论中的延伸。这一延伸，从笛卡尔开始，延展到康德，甚至一直到胡塞尔的"探究"或"研究"（Untersuchung）。这一"探究"的特点就是"对问题所问的东西加以分析规定的'探究'"。所以，在海德格尔看来，亚里士多德的发问看似发问存在问题，但最终仍旧落在存在者层面上的发问。而所有的西方哲学存在论的发问，都源出于这个传统并在其中获得进展或徘徊。海德格尔现在的发问所不同的地方在于，他不是要延续这个传统，而是要深掘、拆除和解构这个传统。在这个基础上，重新发问存在问题。

所以，我们在第2自然段的第一句话和第二句话中可以清楚地看出海德格尔的所谓重新发问存在问题的"问题意识"。如果说第一自然段是承上启下，是在呼应第1节的内容，那么，第二自然段则开始讲什么叫发问，发问的一般结构和要素是什么。

"问之所问""问之所及"与"问之所得"

首先是"问之所问"(das Gefragte)。任何问题都有"发问",即有发问的最后指向。例如"亚里士多德是谁?"问的就是"亚里士多德"。我们知道,这就是一个普通的发问或问题。德文动词"发问"就是 fragen。

其次,"问之所及"(das Befragte)。任何问题都不是直接发问,而是去发问某个与之有关涉的东西,即与发问目标有所涉及的东西来迂回达到作为发问目标的"问之所问",所以将之译为"问之所及"。例如我们问"亚里士多德",我们需要通过发问"柏拉图",因为亚里士多德是柏拉图的学生;发问《形而上学》这本书,因为亚里士多德是《形而上学》的作者;发问"逻辑学"或"物理学"诸学科,因为亚里士多德是"逻辑学"和"物理学"之父,等等。在这里,"柏拉图"、《形而上学》、"逻辑学"和"物理学"就都是"问之所及",因为唯有通过它们,我们才能真正地发问"问之所问"。

任何发问的第三个要素叫"das Erfragte",和前面两个词一样,这也是从德文动词"fragen"衍生出来的。我现在倾向将之译为"问之所得"。这个词指的是任何发问所问得的东西,又叫"意义"。比如上面的例子,将对"亚里士多德"的发问的"问之所得"经由一个个具体个别的命题揭示出来。不过,这样说实际上还并不特别的确切。"问之所得"在根本上说还更多地指向"理论意义上的"具有"本质规定性"的"概念"或者"意义的总和",这才是发问"亚里士多德是谁?"这个问题的"问之所得"。所以"问之所得"并不仅仅是问出来的那个东西,而且还包括使得那个问出来的东西成为那个东西的过程和渊源，即这个意义的总和、意义的本质和意义本身。我想这就是陈嘉映最后将"das Erfragte"译为"问之何所问"的缘故。所以，海德格尔会说，这也指向任何发问者一般发问的"意图"和"标的"。

"正在发问的存在者"

最后，这个发问的结构还预设了有个"正在发问的存在者"（der Fragende）的要素。任何发问离不开发问者，而这东西本身就是个存在者，"发问"是这个存在者的"存在活动"。所以，在海德格尔看来，任何发问活动就通过"存在者"的发问必然和"存在"相关。

因此，从海德格尔对一般问题的结构的分析，我们看到至少有上面四个要素才构成一个发问或者一个真正的探究。但这四个要素的分析，仅仅向我们揭示了一般发问的结构，或者说关于存在者发问的结构情形。探究的终极标的在于"存在问题"，现在的任务是如何从存在者的发问进到关于存在本身的发问，所以，海德格尔在第三自然段说，"存在意义的问题还有待提出。所以，我们有必要着眼于上述诸构成环节（Strukturmomente）来探讨存在问题"。明显，这是在承上启下，主要是启下，着眼于上述一般性的关于存在者发问的结构，提出对"存在问题"本身的发问进行分析。

前面讲一般问题的形式结构，海德格尔接着则是讲存在问题的形式结构和亲在的优先地位。我将分为这样几个环节来谈它。

任何寻求"都有一种来自所寻求东西的事先引导"

在第二段开头谈到一般发问的定义时，我们提到有两个根本性质。第一是说任何发问都是一种"寻求"，这种寻求的结构及其要素在第二段得到充分地阐明。第二则是说任何寻求"都有一种来自所寻求东西的事先引导"。换句话说，任何发问总是牵涉到我们"事先已经"存在在其中，与之有瓜葛关联并受到其"引导"的东西。这个说法的目的实际是想让我们破除传统，比如说主体和客体的认知二分的这样一种"偏见"，例如特别典型的就是传统知识理论中的洛克的白板说。我们的认知主体类似一块白板，向外去认知我们的客体对象。但海德格尔说，任何一个发问都是寻求，而任何"寻求"都有自己的事先引导，那就是基础寻求，或者叫"探究"（Untersuchung）。在德文中，"unter-"这个词的本义就是"在下面"。所以，就一般性发问而言，任何"寻求"作为"发问"，问之所及或者问之所的东西就是一个个具体的存在着的存在者，而那"所寻求的东西"以及"事先引导"所从之发出的东西就是"存在者的存在"。这就是海德格尔为什么总是说，存在总是存在者的存在，看起来我们是在发问一个个具体的存在者或存在物，但我们所以可能去发问任何一个存在物，总已经涉及对存在本身的某种领会在其中了。所以，如果说第一至第三自然段探讨的是作为一般发问的"寻求的结构"，那么，第四至九自然段则是要进而揭示"所寻求的东西"作为"存在"以及由它而来的"事先引导"或者"基础探究"是怎么回事。

海德格尔这个说法的原型来自柏拉图。在著名的柏拉图对话录《美诺篇》（*Meno*）中，苏格拉底与美诺讨论"知识是什么"的问题。美诺问苏格拉底，如果我们完全不知道一个东西，我们如何去发问它呢？如果我们已经知道了它，我们为何又要去发问它呢？这就是著名的"美诺悖论"。例如关于"真理"，假如我们完全不知道真理是什么，那么即使我们已经达到了真理，我们又如何知道我们达到了没有呢？所以，柏拉图认为，答案一定是我们已经在"真理""知识"之中了，然后我们才会知道我们到达了"知识"。而所谓"学习""认识"，只是"唤醒"或者让我们"回忆起"我们原本就在"其中"，就已经"知道"的东西而已。这就是柏拉图著名的"知识回忆说"。

海德格尔关于"存在"作为"事先的引导"这个说法跟柏拉图这个理论有些相似，只是柏拉图问的是"知识"而海德格尔问的是"存在"。基于这一理解，我们来看第四自然段第二句，"存在的意义因此（daher）必定已经以某种方式可供我们利用"。请注意这个"daher"，它的一般意思指的是"所以"或"因此"，但是，这个词的字面义说的是"从那里来"。当我们"发问""寻求""探究"某个存在者"是什么"时，例如，当我们发问以及试图解答我面前的这本"《存在与时间》是什么？"，或者"亚里士多德是谁？"的问题时，我们就已经被牵涉进入了"《存在与时间》"或"亚里士多德"的"存在"，用海德格尔的话说，受到"来自所寻求东西的事先引导"。换句话说，这个事先引导就是那个东西的"存在"或者"是"，它"必定已经以这样或那样的方式可供我们利用"，或者说已经在我们的"利用"中了。

张三与李四下棋

再举一个更容易理解的维特根斯坦式的例子：张三与李四下象棋。张三陷入困境，走投无路。突然，他急中生"智"，用马走了个"田"，吃掉了李四对他威胁最大的当头车。李四发现了，喝问道，你怎么耍赖呢？这下的是什么棋？这个例子说明两点。第一，当张三和李四下象棋时，无论游戏的双方承认不承认，"象棋的存在"已经多多少少涉入其中；当我们把棋盘摆下来走出第一步，无论你意识不意识，承认不承认，这个象棋的存在已经涉入其中。所以，当李四呵斥张三时，他又是在发问："什么是象棋的'存在'／'是'"？所以，这里一定而且已经有一个"事先的导引"在其中。

这就是海德格尔为什么说，当我们在进行任何活动时，我们就已经"活动在某种存在领会中了"。当张三呵斥李四的"卑鄙"行为时，他诉诸"象棋的存在"，这后面的潜台词就是："你还想不想玩象棋了"？而这种呵斥，就是张三在"明确地发问（象棋）存在的意义、企求获得（象棋）存在的概念，这些都是从对（象棋）存在的某种领会中生发出来的"。

"领会"首先不是一个认识论的"知"的概念，而是一个存在论的"在"的概念。

这里涉及对海德格尔哲学的一个核心概念的理解，即"领会"（Verstehen）与"存在之领会"（Seinsverstaendnis）。这个概念在《存在与时间》第 31 节"'亲-在'作为领会"（Da-sein als Verstehen）与第 32 节"领会与解释"（Verstehen und Auslegung）中有专门的论述和讨论。简单地说来，在海德格尔那里，"领会"首先不是一个认识论的"知"的概念，而是一个存在论的"在"的概念。海德格尔从"verstehen"这个词的字面和词源意义入手。"Verstehen"在德文中从词根"stehen"来，就像其英文对应词"understanding"从"stand"来一样，"stehen"的意思是"站起来"、"站出来"。"verstehen"作为动词就是"使……站起来""使……站出来"。而"Dasein"作为人的生存活动，其本质首先是"使自己站起来"，这就是"生存"（Existenz/existence），就是"绽出"（Ekstase）。这和传统哲学讲"认识论""知识论"的"verstehen"（理解）非常之不同。这也就是人们在读到海德格尔在《存在与时间》31—33节讲"理解""解释""陈述"这些传统知识论讨论的概念时感到十分不解和别扭的原因。在那里，人们找不到传统哲学谈论这些话题时常用的"感觉""印象""观念"（洛克、休谟、笛卡尔），也找不到"意象""概念""范畴"（康德），而首先是"被抛""能在""筹划"以及在"操劳""操持"过程中的"先有""先见""先把握"等等生存论、存在论的用语。同样的道理，我们今天讲艺术，讲真理，讲技术，常常已经在充满了"偏见"和"先见"的情形下去说、去思考，于是受到"遮蔽"。所有这些基本的概念和理解，按照海德格尔的说法，都要回到最根本的存在问题，在生存过程中去重新发问，因为只有这样，我们才可能真正明白其间究竟发生了什么？

在海德格尔看来，上面提到的所有这些"认识论""知识论"的话语只有在其"生存论"、"存在论"的基础上方能得到真正的澄清和说明，而不是相反。当我们用中文词"领会"而不是传统的译名"理解"时，也有这一份"用心"在。因为在现代汉语中，当我说这事我"会"了，包含有比知识"理解"更多的生存实践上的含义。所以，"理解"不一定"会"，而"会"或"领会"，尽管不一定能"说得清""道得明",但一定包含有某种深层的"理解"在。基于这一对海德格尔关于生存之"领会"与知识之理解二者之间关系的说明,我们就可以了解为什么海德格尔这里说:"我们不知道'存在'说的是什么,然而当我们问'存在'是什么?时,我们已经栖身在对'是/在'的某种领会之中了,尽管我们还不能从概念上确定这个'是'意指着什么。"

"平均而含混的"领会

我们在日常生存活动中,尽管对实际有所"引领"的"存在"在认知理解上含混不清、道说不明,但这无碍于其存于平常日用之中,并获得一种"平均而含混"的"领会"。例如,当我们世世代代的祖辈"日出而作,日落而息",在大地上艰辛劳作,繁衍生存之际,已经"事先"有某种关于这个世界存在的诸如"天圆地方""太阳东升西落"等存在之领会在其中"引领"。再如前些日子甘肃白银市山地马拉松比赛中发生的灾难性事故,21名选手遇难。我们会在知道的第一时间感到悲伤、震惊、痛心、愤怒、失望……但我们为什么会悲伤,会震惊、痛心、愤怒、失望,乃至于要去哀悼,去批评,甚至去抗议?因为在我们的日常生活中,已经有一种关于"生命价值"和"公平正义"的"领会"涉入其中,它们以一种"平均而含混"的状态引领着我们的生存与生活。这就是海德格尔想用"生存论"分析来取代我们传统的知识论的概念分析、逻辑分析,并将前者作为后者的存在论的生存论基础的原因。

接着的第5、6两个自然段讲存在之领会在日常生活中不仅以"平均而含混"的方式起作用,而且常常"摇曳不定、时隐时现",

这是因为其源头往往"暗藏不露"。海德格尔在这里至少表达了四层意思。第一，这是一种不确定，并且常常出现冲突的情形。例如我们在现今生活中常见的宗教信仰和价值文化间冲突的情况。但这种"不确定"在本质上是一种"积极的现象"。第二，我们关于存在的发问目前不宜纠缠于这种"不确定"，而是要"凭借成形的存在概念"，这样才会"赢得那通常的存在领会工作所必须的指导线索"。第三，发问存在的探究工作必须经过一种现象学生存论的分析还原与哲学史的"拆建"，即解构建构的工作。这样的工作一方面使我们能够厘清"平均而含混的存在之领会"，弄清楚那"变得晦暗或尚未照亮的存在之领会意指着什么？有哪些方式可能或必然使存在意义的明确照亮工作变得晦暗和受到阻碍"。另一方面，也是最后一点，我们需要去开始解构那些"流传下来"的和"占统治地位"的"关于存在的理论和意见"，进入到那我们"虽非全然陌生"，但却"在最初完全无法把握"以及"始终暗藏不露"的"源头处"。前者是全书第一卷，即亲在在世的生存论分析的工作，后者是全书第二卷，即存在论历史拆建解构的工作。我们知道，这两个方面，恰恰正是海德格尔《存在与时间》全书关于"厘清存在问题的双重任务"，也是《导论》第二章中第5和第6节的标题。所以，这两段旨在说明《存在与时间》全书的主要内容和基本思路。

存在问题的形式结构

前面谈到，在第二自然段，海德格尔揭示了一般性发问，或者存在者层面上发问的问题结构以及四个要素。现在，从第七到第九自然段，海德格尔又回到这个问题，但发问的是关于"存在问题"

的形式结构。同样,这里也有"问之所问""问之所及""问之所得"以及"发问者"这样的一个形式结构。

首先,对于"存在问题"而言,"问之所问"就是存在。海德格尔讲这个"存在"有三个特点:第一,它使一个存在者被规定为这个存在者。比如我们讲一个艺术作品,使得这艺术作品成为这样的一个艺术作品,而不是那样一个或别个艺术作品。第二,它使这个存在者事先得到领会;第三,它本身不是一种存在者。这个讲法就是著名的、后来称之为存在与存在者之间的"存在论差异"的经典表述。这也让我们想起康德著名的"先验"(transzendental)与"经验"以及"现象"(phenomena)与"本体"(noumena)的分别。当然,海德格尔不是康德,尽管他从康德的问题意识开始。

海德格尔接着说,如果要发问"存在者的存在",第一步就是"不叙述历史(故事)"(Geschichteerzaehlen)。这里海德格尔首先引述柏拉图的《智者篇》(*Sophista*)。这里的希腊文的意思又是说"不讲述故事"。《智者篇》中,爱利亚来客与泰阿泰德讨论古代关于存在的学说。在柏拉图的眼中,古代的讨论总是在讲"故事",或总是喜欢在"存在者"层面上绕圈子,这样也就仅仅停留在了"mythos"的层面,而真正"存在"的发问要从"mythos"进到"logos"的层面。这就涉及存在之发问中的另一个环节,即"问之所得"的问题。

其次,"问之所得"讲的是意义问题。这里既然问之所问是存在,那么"问之所得"就是"存在的意义"。这是"存在问题"的形式结构中的第二个环节或者第二个要素。海德格尔说,"存在作为问之所问因此(daher)就要求一种特有的展现方式,这种展现方式本质上有别于对存在者的揭示。据此,问之所得,亦即存在的意义，也就要求一种特有的把握方式（Begrifflichkeit），而这种把握方式又在根本上与那些在其中存在者就其意义而得到规定的诸概念（Begriffe）区隔开来"。由于"存在"作为"问之所问"在存在发问中的特出性质，它就对"问之所得"，即"存在的意义""要求一种特有的展现方式"。这一展现方式的"特有"之处就在于它和传统所有的从柏拉图到康德、黑格尔的"概念把握"的"规定性"方式区隔开来。

发问"存在的意义""要求一种特有的展现方式"

这里有两点需要注意。第一，"把握方式"（Begrifflichkeit）与"概念"（Begriff）有着根本性的不同。一方面，两者都出于德文词"Greifen"或"Griff"，意思是"用手抓住"或"把手"。另一方面，"把握方式"（Begrifflichkeit）是"概念"（Begriff）的基础或使之成为可能的东西。换句话说，"概念"方式（Begriff）只是作为存在特有的"展现"性的"把握方式"（Begrifflichkeit）中的一种，而且并非最本源的方式。第二，海德格尔在这里只是从"否定的方面"来谈存在的展现、展开方式，其"正面"的谈法则是"时间"，此乃"存在"的意义所在，即"任何一种存在领会之所以可能的境域"（《存在与时间》扉页题词）。再如在海德格尔在分析康德哲学核心思路的《康德书》中强调，我们在阅读理解康德哲学时，要重视的并不仅仅是先验逻辑或先验演绎，而更是紧接其后的"图式论"章节，那里包含着康德哲学的全部秘密。康德所谓的"图式"或"图式法"讲的就是这里的所谓生存论的"把握方式"，其要害不在于概念范畴的推演和统摄，而是时间境域中的图式展开与呈现。

再次，存在发问中的"问之所问"的特质，不仅决定了存在发问中"问之所得"的特质，也还决定了"问之所及"的特质。一般说来，任何存在发问的"问之所及"都是存在者，因为存在总是存在者的存在，必须从存在者那里开始询问（Anfragen bei …），或者在存在者身上"逼问"（abfragen）。这种"询问""逼问"一旦进行，就问到了"存在者本身"（das Seiende selbst）身上。

鲸是什么？

例如我们问"鲸是什么"？对于这个发问，我们过去的回答是"鲸是一种海中的大鱼"。现在的回答是"鲸是一种迄今为止仍在海洋里生活的最大的哺乳类动物"。不同时代的不同回答促使我们现在要逼问，"这东西本身究竟是什么"？而当我们这样问时，我们实际上是在反过来逼问我们作为发问者的"人"的生存或存在着的（seiend）行止，即我们的行为和认知方式究竟是什么？发生了怎样的变化？同样的道理，当我们去问一个艺术作品本身是什么的时候，我们实际上在发问艺术创作者深层的行为举止、认知方式和生存状态。换句话说，我们人类的不同的生存状态和认知方式构成了"鲸"这个存在者本身的，过去以"鱼类"，而现在以"哺乳类"动物存在方式。任何其他存在者，无论"鲸"也好，"岩石"也罢，从来不会发问它的自身存在，不会发问："我"究竟是"鱼类"还是"哺乳类"，是作为"石头"的"桌子"，还是作为"桌子"的"石头"？唯有人，才会发问这样的存在问题。所以，要去发问任何存在者的存在，小到鱼虫花鸟，大到宇宙星辰，都必须经过首先发问"人"这个存在者，这个发问存在的发问者，即存在问题真正

现象学与当代艺术

的"问之所及"。因此，对人的存在的发问，就在整个存在论暨存在者层面的存在发问上，占据了无可争议的优先地位。在存在问题的发问中，就出现了与其他一般发问的本质性不同，这个不同就在于，在存在之发问中，"问之所及"与"发问者"，即所谓的第二与第四个要素，合二为一，成为同一个东西，海德格尔将之命名为"Dasein"，我们将之译为"亲在"或者"此在"或者"缘在"。

"人是万物的尺度"与"哥白尼转向"

所以，当我们要去发问任何一个存在物的存在之意义的时候，无论是对象物还是非对象物，生物还是非生物，工具物还是作品物，实际上我们最后要发问的都是人的存在。严格地说，哲学上这个说法，并不是什么海德格尔的创造，而是整个西方哲学形而上学思考的主线，从普罗泰戈拉斯"人是万物的尺度"到康德的"哥白尼转向"讲的都是这个调子。只是康德以来的现代哲学，伴随着现代科技的成就，将这个调门升到了云端。正因如此，康德才会将他著名的三大批判，归结到我所谓的"第四批判"，即探究"什么是人？"这个核心问题上。因为只有探究了什么是人这个问题，才可以真正地回应人的认知能力、人的行为和道德能力，以及和人的审美想象问题，这无疑是一条"主体性"或者"哲学人类学"的道路。海德格尔并非绝对反对这条思路，相反，他的思考沿着这条道路并将这条道路推向极端，即通过穿越主体性或先验主体性的道路，走向超越论主体性的"亲在"，并在逼问亲在之生存意义的过程中，试图展开暗藏千年"存在"之蔽。这就是海德格尔《存在与时间》中"亲在的基础存在论"的道路。后来有人批评海德格尔的

《存在与时间》，甚至胡塞尔也批评海德格尔是某种哲学人类学，这不是完全没有道理的。但我想在这里强调的是，尽管海德格尔是哲学人类学，但他不仅仅是哲学人类学，或不限于哲学人类学。

由此出发，我们就不难理解海德格尔为什么说"我们自己的所是以及我们自身如何去是，这些也都存在着。在其存在与如是而存在中，在实在、现成性、持存、有效性、亲在中，在'有'（es gibt）中，都有着存在。我们应当从哪种存在者那里摄取存在的意义？我们应当把哪种存在者作为出发点，好让存在开展出来？出发点是随意的吗？抑或在拟定存在问题的时候，某种确定的存在者具有优先地位？这种作为范本的存在者是什么？它在何种意义上具有优先地位？"

在此，海德格尔为我们梳理出一条西方哲学史上发问存在问题的形上学历史的线索。无疑，这条线索就是存在之发问的"问之所及"的历史。它从亚里士多德开始，一直延展到海德格尔自己关于亲在的基础存在论发问。例如，按我的读解，这里的"其存在与如是而存在"指的是亚里士多德的发问，"实在性"指的是中世纪哲学家关于唯名与唯实的争论，"现成性"是说笛卡尔，"持存"是说康德，"有效性"说的是洛采（Rudolf Hermann Lotze），而"亲在"与"有"（es gibt）说的则是海德格尔自己的基础存在论。由此可见，海德格尔存在论思考和存在问题的发问，并非游离于西方哲学历史之外别出心裁或者孤魂野鬼，而是有其传承和根基的一脉相承。

Dasein 亲在：亲临存在与存在之亲临

正是由于这些，海德格尔才有底气，在此正式推出"Dasein"

（亲在）这个极具海德格尔哲学特色的"核心词"，作为海德格尔存在之发问的基石和起点。

现在海德格尔的问题是，如果存在总是存在者的存在，究竟哪一种存在者，以及这种存在者的怎样地存在着的方式或者说生存方式，会成为《存在与时间》的存在发问的问之所及？海德格尔的回答是：亲在。这是作为"范本"的存在者，这种存在者有着发问存在问题的优先地位。为什么是亲在呢？因为在海德格尔眼中，亲在不仅仅只是一个和世间万物一样的存在物，它又是一个特别的存在物，因为它本身的存在方式无可避免地涉及对存在问题关涉和发问。换句话说，亲在，作为人和人类独有的生存方式，只要存在着，就一定是以关涉和发问存在本身的方式存在着。

海德格尔在这里并没有进一步展开：为什么发问和通达存在问题必须要从亲在，即"人的生存方式"开端？为什么对亲在的存在进行发问是所有存在发问的出发点，而且是唯一的出发点？这是海德格尔在《导论》第3和第4节要讨论的问题。但无论如何，论及发问存在问题的优先地位，即亲在作为发问存在的本身"问之所及"是由存在问题的"问之所问"，即存在本身所决定的。在这个意义上，我们不妨说亲在在这里的位置类似于耶稣基督在基督宗教中地位。他一方面是神，是上帝之子，而且是独生子，另一面他又是人，是上帝在世间的表征。就像耶稣基督在人和神之间搭桥，是通向人通往"上帝"和上帝"君临天下"的唯一出入口一样，亲在在世连接存在本身与各式各样的存在者、存在物。由此，海德格尔定位《存在与时间》，也就是亲在的存在论生存论分析工作的"基础存在论"地位。

也许有人会批评说，海德格尔对亲在以及"基础存在论"的如此定位和理解会导向哲学唯我论的陷阱。但在我看来，海德格尔这里讲的亲在实际上并不能归结为唯我论意义上的、作为绝对主体性的"我"。《存在与时间》作为"基础存在论"毫无疑问，但这个"基础"的含义有两个：一为"根基"，二为"初始"。对《存在与时间》的传统解释常常强调其亲在生存论分析的"根基"含义，海德格尔的前期思想也因此被误解为"主体性哲学"，例如"存在主义哲学"。为纠正这样的误读，我曾经倾向将"基础存在论"的中译改为"基始存在论"，旨在强调海德格尔的亲在存在论生存论分析在整个存在问题的发问中，既是"基础"又是"初始"。这一点海德格尔自己后来看得非常清楚。自20世纪30年代之后，海德格尔思想的核心概念也从亲在更多地转向"Ereignis"。"Ereignis"本来是德文中的一个日常用词，意思是"发生的事件"，海德格尔赋予其特定的哲学含义，用来表明存在通过存在者的存在过程发生出来。传统中译为"本有"或"大道"。我曾将之译为"自在起来"，现更倾向于译为"事发"，即"事情发生"。亲在在世就是通过自身的生存在世活动使得存在在各个不同的存在者那里发生出来，使之发生成为它自己所是的样子。这中间有亲在的作用，但又不全是亲在的作用，所以叫"事情发生"。换句话说，一个事物的出现，一件事情的发生，都可以理解为广义的"发问存在"。在这中间，不仅有作为"发问者""行为者"的亲在的作用，也还有作为他者的其他存在者和存在本身的作用，这是一些个相互作用、相互激发的关系，在这些相互的关涉和作用下，存在显现，事情"生发"和"发生"，一个个存在者成为存在者。

  鉴于对亲在在存在问题发问中的起点和枢纽作用的考量，海德格尔在此提出了第一个关于亲在的"概念定义"。这是全部第二节的核心，这个定义是这样说的："这个存在者，就是我们每个人自己向来所是的那个存在者，那个此外还含有发问存在之可能性的存在者，我们用亲在这个名号来把捉他。"这个定义的实质在于其总结了第八和第九两个自然段所讲的要点，即给出了亲在概念的两个本质性特征：第一，亲在是我们每个人向来和各自所是的存在者；第二，这个存在者的存在本质就在于存在论上"发问""探究"存在之可能性。海德格尔在《存在与时间》的正文开端处，即第9节对这两个本质性的特征进行了具体的阐述、辨析和讨论。

解释学循环不等同于逻辑循环

于是，依循存在问题的形式结构，发问"存在"本身，这个特别的"问之所问"，要从特定的"问之所及"，即既作为存在者又作为发问者的"亲在"的日常平均状态开始，朝向作为其存在之意义的"问之所得"进行生存筹划和不断的筹划，绽开和展开其生存在世的"能够存在"及其界限。这个"形式化"的存在之发问和探究过程同样也是一个时间化的过程，蕴含有时间的"过去""未来"与"现今"三种样态之间的连接纠缠，我想这也是为什么海德格尔的这部著作定名为《存在与时间》的一个缘由。

这种动态的时间化的发问存在的方式明显与传统的认识论对存在者的静态的概念分析式发问的逻辑方法截然不同。所以，海德格尔在第2节的结尾部分要对从传统逻辑方法出发诘难对存在问题的发问，或者说对诘难"重提存在问题"做一个回应，这个回应就引出了海德格尔著名的"解释学的循环"的概念。

首先，海德格尔区别了存在论的解释学方法与传统知识论的逻辑推导方法的本质性差异。不清楚这个差异或就导致了在存在问题上出现对存在发问的"逻辑循环"或者说"循环论证"的责难,而正是在根本上因为这个责难,近代哲学的正统走上了"拒斥形而上学"的道路。海德格尔现在要重提存在问题,避不开这个"逻辑循环"的责难。

那么,什么是一般意义上或者说传统认识论意义上理解的"逻辑循环"或"循环论证"呢?翻开经典的逻辑学教科书,我们马上就会看到,循环论证指的就是在同一个论证中,将所要推导证明的结论事先置入此证明的前提中。显而易见,在任何逻辑论证或论断过程中,循环论证是无效的论证。如果将这个理解引入对存在问题的发问,我们就会面临责难。海德格尔用一连串反问句揭示这个责难:"然而,这样做岂不堕入了一种明显的循环吗?必须先就存在者的存在来规定存在者,然后又要根据亲在这一存在者才提得出存在问题,这不是在兜圈子又是什么?只有这个问题的答案才可提供出的东西,不是在解答这个问题之际就已经被'设为前提'了吗?"

"在原理研究的领域中"

需要指出的是,海德格尔在这里并非要推翻逻辑学的基本常识,而是要提请我们注意,关于存在者层面的发问和探究与在存在层面的发问和探究有着本质性的区别,它们遵循着不同的逻辑,这就像我们在前面要区分一般问题的发问与存在问题的发问一样。

海德格尔在这里指出,责难存在问题的发问与探究工作中存有"逻辑循环"是一种过于"轻而易举"的行为。他提醒严肃的思考者,在原理研究的领域中,这种"轻而易举"的指责"无济于事",

反而造成"阻碍"。换用海德格尔自己的话说就是:"在原理研究的领域中,人们随时都可以轻易地用"循环论证"的论辩来进行指责;但在考虑具体的探究路径时,这种形式上的指责总是徒劳无益的。它丝毫无助于领会事情的实质,反而妨碍我们突入探究的"园地。"这里的关键词是"原理研究"。我们知道,"原理研究"在此意味着对全部系统或体系的渊源的研究,这是绝对的开端。这也是为什么英译本将之译为"the study of first principles"(关于第一性原理的研究)。这种对"第一性原理"的关注和研究可以追溯到全部西方哲学的源头,追溯到"始基"和"理型"等概念,这在海德格尔的眼中,自然就是关于存在的发问和探究。所以,在存在者层面上的发问与在存在论层面上的发问有着本质性的不同,不能一概而论。逻辑的"循环论证"只能在存在者层面上的探究有效,忘记这一点,势必导致存在问题的遗忘。

"感冒"与"受凉"

所以,海德格尔才会接着宣称,在上面讨论存在问题的发问结构时,"实际上根本没有什么循环"。为了说明和为这个立场辩护,海德格尔提出了如下理由:

第一,无论我们知道不知道,承认不承认,我们总是已经"有"存在论认知,只是常常不明确、不清楚而已。海德格尔在这里的意思是说,当我们说出一个语句,表达一个意思,甚至做出一个举动和行为,我们总已经以"某种存在论"为"前提"了,问题只是我们并不明确地知道而已。这里涉及两个层面,一个是存在的层面,"有"还是"没有";一个是认知的层面,"知"还是"不知"。责难发问存在问题陷入"逻辑循环"混淆了这两个层面的问题。例如,当我某天感觉不舒服、发烧、打喷嚏。朋友问我,"你怎么了"?我回答说"受凉了",或者我也可以说"感冒了"。一般人可能会以为这两种说法表明的是同一个东西,其实不然。当我说"受凉了"或者"伤风",我实际"着眼于"某种中医的存在之领会,接下来的问题当然就应当去问,这是什么性质的"受凉"或"伤风",例如是"热伤风"还是受了"风寒"?因为这里预设的范畴和推演系统和西医根本不一样。我们知道,中医依赖寒热、虚旺、着凉上火这些"辩证"概念或范畴来描述,述说和诊断病情。如果不遵循这套逻辑来述说和诊断,病人就听不懂。而当我说"感冒"了,我实际"着眼于"西医的存在之领会。感冒的西方医学中的正式称谓为"上呼吸道感染"。所以,接下来的问题就会去问是什么类型的感染?是"细菌性感染"还是"病毒性感染"等等,两者的应对方案全然不同。在我们日常语言的使用中,两者可能都会使用,也经常交叉着说,不会去刨根问底,穷究这些哲学认知的问题。所以,海德格尔才会说我们只是并不明确知道而已。相似的例子还有"太阳每天都从东边升起""闪电之后必有雷声",因为这里的"升起"和"之后"都实际预设了某些"存在领会",只是我们不去追究,日用而不知。

第二,"存在"本身之被"设为前提"(根据)不同于作为"可资利用的概念",或者"当作正在寻求的对象"。传统哲学从柏拉图到康德、黑格尔实质上都在探究这个被"设为前提"的"存在",但在海德格尔的眼中,他们都"遗忘"了存在问题。说其"遗忘"并不是说哲学家们自柏拉图以来都不再发问"存在问题"。如果较真地说来,哲学从未真正停止过发问"存在"问题,只是发问的方式和"存在问题"本身南辕北辙,越离越远,以至于"迷失"了真正的存在,因为这种发问方式就本质上说,一直是某种"知识论"的发问方式。而在海德格尔看来,这样的思路势必导致对存在的发问停留在发问具体存在物的层面,而不能真正去发问存在,从而进入恶性循环。这就是为什么关于存在问题被责难为陷入"逻辑循环"陷阱的原因。

存在论上的"剪不断"与知识论上的"理还乱"

第三,海德格尔将"设为前提"的本义解释为"先行着眼于"(die vorgängige Hinblicknahme auf ...),其意图在于"跳出"传统知识论发问的圈套。首先,当我们阅读海德格尔的时候,需要注意一个现象,即举凡海德格尔打"引号"的语词,他或者是在对传统意义的贬斥使用,或者是"旧瓶装新酒",在某种全新或根本不同的意义上使用。这里"设为前提"明显是第二种情况。这让我想起新儒家传统中解释"良知"作为"假设"还是"呈现"的著名公案。海德格尔这里的回答是"先行着眼于"或"先行有鉴于"。

其次,海德格尔这里将这种存在论层面上"关联着"和"剪不断",但又在知识论的层面上"理还乱"的关系解释为在生存在世中作为亲在的人与存在本身关系和关联的实际和本来的情形,或者用海德格尔自己的话来说,它自始至终都"属于亲在本身的根本机理"。所以,植基于"知识论"基础之上的推导、推演性的"循环论"指责在此完全不合用,需要澄清的反倒是存在论的"展开"或"呈现"。这就是为什么海德格尔要说,"存在意义的问题的提出根本不可能有一个'循环论证',因为在此问题的回答中,关键不在于以推导的方式去进行论证，而在于用展示的方式来显露根基"。

再次，这个"着眼于"或"有鉴于"既非明确的概念，也非完全无知，而是"剪不断，理还乱"的"连着""影响着"，有些闪烁的光亮在那里。这东西还保有一种不断生长、开放的形态，不时让人有惊讶、诧异，甚至遇上尴尬和惊恐的情境。同时，这些遭遇还往往不可捉摸，不可预测，看不太清楚。它模模糊糊，时隐时现地存在和发生着。所以海德格尔这里将这种关系称为"Betroffenheit"。这个词我现在将之译为"诧遇"。这个词的意思是"惊诧""惊恐"的遭遇。它从德文动词"treffen"（照面、相遇）变形而来，将"betreffen"（关联、影响）的现在完成时态名词化。它一方面有相遇、照面的关系，另一方面，这种关联又得不到固定、明确的表达。相反，这种无预期出现的照面和关联更多的是伴随有我们人的"诧异"和"惊恐"。我想这是海德格尔对古希腊关于哲学源于"惊讶"或"惊诧"的现代解读。

第四，如果对存在本身的发问不遵循概念语言的逻辑推演或推导，那么这一存在论层面上的"展开"或"呈现"在方法论层面上究竟如何进行？面对这个问题，海德格尔建议我们从日常或通常的平均状态入手，并通过他称之为"解释学的循环"的道路前行，这是一种时间性和历史性的方式，因为存在本身与存在者之间的这种通过亲在的生存"绽出"活动而展开的关系，本来就是在"向前"和"朝后"运行中的，既密密麻麻又重重叠叠，既无时不有又无处不在地发生着关联。

所以，海德格尔在第二节的结尾处才会说，"具有亲在性质的存在者与存在问题本身有一种关联，它甚至可能是一种别出一格的特出关联。然而，这样一来，不是已经摆明了某种确定的存在者具有存在的优先地位吗？不是事先已经给定了那应当充任存在问题首须问及者的、作为范本的存在者吗？迄今的探讨还没有摆明亲在的优先地位，也还没有决定它可能乃至必然作为首须问及的存在者来起作用。不过，亲在具有优先地位这一点已经初露端倪了"。这样，海德格尔就由《存在与时间》导论的第 2 节转入第 3 节和第 4 节，重点讨论探究亲在，即探究作为我们人的生存在世在发问存在问题中的优先地位。

对话

袁园：谢谢王庆节老师精彩的讲演。因为我们是"哲学与当代艺术"，所以我想把王庆节老师讲座的内容和艺术关联起来。我们面对的第一个案例是海德格尔在《艺术作品的起源》中谈到梵高的作品，我想以此作为一个桥梁，之后再跳到当代艺术的案例。

王庆节老师今天特别强调"存在的发问：问之所问、问之所及、问之所得"。从我自己的理解而言，当代艺术作品最重要的是"提出问题"，对我们所处的这个时代去发问。

海德格尔在《艺术作品的起源》中谈到梵高的作品，王庆节老师用到了"诧遇"，这比"遭遇"更准确，当我们诧遇梵高作品时，"问之所及、问之所问、问之所得"关乎问的存在，而发问者已然处在一个问的框架当中。我想先请王庆节老师把您今天的主题内容关联到梵高的作品来解释。

王庆节：你提出了一个很具体但极重要的问题，我想这涉及前面说的"问之所及,"即要从什么开始"发问"。我们一般说,梵高的"鞋"是个"对象",是我们现在的发问之所及。但当我们发问这个问题之际,存在本身的发问就同时隐含在其中了,因为对梵高之鞋的发问是我们人的活动,于是就出现一个"发问者"的问题,即 Dasein(亲在)。亲在讲的就是我们人的生存活动。所以,这个问题的特别就在于这个作为人的生存活动的亲在,作为所谓发问"主体"和"客体"未分状态,就同时既是存在问题的"问之所及",又是那个发问者。于是,所有的意义发问要从亲在的生存活动开始,而且,这不仅仅局限在认知活动,因为认知仅仅是生存活动的一部分。当我们讲梵高作品中的鞋的时候,有一个根本的区别,即除了把梵高的鞋看作一个"认知的对象"、一个"使用的对象",还可能是别的什么吗?而这也就是在问:"鞋"在此除了是一个认知中的对象物、一个使用中的器具物,还可能是一种与上述两种物有所不同的作品物吗?倘若如此,对象物、器具物和作品物的区别在什么地方呢?这是海德格尔在《艺术作品的起源》借梵高的"鞋"这部作品提出的问题,也是其和《存在与时间》中关于"物"的发问之间最大的不同。

如果把这三个层面做一个区分,就会发现海德格尔在发问艺术作品之本源的时候,他有如下几层的意思:

第一,他是要破除流行的把"物"看作"对象物"的这样一个近代知识论和哲学人类学的传统,无论这个"对象"是理性认知的对象还是感性认知的对象,甚至是神秘感知的对象。海德格认为不能仅仅在这个层面上去看它。

海德格尔的《存在与时间》把亲在定位为"在-世界-之中-存在"。他的目的就在于首先指出,亲在不是一个认知的主体。认知意义上的主客二分不是我们的发问亲在之存在的出发点。相反，它仅仅是我们真正的存在领会过程的一个中间点或者是中止点。

举一个例子，比如现在袁园老师，你戴着耳机，但一直到我问你，"袁老师，这是苹果耳机吧？"之前，你应该并没有专门意识到这一点的。换句话说，当我没问你的时候，你根本就不会意识到你是（主体）戴着一个耳机（客体）。无论是苹果耳机还是其他什么耳机，它就和你已经在一起了，你在用着它。你和它并没有在意识中有某种分离出现，这就是"在世界之中"，我们的日常生活实情。只有当你被发问时，当你的理智目光随即投向它的时候，它才成为一个对象。对象是我们对德文词"Gegenstand"的译名，它在德文中的词汇原义是说"站在对面"。我们的感知和认知活动的本质就是将本来就和我们在一起的、剪不断理还乱的东西变成"对象"，即站到你对面的东西，而这个对象物并不是原点或起点，而是一个认知活动的终结点或休止点。

在这样的一个区分的基础上，我们再来看一件艺术作品或者作品物。首先，我们不是把它当作一个认知对象去观察、去分析，而是力求回到它和画家梵高一开始并始终就在一起境况，这是其生活或生命活动的一部分。对象性认知是后来的事情。原始的"认知"，如果我们将之称为认知的话，只是恍恍惚惚的情况，好像知道一点而又不确切知道，这原本是艺术创作活动的实情和真正的起点。

当然，另外一个情况是把它当作一个器具物，当作使用和制作的对象。在日常的器具使用中，我们也并不投以认知的目光，例如鞋子作为用具，我们只是上手使用。早晨起床，脚一伸就穿了鞋子，并不去做任何认知性感知或思考，并不将之作为对象来研究。作为对象去认知研究通常是当这种使用过程遭到了阻碍，例如某样东西坏掉了,这时它才可能作为认知对象出现在我们面前,成为"现成物"。这就是海德格尔在《存在与时间》里分析的"现成物"与"上手物"的区别。海德格尔的例子是一把锤子。正在使用中的锤子首先并不是认知的对象。在使用中,工匠常常忘记了锤子的存在,只有在"不合手"之际,例如锤把断了,锤子才作为认知对象出现在我们面前,否则就是"日用而不知"。所以,"器具物"要比"认知物"在存在论上更原本,因为在娴熟地使用手中工具时,它并不"站在我的对面",而是作为我的手的延伸,是我的身体的一部分。于是,按照海德格尔的说法,器具物要更靠近原初的物。

在《艺术作品的起源》里,当海德格尔讨论梵高鞋的画作时,他一方面继续在《存在与时间》中的思路,与传统知识论的说法做切割;另一方面又对自己在《存在与时间》里关于"器具物"说法深一步思考,做了进一步的划分。在我看来,这个划分的结果就是"作品物"概念的提出。

艺术作品时常也有它的器具性、功用性,但它首先不是器具。用具、器具均有功能性,指向某个特定的目标。比如我们刚刚讲到"耳机"。耳机是一用具或器具,它被"制造"出来是为了实现它前定的功能目标。它是人制作而成的。所以,要去了解这个物,比如按亚里士多德的说法,我们要去研究它的质料、形式、动力和目的,而所有这些,归根结底,都归因于人的认知方式或者行为方式,是属人的。这是为什么海德格尔《存在与时间》的"世界分析"最后要归结到"亲在在世"的"基础存在论"的原因。

当海德格尔在《艺术作品的起源》里强调"作品物"不仅与"认知物",而且也和"器具物"有根本性区别时,他想讲的是,在"作品物"那里恰恰显示出一种超出了人之存在的因素,而这就是所谓"物之为物"的东西,这个东西构成了人的界限,是"人"虽然已经与之"在一起",但永远对之不可能完全穷尽和彻底明了。

我在解读《艺术作品的起源》的时候,指出海德格尔在那里实际上是要针对康德"物自身"的说法发声。在这个意义上说,海德格尔的"大地"就是对康德"物自身"说法的革命性继承和批判性拓展。换句话说,"物自身"是康德知识论创造出来的"神话",而"大地"则是海德格尔突破康德,回到存在论重新思考"物之为物"问题的"基石"。只有这样解读海德格尔《艺术作品的起源》,才可能理解海德格尔的《起源》在什么意义上是对《存在与时间》的批评和推进,以及为什么海德格尔说艺术作品的本质在于"置出大地,立起世界"。而其对梵高的著名画作《鞋》的讨论,目的则主要在于反驳将艺术作品物的本质视为认知对象物的说法。我们知道,在《艺术作品的起源》一文中,海德格尔还用了另外两个艺术作品的例子,即"罗马喷泉"与"希腊神庙,"它们各有特定的目的,而其中,希腊神庙的例子应该说是海德格尔展示艺术作品之真理性本源的最爱。

刘畅: 感谢王老师刚才的分享,我听下来很有启发。我的知识背景更多是维特根斯坦哲学,但听王老师分享海德格尔哲学的深刻洞见,让我感觉两个不同的传统、两位伟大的哲学家有很多殊途同归的东西,与我们对当代艺术的理解也可以从多个方向上连通起来。

刚才袁园老师提到梵高的《鞋》。其实,我们可以区分"两双鞋"——一双鞋,是作为物理对象、曾经存在于客观历史中的那双鞋,它事实上曾被当作梵高的这幅画的"模特"。至于它在它曾存在过的那段历史中是怎样产生的、怎样湮灭的,曾具有过哪一些性质,显然是独立于我们今天的认知,而有其客观存在。

但还有另外一双"鞋"。这双鞋只存在于观赏者对这幅画的理解中。也就是说,这是我们在梵高那幅画中所看到的那双鞋。这双鞋依赖于我们才有其存在。

换句话来讲,我们要区分两种不同意义的"对象":一种对象,是"与我们无关"意义上的对象。就像刚才王老师所讲的,这种意义上的"对象"就是近代以来一贯被理解成客体(object)的那类东西,也就是存在于客观世界中独立自在的实体。但也有另一种意义上的对象,就比如我们在梵高的画中看到的这双鞋。这类对象,只存在于我们对这个对象的感知、理解中。

安斯康姆(维特根斯坦的高徒)对这后一种意义上的对象曾有过一番细致的探讨。她梳理了 object(对象/客体)和 subject(主体)这两个词的词源。"一棵树的树叶凋零了":从现代的意义上讲,我们会把这棵树的树叶叫作"对象"(object)。但如果按照中世纪的古典用法,我们却应该把这棵树的树叶叫作"主体"(subject)——它充当了这句话所关乎的主题。就像刚才王老师所谈的"问之所问"——那么我们现在谈的什么?谈的是这棵树。

按中世纪的用法,什么是 object 呢?只有跟我们人的意向活动相关的才是 object。为突出这层意思,安斯康姆也把这类意义上的对象叫作"意向对象"(intentional object)。比如,一个原始部族崇拜独角兽。照古典用法讲,"独角兽"就是他们所崇拜的"对象"。哪怕现实世界中根本就没有存在过独角兽,也就是说,没有作为现代意义上的"对象"的独角兽。那么在例子里,有没有独角兽这种对象?——在古典意义上,有;在现代意义上,没有。

我们问：氢原子是什么？它的性质是不依赖于我们而存在的；我们问：艺术是什么？但假如没有我们围绕艺术展开的种种相关的活动，没有我们对艺术的理解，我们所理解的艺术就不可能存在。在这个意义上，我们在与艺术相关的讨论中所谈的"对象"，都是中世纪的、古典意义上的对象——是"意向对象"，是有"我"的对象，是离开了我们就不存在的对象。

回到刚才王老师和袁园老师讨论的话题。一方面，如果我们关注的是作为现代意义上的"客观对象"的那双鞋，那么这是一个有待绘画史的实证研究来确认的问题。但另一方面，如果我们关注的是我们在这幅画中看到的那双鞋，作为"意向对象"的那双鞋，那么问题的答案就不由历史中实际存在过的那双鞋来决定。

从这个意义上讲，至少这是一个可以进一步讨论的问题。我们问那双鞋到底是什么？假如问的是作为绘画"模特"的那双鞋，这个问题会有一种回答。假如问的是海德格尔眼中的那双鞋，这个问题会有另一种回答。进一步讲，今天的我们因为了解了这段故事，于是再去看这幅画的时候，画中的那双鞋想必又会以一种新的面貌向我们呈现，这个对象的所是，也会随之变化……

假如我没有错误地引用王老师的洞见，那么我想，这双鞋的"所是"或者说"存在"，就应当作为古典意义上的、我们"所看到的对象"来加以理解。它是一个纯粹的"意向对象"。一个离开了作为观看者、理解者的我们便不存在的对象。这是我的一点想法，请几位老师批评。

袁园：我来简短回应一下。我们不能把"遭遇"，比如海德格尔遭遇梵高这幅画作，以及我们遭遇梵高这幅画作，理解为是

"我"这个主体，把它作为一个客观世界的对象，选择性地在我的审美认知框架里去认知它。换句话说，意义既不在作为对象的梵高的画，也并不在我这个处于既定认知框架的主体中，而是发生在我遇见它之间，是这样一种"遭遇"。回到刚才王庆节老师说的Dasein（此在），成为此在Dasein就是成为"之间"的存在，遭遇让我们意识到并因此成为我们之所是。

顾振清：关于梵高的《鞋》，美术史家的看法跟海德格尔是不同的。

首先，美术史家有一种实证主义的倾向。夏皮罗就认为海德格尔的功课没做好，压根儿没有看清这是什么鞋，就把自己对于鞋和大地、人和土地的感情投射到这个画上去，结果看到的就是自己的一种对人生框架的一种意义。如果你真正去看梵高的"鞋"，会发现梵高一共画了八张《鞋》，他到底说的是哪一张？

第二，这双"鞋"完全不是农夫的鞋，因为那个年代农民是买不起皮鞋的，只有画家才穿皮鞋。所以这双鞋肯定梵高自己的鞋。为了劳作方便，那个时候的农民是穿着木头鞋到田里工作的，哪有穿皮鞋去工作的？

"鞋"的主人是谁？夏皮罗非常深情地说：这个鞋很可能是梵高的一部分，属于他身体的一部分，这双鞋很可能是梵高对自己"一部分存在"的一种画像。所以梵高在画这双鞋的时候很可能把它作为自画像的一部分来进行创作。

从这个角度讲，夏皮罗认为海德格尔虽然在谈如何去认知对象，如何去认知发问者本身存在的状况。但是由于没有做功课，所以一厢情愿地找到了一些例证来填充他的哲学逻辑话语，这就是对作品误读的一种逻辑错误。所以夏皮罗觉得"在场性"最重要,如果我们不能把《鞋》和梵高生存的历史背景做一种联系,你再去阐发这个《鞋》的任何意义都是有问题的。回到海德格尔"问之所及"和"问之所得",如果提问的时候把结构、要素弄错了,那么你就是在隔靴搔痒地提问题,没有触及提问对象本身的存在状态,你所得到的东西仍然是你已经想好的那种哲学的逻辑。夏皮罗其实也是让所有的读者要擦清自己的眼睛,你在看一张画的时候千万不要把你的立场、你的经验、你的已有的认知带进来。

每张画都不是在谈他的对象本身,每张画都是问题本身,每张画都会提出一个"这物是不是原来你认知的那个物"的问题。只有我们把自己以前对绘画、对象的经验放空,才能真正地去接受艺术家所表现的或者所再现的对象,这个对象很可能不是你熟悉的那个对象,在重新认知对象的过程当中,你也可以重新认知你自己的存在,或者对自己的存在提出新的问题。这就是夏皮罗对海德格尔的回应。

袁园: 谢谢顾老师,我坚定地反驳你。

梵高的确画了很多双鞋,夏皮罗的考证是非常准确的,他问海德格尔是在哪看到的?海德格尔说在阿姆斯特丹,考证之后最后确认是梵高1886年画的这幅画。

的确,梵高画的鞋不可能是农夫穿的。因为荷兰的土地非常湿,皮鞋很容易腐烂,会穿木屐。

但是,我想反驳你两个点,也是反驳夏皮罗的观点。夏皮罗认为,海德格尔把自己的主观投射到对梵高的作品解读上面。毫无疑问,海德格尔是反主观主义的,这是第一点;他也是反对用所谓传统的或者是现代的美学方法去遭遇艺术作品，这是他的根本思想。

问题来了，这双鞋不是农夫的，是梵高的；那么，海德格尔的观点成立吗？海德格尔在《艺术作品的起源》是如何分析作品的呢？第一步，遇到可见——梵高描绘一双鞋的画；第二步，关注到不可见——不能被代表和表现的无；第三步，遇到可见和不可见之间的张力、冲突——梵高作品中包含的大地和世界的斗争，王庆节老师刚才举的关于希腊神庙的例子更准确；最后，在这种斗争中遭遇自身存在的冲突。即使这双鞋不是农妇而是梵高的，梵高意识到鞋子隐含的斗争，海德格尔的解读同样也没有问题。

我们看一些当代艺术的案例，然后再来讨论关于物、关于对象。

这是大家非常熟悉的马格利特（René Magritte）的《这不是一支烟斗》(*Ceci n'est pas une pipe*，1929，又名《图像的背叛》[*La Trahison des images*])，马格利特的确画的是一个物（烟斗），但是又用文字标注了"这不是一只烟斗"。

杜尚的《泉》直接是一个现成物；安迪·沃霍尔的作品《布里洛的盒子》(*Brillo Boxes*，1964)感觉像是在商场超市里看到的布里洛的盒子，但实际上是安迪·沃霍尔用胶木板钉的盒子，然后用丝网印刷印的，看上去像是现成品，实际上不是。

这是保罗·泰克（Paul Thek）的作品《肉块和安迪·沃霍尔的布里洛盒子》(*Meat Piece with Warhol Brillo Box*，1965)。安迪·沃霍尔的《布里洛的盒子》看不见里面，而这件作品是把里面掀开给你看，让你看到里面好像放着血淋淋的肉，这里涉及内部和外部。

再来看中国艺术家的作品，徐冰的《背后的故事：江山万里图》，正面视觉上是中国的山水画，但是走到背面去看，全是塑料垃圾、废报纸等垃圾材料，也是关于"物"。

保罗·泰克（Paul Thek）《肉块和安迪·沃霍尔的布里洛盒子》
35.6 × 43.2 × 43.2 cm 蜂蜡，油漆木材和有机玻璃 1965

徐冰背后的故事－江山万里图（局部）152 x 932cm 综合媒材 2014年 ⓒ 徐冰工作室

《存在与时间》的"入口" 315

我想问王庆节老师，我们如何认识"物"？

王庆节：我们究竟怎么看"物"？我觉得刘畅的说法似乎是想做一个妥协或调和，区分两个不同的世界：一个是客观事物的世界，这个世界是不以人的意志为转移；另外一个是由我们参与创造的世界，这是现象或意象世界。但两者之间究竟是什么关系？本体与属性？认知客体和主体？还是逻辑蕴含？抑或都不是？

"意象"在德文里叫"Vorstellung"，英文里的对应词叫"presentation"（意象/表象）或者"idea"（观念）。我们知道，意象是西方近代哲学史上一个非常重要的概念。德文里还有一个词是"herstellen"，即"生产""制作"。两个词都从"stellen"演变过来的，其意即用手去拿、去置放、去摆放，将一个东西拿到这里、带到那儿。所以，我们认知对象或者制作对象是两种不同的"象"，而这两种不同的"象"在背后都跟人有关。这就涉及我们是不是承认，有那么一个不仅不以我们个人的意志为转移，也不以我们整个人类的意志为转移的东西，它一定在那儿，作为我们认知或行动的源泉和保证存在？在我看来，知识论层面上的这个说法在康德的哥白尼式转向之后实际上就已经被放弃了，但在语言哲学和存在论层面是否可能重新复活？我想这是海德格尔和维特根斯坦企图要让之展开或者提醒我们不可忘记的东西，而恰恰在这一点上，维特根斯坦和海德格尔关注的问题实际上很近。

回到夏皮罗的批评，我刚刚从顾老师的分析里面学到很多东西。我也同意袁园的说法，这样的解释，实际上在海德格尔与夏皮罗那里没有根本性的区别。他们都会认为我们对艺术品的认知方式或接受方式与我们生长的环境是紧密连在一起的。只是由于个体的局限，我们对于认知正确性的理解可能有错失。但是，在认知层面上的正确与否，并不彻底否认在存在论上的本真性，这是两个不同的层级，不能本末倒置。

德里达曾经写过文章回应夏皮罗，其核心观点在于指出，我们不能用传统知识论的真假标准去看艺术作品，把艺术研究的重点放在正确性上。倘若如此，我们会陷入无穷无尽的繁琐知识考证。当然，这不是不重要，但这和"艺术作品的本源"问题已经太远了。德里达嘲笑夏皮罗："你说这是一双鞋。但你凭什么说这是一双鞋呢？为什么不是两只一样的鞋呢？"因为如果我们真讲"正确性"，就有无穷的可能性去设想你可能是错误的，但这不是发问艺术作品本源的问题关键之所在。

我想德里达想讲的跟袁园刚刚讲的有一点相似，就是去指出真正的问题究竟在什么地方？真正的问题是要探究艺术作品的本源。艺术作品究其本质而言首先不是一个认知的对象物。无论它作为一个认知的对象物，一个正在使用的器具或工艺品，或者是一个居住的居所，一个建筑作品，一件语言作品，它们都是从我们生存和生活的实践中长出来的，只有回到它们的源发地、源生地，它们的生命力才可能重新爆发，而我们人，作为艺术作品物的创作者、保藏者和欣赏者，也才可能不断新生和一道生长。我想海德格尔通过思考和分析梵高之鞋这个作品，想强调的是这个更深层次的东西。至于作品中的鞋究竟是农夫的鞋还是农妇的鞋，还是梵高自己的鞋，这是一个命题判断正确性的问题，而正确性的问题要有很多的条件，我们满足了这个条件，同意了这个条件，我们才可以说是真或假或者说是正确还是不正确。

为了帮助理解，让我们来举一个《红楼梦》研究的例子。"贾宝玉"的原型是谁？或者《红楼梦》作者是不是曹雪芹？这些也许都是可以考证的，是知识论层面的问题。这当然是《红楼梦》研究，乃至中国文学史研究的一个重要方面。但我们不能因为历史事实考证的重要，就得出结论，因为某个或某些历史事实考证的出错，其他不以事实考证为根本的《红楼梦》研究都是错误的。如果将海德格尔《艺术作品的本源》之思考带入这个语境，那么，海德格尔关注的问题既不在贾宝玉的原型或者《红楼梦》的作者，也不在于究竟"索隐派"还是"考证派"理论上孰高孰低，而在于"索隐派""考证派"以及其他过去和未来可能出现的"红学派"是怎么回事情？是怎么可能的？这些不同的、相互争执的研究方式和途径究竟是怎样"长出来"或"产生出来"的？因为这些种种不同的与《红楼梦》打交道的方式就展现出《红楼梦》这个存在物的存在，这个"作品"的"是""是什么"？这才是"本源"一词的真切含义。所以，关于"作品的本源"的哲学思考不是先预设一个"是"，然后去回答"是什么"，而是要从一开始就发问这个"是"或者"存在"本身！

袁园老师刚刚举的例子非常有意思，实际上是讲现成品的问题。我最近在读法国哲学家斯蒂格勒的书，他的《技术与时间》（*La technique et le temps*）有新意、有突破，也涉及对海德格尔的批评。现成品实际上是让我们去看一个貌似的"废物"，已经死掉的物，看它是怎么激活，让其遭到封闭和遗忘的意义重新焕发出来。这本是个海德格尔的话题，因为海德格尔不太讲"生生不息"，而更多讲"向死而生"。但另外一方面，海德格尔又区分"本真"和"非本真"。现代艺术讲的"现成品"与海德格尔讲的"非本真"的"现成在手的对象物"是同一个东西吗？非本真的、已经死掉的东西还有没有活力?"非本真"真的就"不是"或"不存在"了吗?还有没有新生的可能性出现?如果有,在哪里?

斯蒂格勒谈遗产或者"遗存物",海德格尔和胡塞尔也都谈到。死掉的东西怎么活过来?或者会在一个新的情境和生存环境下出现新的变异,这就是新生。比如火药,火药最早是炼丹的材料和成分,是丹药。作为医药的丹药死掉了,但它在新的历史或者是生存机遇下成了枪炮使用的火药和炸药。它原先的标的和用途,它的意向性指向被转移了,这个转移基本不取决于我们主观的设计或者意愿,而是有很多的偶然介入其中。所以海德格尔后期讲"Ereignis",这个词的原义就是"事件",我最早译为"自在起来",现在觉得用"事发"这个汉语译名更佳。一件事发生了,例如"我们今天晚上讲海德格尔",它出现了。这不像实体性的对象物,一张桌子、一个电脑,它今天在这里,明天大概率还在这里,但十年之后呢?一百年,一万年之后呢?大概率不在。但我们今天晚上"讲海德格尔"这件事,它出现了,它独一无二,只会被遗忘,成为"遗存物",但永远不会消失。不会出现哪一天"不在"了的情况。所以,哲学家要问的是,"这一个"的发生是怎么回事?在海德格尔看来,历史不是所谓历史事实的集合,我们去发现作为对象的事实,将它们记述下来,让之流传开去。历史是一个个事情的发生,是事发、事变的集合。各式各样的事发和事情出现,这是怎么回事?这个"出现"不完全是靠你我的努力,甚至不是靠整个人类的努力,而是在"人之外"或"人之上"有些东西参与了作用。于是,意义就出现了。这样说来,历史学家和艺术家没什么不同,历史作品和艺术作品的本质也是相通的,这也可以被视为海德格尔后来对艺术品或艺术物的本源问题发生兴趣的原因之一。

艺术物或者作品物既不同于对象物，也不同于器具物，它有其本身特有的存在论意义。在这个意义上，海德格尔说本真的存在是诗意的栖居，实际是把人看成一个艺术品，人生在世的本质就是艺术创作，人的生存生活就是艺术活动，就是让一个个独特的作品出现、发生。当海德格尔借用诗人荷尔德林的"天地神人"的"四方域"镜像游戏喻象来说明这一个个"事发"之际，他说的实际就是"艺术作品的本源"。在这个"四方"参与的"域"中，"人"作为"会死者"固然是很重要的，但更重要的是，作为"会死者"他是有限的，而且他知道自己有"会死的"有限性。

袁园：谢谢王庆节老师的回应。

我有一个问题，刚才我们谈论的以及看到的这些案例，作为艺术作品或者物，它既不是一个工具性的存在，又不能作为一个符号性的存在。海德格尔对我的启发是，艺术实际上是要带来一个对事物新的理解，既不是把事物当成主观的投射，也不是在一个所谓既有的审美框架下去认知的对象，而是去重新获得一个对事物新的理解。

我想问刘畅老师，怎样可以不把"物"理解为一个工具性的存在，也不理解为主客体二元断裂、分裂的对象，也不是作为认知层面的一个符号。

刘畅：我觉得这个问题也涉及刚才跟王老师的讨论，我想表述的并不是要在主客二元论之间做一个调和。海德格尔讲"语言是存在的家"，维特根斯坦有一句异曲同工的话，他说：一样东西的所是、本质是什么，这由它的语法说了算。"本质在语法中道出自身。"这也代表了我的基本想法。

怎么去理解像当代艺术中的这些作品？王老师刚才引入了一个很好的话题入口。我们说一个人做这件事情、做那件事情，都是可以结合着对具体事件的观察来确定。在这个意义上也可以说，这个人的生活历史是由发生在他身上的这件事情、那件事情所构成的。但是所有这些关于"事情"的描述都不能回答一个问题——这个人到底是什么？你要问我你今天做了什么事情，我可以流水账似的、从容不迫地告诉你发生在我身上的所有事情。但是所有这些事情的总和并不能回答的一个问题是：我是什么？这个"是什么"的问题，不是列举出存在于世界之中的所有事情的总和就能够回答的。这个问题的答案只存在于我们的理解中。

我愿意这样去理解王老师刚才所说的"verstehen"（理解 / 领会）这个词的词源：领会、理解一样东西，就是使这样东西站立起来、矗立下来（ver[使]+stehen[站立]）。前一次讨论，我跟孙周兴老师也聊起过这样一个话题——在一个意义上讲，我们面对的是一个流动不居的世界，一个"液体"世界——这个世界中只有流动变化，而没有存在本身，没有事情的"所是"。那么，是什么使得这个流体世界中有东西驻停了下来，让它站立了起来，从而有了一个稳定的"样子"？——是 verstehen，是我们的理解。

杜尚的"小便池"本来是一个现成品。我们问它到底是什么，仅靠这个东西的物理构成或者发生在它身上的客观历史，是不足以回答这个问题的。当然，在特定的环境下，它可以就是一个普通的小便池。但当它出现在了一场艺术展览上，其他性质都没有变化，仅仅被写上了"杜尚"的名字，它的"所是"就变了，它就变成了一个完全不同的东西。这种意义上的"所是"的变化是怎么发生的呢？不是这个东西的物理性质或其他客观属性发生了变化，而是我们对这个东西的理解变化了；我们对它的理解确定了它的"所是"。

袁园老师刚刚举了很多当代艺术的案例，我也听到袁园老师在不断地说："它貌似是个什么东西，其实它不是这个东西，它实际上又是一个什么东西。"——不断地关于它的"是"和"不是"的反思。对于这个反思，我愿意回到王老师强调的那个点上——我们作为一个发问的主体，不单单是我们负责发问，而且我们也参与了对于这个所问问题的回答。这个意义上来讲，关于这个东西的"存在"、关于这个东西的"所是"的问题，必然要进入一个解释学的循环之中。因为我们所要解释的东西向来只能是回到本来我们既有的理解，才可能得到真正意义上的理解。这个东西是什么？这是一个只有我们对这样东西的所是已经有所理解的前提下才可能得到回答的问题。

这是我自己的一点浅薄的理解。

袁园： 刚才听刘畅老师围绕着"所是"的阐述特别有启发，你看这些像似，但是不是，不断地在"是"、"像似"之间回返。艺术作为一个可见的视觉形式，毫无疑问赋予了事物一个外观，但是这个"外观"又挑战了对于事物"是什么"的认知。另外一方面，又赋予观看者自身对"我"这个发问者自身的理解。

刚才刘畅老师讲的，恰恰是带出我对于海德格尔对我们今天做当代艺术创作一方面是去问那个事物是什么；另一方面是在遭遇事物，你看到一个艺术遭遇一个物的时候来问自身是什么。

接下来把这个"物"的问题抛给顾振清老师。

顾振清：我想展示一张图，这是一件中国艺术家的装置作品，是我十年前在 798 做的一个展览，这个展览的名字叫"私人经验"。这件作品很容易让我们联想到海德格尔和夏皮罗关于"鞋"的争论。这些鞋子沾了很多泥，既有海德格尔所阐述的事实——鞋子和大地的关联，人的存在和大地的关联；也有夏皮罗所说的事件性，每双鞋子都是艺术家本人的一种私人的经验。这种私人经验用一种在场的方式来体现，那些"泥"可能是后来弄上去的，并不是带有历史性的泥。但是这些鞋子都是艺术家自己穿过的。

从这个作品上来讲，艺术家的提问肯定是有一个事先引导，他的提问也是在寻求一种理解。事先引导是否是对海德格尔和夏皮罗争论的一个不断递进的思考呢？有可能。因为他是在提出私人经验中的一种理解。

他这种提法和设问的方式是否准确？是否是海德格尔或者夏皮罗对梵高的"鞋"的再认知？包括我们今天对于梵高"鞋"的再一次认知，是否形成了一种对知识、对物的不断认知、不断递归的逻辑

吴韵坤《我们走在泥泞的路上》，装置，2016 年，参加荔空间 2016 年《私人经验》群展

呢？是更多的还原还是更多的误解？这些都是艺术家要抛出的问题。

艺术家就像手持了很多问题的飞镖，他要朝镖靶投射过去。但是艺术家似乎并不在乎有没有把问题飞镖投中在镖靶上，往往在原有的镖靶之外去寻找新的一个目标，甚至在脱靶的飞镖周围任性地画上一个新的靶心。这个新的靶心和目标是艺术家对原有知识逻辑和知识系统的一种超脱和超越。当我们认为马走田是错误的时候，艺术家说："我认为马走田就是一种创作。"因为艺术家不会按照既有规则和习惯来思考创新的问题，喜欢不按照牌理来出牌。

马格利特的《这不是一只烟斗》是最早的一个对"物"本身提问的、有符号学逻辑的作品，这件作品也是艺术史上一个著名的争论的靶心和焦点。福柯为此还写过一本小小的册子来讨论语言和物象之间的关联。从一个艺术批评家的角度来看，肯定会认为马格利特的设问也是在事先引导的一种问题，我试着对艺术家事先引导问题的方式，聊一下我的理解。

当玛格利特提出这不是烟斗的时候，我很快地把烟斗的图像理解为一个符号，理解这个符号所表达的解释项，还想了解这个解释项有没有被马格利特呈现为更多的意义，即第二解释项。就是说：大家也许知道它是什么，但是它还可能是什么？这样的话，艺术家可能在这样一种逻辑上进行针对观念自身的思考。当人们去看一个似是而非的物象的时候，去看一个被再定义的物象的时候，其实总是会犯种种先入为主的认知错误。

所以《布里洛的盒子》跟我们习惯的现成品盒子不是一回事；杜尚的《泉》，让小便器和"泉"这两个我们认为风马牛不相及的概念发生联系，使得杜尚的小便器变成一个艺术的新的解释、新的语境。

袁园：谢谢顾老师，王老师今天讲的是存在之发问，我想把这个问题带到当代。我们现在所处的当代社会，我们讲到存在之发问的意义，为什么我们要去关注所谓存在之发问？海德格尔是对艺术抱有希望的，他认为艺术能够实现革命性任务，这种革命性的任务意味着艺术家能够看到大地隐藏的东西，它带到我们眼前，我们在遭遇那个艺术家带到我们眼前的艺术作品的时候，我们能够去敞开一个新的世界。

特别想请您从这个角度回应一下今天对存在之发问跟历史、跟当下之间的那个意义。

王庆节：刚刚我们提到《存在与时间》导论部分的时候，涉及为什么要发问"存在"问题。海德格尔在那里讲"基本概念的危机"，那是海德格尔写作和思考《存在与时间》的年代。科学学科都面临"基本概念的危机"。如今，在我们的时代中，危机变得更加急迫，满目尽是终结。我们可以看到哲学的终结，历史的终结，艺术的终结……

但"终结"是什么意思呢？按照海德格尔的说法，我们现在的科学文明是从古希腊开始的。希腊是一个伟大的时代，但"伟大"既然是巅峰，同时就又标志着终结的开端。就像现在有人讲，二十多岁之前我们一直在成长，这算生活，后面的时间我们虽然也还在喘气，但只是"活着"。人生已经没什么新东西出现，或者更确切地说，在"等死"而已。大部分的人过了成长的高峰之后，就不再有创造性，只是把原先已得的东西展开、维系和重复。所以，一旦生长的可能性达到巅峰后，终结就来临了。

从这个意义上讲，对存在问题的发问实质上就是一个在危机来临时的呼唤。除了艺术的终结、哲学的终结等等，海德格尔还提及有一个"思的任务"。这个时代既是思想贫乏的时代，又更是"召唤"思想的时代。按照海德格尔说的，现代技术的本质可以追溯到希腊的 techne（技艺），而古代技艺和现代技术之间，有着根本性的区别。古代的"技艺"和"艺术"这两个词同根同源，所以技艺的本质要从"艺术"、从"作品"的"物之为物"，而非现代"技术"的"制作""预制"的方向去思考和发问。

海德格尔用了一个特别的德文词"Gestell"。这个词在德文中再普通不过，意思就是座架、支架、托架、框架。我们平日将杂乱的东西放进去，使之整齐有序。一旦要用时，随手可取。请注意，这里用的"Gestell"与前面讲到将存在物理解为"认知对象"的"意象"（Vorstellung）以及使用对象的"器具"生产（herstellen）共用一个德文词根，这意味着作为现代技术之本质"Gestell"控制了我们人类将"物"理解为"对象物"，无论这些对象物是认知对象还是使用对象。现今的技术时代，我们不仅将艺术作品物，而且将所有的物都分门别类在"架子"上置放，有待人的认知和使用，它们是备用品、资源物。自然物成为自然资源，甚至人也被明码标价，分门别类地放在不同的架子上，叫人力资源。在这个思路下，现代人被分为两类，有用的和没用的，用处大的和用处小的，在架子上就像一个个货品。在现代科技社会中，所有的"物"都成为海德格尔说的"存置物"（Bestand），置放在各式各样的"架子"上，被定制、待使用。当现代科技把物变成对象物、存置物的时候，人也就成了对象物、存置物。只有解放物才能解放人。所以，当海德格尔讲物论，在根本上是讲人论，讲人的存在的发问问题。

当海德格尔将现代技术的本质揭示为"置架"时，指的不是某一个或一类架子，而是各种各样的置架，是置架的汇总和叠加，这也和德文词"Ge-stell"中的那个"ge-"作为德文构词前缀的"集合"意义相合。考虑到这些因素，现在大家比较认同"集置"这个译名，但我建议，还是要保留"架子"这个意象，所以译为"集置架"较为传神。我建议保留"架子"这个意象的另一个目的是想强调，"架子"的意象不仅揭示货品的摆置和归类，同时又在某种程度上和耶稣基督的"十字架"意象相连接。十字架作为"架子"将死亡和再生两个意象连在一起，这和海德格尔在追问技术问题时同时引荷尔德林的"哪里有危险，哪里就有拯救"的诗句的寓意是有关联的。在海德格尔那里，危险和得救、死亡和新生是连在一起的。就像只有在天黑的时候才能看得到星星，这是一样的道理。

刘畅：王老师讲得非常有启发，从一个角度讲，我们当然是处在一个不断板结化、座架化的时代；另外一方面，从当代艺术那儿似乎看到的是一种解放的力量，是一种解构的力量，打破板结的力量。

这跟今天王老师讲的海德格尔的思想有一个内在的关联。海德格尔让我们看到一样东西的"所是"其实并不是一个现成的、已经被做定的东西，而是要由我们的生存、我们的领会不断地去重新加以界定，是一个在过程之中不断得到确定的东西。其实当代艺术体现的力量、发出的声音，恰好也是海德格尔为我们提供了这样一个理解的机缘。

顾振清：我补充一下两位老师刚才讲的内容。艺术是超然物外的存在。艺术史不是一种存在物的历史，永远是关于存在的历史。

所以艺术的意义一直在流动、在嬗变当中。艺术是根据当下人的存在而不断发生变化的一种非物质化的意义载体。

袁园： 最后，请王庆节老师来回答观众提问。海德格尔到底想建造一个什么样的世界？

王庆节： 我觉得海德格尔想讲的是，人活得要像艺术品一样。人本身就是艺术品，在不断地创造，不断地突破。这个创造和突破有自由的成分，但又不是完全自由，有偶然，有幸运，有很多东西把握不了。尽管如此，我们每一个都要活得像个人样，活得像你自己。

海德格尔讲艺术作品的本源，一共三个部分。最后一部分就是讲"真理与艺术"。在这一部分中，海德格尔首先讲的是"艺术的本质"，然后讲"艺术创作的本质"，再讲"艺术作品的本质""艺术作品的保藏"，最后说"艺术作品的诗性渊源"。

刚才顾振清讲得是对的，艺术的本质就是"诗"，是作诗。所以，海德格尔还是要发问存在问题，发问人的存在是什么？人是艺术，是艺术作品物。人呼应存在的召唤，将自己在艺术作品物的生成中存留，而不是变成一个现成的对象物，一个在货架上待售或者是被单纯使用的货品。只有这样，我们才会对世界、对自己、对全部人生有一个不同的存在论奠基，而这恰恰也是《存在与时间》通篇强调的核心。

"人是时间中或时-空中的存在物，"这又涉及"在时间中"的问题。"时间"本来就是个不定的东西，不可把握。海德格尔讲"诗意的栖居"的确跟诗人荷尔德林有关联的。但这里面有没有一种浪漫主义的一厢情愿，真的很难说。得救的希望是不是仅仅在艺术？艺术和技术究竟是什么关系？这些都是极重要的问题。

和技术世界共存，是人的现代命运。斯蒂格勒讨论义肢/代具，这跟当今人机交互、增强智能的说法是一致的。人和现代技术在本质上是否并非完全对抗？但海德格尔在谈现代科技的本质时，几乎是一种完全负面的态度，这个值得再思考。例如，海德格尔在《艺术作品的起源》中讲到真理原始发生的方式时，分别提及了艺术、政治、哲学、宗教祭祀和思想追问，但唯独撇开了科学和现代技术。这是一个需要我们再思考和深切反思的地方。

袁园：我想把王庆节老师今天的演讲和刘畅、顾老师的讨论理解成为是一个开始，一个对"存在危机"意识的开端和对"存在"发问的开端。王老师谈到我们所处的"危机"伴随着人要去完全控制现实的愿望，所有的物都丧失了物之为物，我们自己也变成一个所谓的对象。变成无意义的资源或者是这个意义完全在于成为工具性的资源，这是我们存在的危机，这当中带给艺术家的命题是什么？

可能艺术更是要由对存在危机的意识、对存在的发问去看到"不存在"，那个"不存在"就是所谓的"神秘的大地"，我们未来可能的现实就会在这个隐藏的大地的"不存在"当中生发出来。

谢谢三位老师。

胡塞尔的意识哲学

主讲

张浩军:中国政法大学哲学系教授

主持

梅剑华:山西大学哲学教授、《认知科学》期刊主编

与谈

顾振清:服务器艺术艺术总监、当代艺术批评家、独立策展人

藏策:呼吸公社社长、艺术理论家、独立策展人

张浩军： 大家好！我今天分享的主题是"胡塞尔的意识哲学"。胡塞尔是现象学的创始人，20世纪蔚为壮观的"现象学运动"就发端于胡塞尔（Edmund Gustav Albrecht Husserl，1859—1938）。

提到现象学，我们常常会听到或看到这样一些说法，例如，现象学是20世纪与分析哲学相并列的一大哲学运动，现象学是非常重要的一个哲学流派，不理解现象学就无法理解存在主义和解释学。胡塞尔是现象学运动的发端者，是现象学学派的开创者。今天的讲座，我主要和各位分享一下我对于胡塞尔现象学的理解，特别是其意识哲学的研究。讲座的主要内容包括：

1. 现象学运动概述；

2. 现象学的定义：现象学是什么？

3. 胡塞尔现象学的方法；

4. 现象学的核心概念：意向性；

5. 现象学与艺术的关系。

最后一个问题只是由我引出，因为几位嘉宾都是非常著名的艺术家，这个话题或许会引起他们的兴趣。

一、现象学运动

首先看现象学运动。从胡塞尔创建这个学派以后，在将近一个多世纪的时间里涌现出了非常多的现象学家，当然也有一大批现象学研究者。胡塞尔现象学创立的标志是1900～1901年期间发表的《逻辑研究》(*Logische Untersuchungen*)。今年是2021年，现象学的发展整整经历了120年的时间。现象学有很多代表人物，最重要的是胡塞尔，此外还有海德格尔、舍勒（Max Scheler）等。海德格尔在现象学运动中的地位，以及他在中国知识界的重要程度是大家都比较了解的。

德国的现象学家除了海德格尔还有马克斯·舍勒。虽然舍勒跟胡塞尔没有直接的师承关系，但是他的写作和讨论常常涉及现象学的方法和理论。一般认为，舍勒是现象学伦理学的代表人物，他的《伦理学中的形式主义与质料的价值伦理学》(*Der Formalismus in der Ethik und die materiale Wertethik*)也被认为是现象学伦理学的代表作。此外，伽达默尔、雅斯贝尔斯、汉娜·阿伦特、埃迪特·斯泰因（Edith Stein），这些人都可以看作德国的一些非常重要的现象学家。（阿尔弗雷德·舒茨[Alfred Schutz]是奥地利裔美国人，一般也被归入德语现象学家的阵营，尽管他也用法语和英语写作）。现象学在德国优良的传统，后来在法国发扬光大。萨特、波伏娃、梅洛-庞蒂、列维纳斯、德里达、利科，这些都是法国现象学运动最重要的代表人物。

现象学从创立之初到现在已经过去了一百多年，它的现状如何呢？总体来看，它现在依然发展得很好。现在，中国现象学界有一个提法——"现象学的中国时刻"。为什么这样说呢？我想可能有两个方面的理由。

一方面，现在中国的现象学研究者数量在世界范围之内来说是最大的。我们有一些重点大学在三十年前就成立了现象学研究中心，聚集了一批非常知名的学者。现在也有很多青年学者去欧美攻读博士学位，回国以后从事现象学的教学与研究，这个阵营非常庞大。

另一方面，中国的现象学研究推进了现象学的发展。现象学与中国传统思想资源的结合，孕育和催生了新的研究方向：阳明心学与现象学、唯识学与现象学、心性现象学、周易现象学、家与孝的现象学，近来在中国非常火爆。我认为"现象学的中国时刻"这个提法并不夸张。

二、什么是现象学？

下面，我们正式进入今天的核心话题。什么是现象学？这是一个非常难以回答的问题。为什么难以回答呢？因为，现象学运动中涌现出了很多现象学家，几乎每一位现象学家都会给出现象学是什么的一个定义。当然，我认为对现象学最核心的理解要回到胡塞尔这里来。尽管海德格尔、舍勒、萨特、梅洛-庞蒂等现象学家都有自己的定义，但是这些定义应都是基于胡塞尔对于现象学最基本的理解而来的。我在这里选取了几位在当代特别具有代表性的，尤其是对于胡塞尔的现象学有卓越研究的一些学者，通过他们对胡塞尔现象学的定义可以大致知道现象学是什么，它有哪些基本特征。

1. 美国天主教大学的现象学家罗伯特·索科罗斯基（Robert Sokolowski）在他的《现象学导论》（*Introduction to Phenomenology*，

1999）中是这样定义现象学的："现象学是对于人类体验的研究，是对事物在这样的体验中并通过这样的体验将其自身呈现给我们的各种方式的研究。"

这个定义的核心之处在于：现象学是对我们人类意识体验的研究，是对事物在我们的意识体验中如何显现自身的那些方式的一种研究。

2. 加州大学欧文分校的大卫·史密斯（David Woodruff Smith）教授在其《胡塞尔》（*Husserl*，2006）一书中说："现象学是从第一人称视角对被体验的意识结构的研究。"他的这个定义给出了一个非常重要的信息——"第一人称视角"。现在比较通行的对于胡塞尔现象学的定义是说：胡塞尔是从第一人称视角，即从"我"的角度出发，对意识的基本结构、意识的本质、意向性的特征所做的系统研究。

3. 第 24 届世界哲学大会主席、前都柏林大学哲学系教授、现任美国波士顿学院哲学系主任德莫特·莫兰（Dermot Moran）说，现象学通常被刻画为一种看的方式而不是一套学说。现象学处理"一切如此显现的东西"，包括一切以其显现的方式、以其显现的如何被意指和被思考的东西。

这里有一个非常重要的说法：现象学是一种看的方式，而不是一套学说。当然这里所谓"看的方式"是从方法论角度说的，"学说"指的是它作为一门理论的表现形态。事实上，现象学不仅是一种方法，而且也是一种理论，它用非常系统翔实的理论来刻画它的方法，刻画这种方法的操作程序及其想要实现的目的等。

胡塞尔经常说，现象学最本质的方法是直观。直观是什么呢？哲学家、现象学家经常会给出一个形象的示例——"看"。现象学的直观就是看，就是 see 或者 seeing。

4. 美国孟菲斯大学的肖恩·加拉格尔（Shaun Gallagher）教授说：现象学从字面上来看，指的是关于"现象的科学"，是一种方法，它试图对事物在我们的意识体验中显现的方式给出一种描述。事物在意识体验中显现的方式可能完全不同于它们在实在中存在的方式。现象学家并不关心事物在世界中究竟是如何存在的，更关心我们是如何体验事物的。

这个定义当中有一个很重要的关键词："描述"。胡塞尔在他的《逻辑研究》中也说，现象学是一门描述的科学。他受布伦塔诺（Franz Brentano）的影响接受了这个概念，一般把《逻辑研究》发表之前的研究叫作"描述心理学"。进入现象学阶段之后，胡塞尔继续使用了"描述的"（deskriptiv）这个概念，同时认为，描述的方法可以看作现象学的一种本质性的方法。但我们要明确，描述的是什么东西，怎样进行描述。这是一个关键问题。对于胡塞尔来说，我们要描述的是意识的本质和在我们的意识体验中被直观到的对象的本质。在描述之前，还有一些步骤要完成：先悬置自然态度，然后进行先验还原，进而对经受了先验还原的对象进行本质直观（本质描述）。

上述这四个定义总体上来说都是基于对胡塞尔现象学的理解而给出的，这些定义都符合胡塞尔本人的原意。

如果现在反过头来问"现象学是什么？"，那么我们可以这样回答：现象学是以第一人称方式对意识的本质结构、意识的意向性结构，以及事物如何在我们的意识中显现自身的那些方式的一种本质分析或研究。这是对胡塞尔现象学的一个非常笼统的定义。

什么是现象学所谓的"现象"？

在前面的定义中我们看到，现象学的本质方法就是对现象进行直观或描述的方法。那么，什么是"现象"呢？我选取胡塞尔在 1907 年发表的《现象学观念》（*Die Idee der Phänomenologie*）中的一个说法来解释现象学所谓的"现象"。现象学所谓的现象有双重含义："认识现象学是有双重意义的认识现象的科学，一方面是关于作为显现（Erscheinungen）、展示（Darstellungen）、意识行为（Bewußtseinsakten）的认识的科学；另一方面是关于作为如此展示出来的对象本身的科学。根据显现活动（Erscheinen）和显现者（Erscheinendem）之间本质的相互关系，'现象'一词有双重意义。现象实际上叫作显现者（Erscheinende），但却首先被用来表示显现活动本身（Erscheinen），表示主观现象。"

什么是现象？简单说来，现象学所谓的现象，一方面是指意识的显现活动、意识行为、意识进行直观和构造的活动。如果用当代心灵哲学家约翰·塞尔（John Searle）的一个说法，本体论上主观的行为和活动都可以叫作现象学的现象；另一方面是指在直观的意识体验活动中直观到的对象，在我们的意识体验中显现出来的那些所谓的客体或对象。传统哲学常常把这种意义上的现象叫作"表象"，但"表象"是一个非常有歧义的概念。所以说，现象学意义上的"现象"是一个具有双重含义的概念。现象学就是对这两类现象之本质的研究，以及对于这两类现象之相关性的一种本质研究。胡塞尔说，通常情况下人们认为现象学所理解的"现象"主要侧重于主观的现象，也就是显现活动本身、意识活动本身。

胡塞尔有时也说，"现象"就是现象学所探讨的绝对被给予性。在他看来，经过现象学还原之后剩余下来的纯粹意识就是"绝对的被给予性"。现象学首先要探讨的是经过现象学还原之后所剩余下来的纯粹意识的本质,它的基本特征和结构。

但实际上,绝对被给予性应该指两个方面:一是意识活动;一是意识活动所指向的对象,也就是我们的意向性所相关的那些受到现象学还原的对象。

显现(Erscheinen)= 意识活动(noesis)显现者(Erscheinendes)= 意识对象(noema)显现和显现者,意识活动和意识对象,胡塞尔在先验转向之后用一对特别的概念来指称它们:noesis 和 noema。后面我会着重分析这两个概念。

现象学的理想

胡塞尔在创立现象学之初有一个非常宏大的理想。这个理想在他一生的所有著述中都不断地被重复、被阐释。下面,我向大家介绍一下他在1929年的《形式逻辑与先验逻辑》(*Formale und transzendentaleLogik*)这本书中的一些表述。

胡塞尔说:"一切所谓客观的存在,一切的真理都在我们先验的主体性中有它存在的根据和认识的根据。"(FTL,S. 242)这个定义是什么意思呢?这个定义与胡塞尔的先验转向有关。1907年左右,胡塞尔的思想发生了一个非常重要的转变,即从他早期的本质描述的现象学阶段进入了先验现象学阶段。因为他在这一时期阅读了康德的许多先验哲学的著作,接受了康德先验哲学的一些基本观念,同时也对先验哲学提出了自己的理解。从《现象学的观念》开始,胡塞尔系统论述了先验还原、先验自我、先验主体性、意识的意向性结构、世界的构造等问题。

在《形式逻辑与先验逻辑》中,胡塞尔表达了一个很强的先验现象学的观念：我们对于世界中的一切事物、一切对象的认识都是基于先验自我、先验主体性展开的。一切存在者的存在意义、存在价值都要回溯到先验自我、先验主体性这个绝对的起点和绝对的根据上。基于胡塞尔的这样一个观点，我们可以进一步延伸（当然这也是胡塞尔自己的明确观点）：一切理论、一切科学、一切知识、一切真理都是先验自我、先验主体性的构造物。

在这本书的导言中，胡塞尔做出了一个强有力的论断，他说："只有在现象学的意义上，一门先验地被澄清的和被证成的科学才能够成为一门最终的科学；只有一个先验地-现象学地被澄清的世界才能够成为一个最终被理解的世界；只有一门先验的逻辑才能够成为一门最终的科学论，即一门关于所有科学的最终的、最深刻的并且是最普遍的原理和规范的理论。"（FTL，S. 14）

一般而言，我们会把认识对象分为三类：自我、他人和世界。这样的分类不仅在胡塞尔这里有，在他的老师布伦塔诺那里也有。按照现象学的理解，我们对于自我的认识、对于他人的认识、对于世界的认识只有通过现象学的方法和理论才能够给出一种最终极、最明晰、最深刻的理解或者解释。胡塞尔的这个说法听起来是很极端的，现象学的这个理想也是非常宏大的。从胡塞尔本人的意愿来看，现象学确实是要朝着这样一个目标迈进，至于最终是否能够实现，这有待于我们进一步总结和思考。

三、现象学的方法

下面，我简要介绍一下现象学的方法。现象学的方法说起来是非常多的，我这里采用的是肖恩·加拉格尔的一个说法，他认为现象学的方法可以分为三步：第一步是悬置；第二步是先验还原；第三步是本质直观。

这是对胡塞尔的现象学方法高度凝练、浓缩之后的一种表述。

什么是悬置呢？这个概念在胡塞尔的《大观念》也就是《纯粹现象学与现象学哲学的观念》(*Ideen zueinerreinen Phänomenologie und phänomenologischen Philosophie*，1913）的第一卷里有非常系统的表述。悬置是现象学的起点。现象学方法的第一步就是要把我们关于这个世界的各种各样的信念，关于这个世界（包括世界中的一切事物）存在或者不存在，以及如何存在的信念，统统给它搁置起来，把它们放在括号里边，给它们加上引号，悬而不论，中止判断，不对世界持有任何态度。

胡塞尔的悬置法有点类似于笛卡尔的普遍怀疑法。但在胡塞尔这里，"怀疑"也已经是一种态度，也是要被悬置的对象。从某种意义上可以说，胡塞尔接续的是自笛卡尔以来、中经康德、一直延续到他这里的一个认识论传统。当然，我们不能说胡塞尔的现象学仅仅是认识论。事实上，他的现象学是一个非常丰富的理论体系。在我看来，胡塞尔的现象学涵摄了存在论、认识论、逻辑学和伦理学等多个面向。在他的哲学中，不仅有理论哲学的关切，而且也有关于实践哲学、价值哲学的重要论述。胡塞尔和笛卡尔、康德一样，也要为我们的知识寻找一个绝对可靠的起点，寻找一个认识的根据，探讨我们认识的可能性问题。他在很多论著中都曾明确表达过这样的观点：现象学所探讨的一个核心的问题就是认识的可能性问题。也就是说，我们的思维如何切中对象，如何切中存在者，如何切中世界中的事物，从而获得关于它们本质性的、真理性的认识。

在胡塞尔这里，认识论的第一步就是要进行悬置。悬置意味着我们要从一种自然的、朴素的、直向的、非反思的态度进入一种反思的、哲学的态度当中来。

进行悬置之后，下一步要做的工作就是进行先验还原。还原是胡塞尔现象学非常重要的一种方法。关于还原，胡塞尔有很多提法，例如本质还原、先验还原、现象学心理学的还原、原始的还原（primordiale reduktion）等等。这里，我们主要说明一下到底什么是先验还原。从根本上来说，胡塞尔所谓的还原，特指先验还原。当然，有时胡塞尔也会用现象学还原这个提法来指称先验还原。在胡塞尔这里，也有本质还原的提法，但本质还原不是还原，而是本质直观，胡塞尔说这是一种观念化的抽象，是一种本质的抽离。先验还原的一个基本设定是：意识是我们认识的起点，是我们认识世界的根据。我们在进行认识之前先要对我们的意识进行反思和考察。我们要把那些留存在意识中的各种各样的信念、知识、理论、观点统统排除掉，让我们的意识变成一个纯粹的意识，变成一条干干净净的、没有任何杂质淤积的河流。从纯粹意识出发进行认识活动，从而构造我们关于世界的各种各样的知识。这是所谓的先验还原。

先验还原是要回到一个不可被还原的东西上去，这个不可被还原的东西就是所谓的纯粹意识；换言之，现象学还原的剩余物就是在排除了意识中各种各样的设定之后所剩余下来的不可被还原掉的纯粹意识。这就是先验还原。关于本质直观，我刚才已经提到，就是对于事物的一种本质性的把握，对于事物本质的直接拥有和洞察。当然，有时候人们也会说本质还原，这个说法不是特别确切。与本质直观相关的还有其他一些概念，例如感性直观、个体直观、范畴直观。范畴直观是最具有本质直观特征的一种直观类型。这是胡塞尔在他的《逻辑研究》中提出来的一种现象学方法。胡塞尔早期的现象学之所以被叫作"本质现象学",跟"本质直观"的提法有非常直接的关系。那么,什么是范畴直观呢?简要来说:范畴直观就是对于构成一个命题、构成一个判断的范畴的直接的把握,直接的洞察。胡塞尔认为,我们不能像直观世界中的一个具体的物体(例如眼前的电脑、手机)那样去直观范畴,范畴不是这样的实体。但是我们的理智却具有一种能力,能够把握到范畴这样的东西。范畴是构成我们的知识、构成我们的判断最为核心的要素。

大家都知道康德在《纯粹理性批判》(*Kritik der reinen Vernunft*, 1781)中提到,范畴有"量、质、关系、模态"四组,共十二个。在胡塞尔这里,范畴的范围会更大一些,但他认为,至少像康德所讲的这四组十二个范畴是可以通过直观的方式去获得的。如果离开了范畴直观的能力,就无法构成判断,无法形成知识。

在胡塞尔的方法体系中,悬置、先验还原、本质直观构成一种奠基性的、进阶式的路径。如果非要说本质直观是一种还原的话,那么先验还原在先,本质还原在后。

四、现象学的核心概念:意向性

意向性概念与前面讲的本质直观、先验还原是紧密关联在一起的。这个概念不仅在现象学当中讨论,而且当代的心灵哲学、语言哲学、科学哲学中都在讨论。我们今天主要集中于胡塞尔的意向性概念。

1884年,胡塞尔到奥地利跟随当时著名的哲学家、心理学家布伦塔诺学习哲学，接受了布伦塔诺的意向性概念。之后他对这个概念进行了改造，赋予了它新的含义。布伦塔诺在其《基于经验立场的心理学》(Psychologie vom empirischen Standpunkt, 1874)中明确说到，"意向性"这个概念来自中世纪哲学，在中世纪哲学中已经谈到了意识对于对象的指向性、靶向性的瞄准关系。布伦塔诺通过对于心理现象和物理现象的区分来说明什么是意向性。

对于布伦塔诺的意向性概念，布伦塔诺认为："我们世界当中的现象可以分为两类：一类是心理现象；一类是物理现象。"

什么是心理现象呢？心理现象指的是各种各样的意识行为，比如听到一种声音，看见一种颜色，想象一个事物，思考一个问题等等。也就是说，判断、回忆、期望、推理、怀疑，都是一种心理现象。而且，每一种感情，包括喜悦、悔恨、恐惧、希望、愤怒、厌恶等等，也都是一种心理现象。

什么是物理现象呢？物理现象指的是各种各样的意识行为所直接指向或体验到的东西。比如我所看到的一种颜色、一种形状和一种景观；我所听到的一种音乐和声音；我所感觉到的热、冷和气味；其中也包括在我的想象中对我显现的类似的意象。

布伦塔诺认为心理现象与物理现象之间有一种意向性的关系，物理现象是内在的，意向性地存在于我们的心理现象之中。

布伦塔诺说："每一心理现象都具有一种特征，中世纪经院哲学家把这种特征称作一个对象之意向的（亦或心灵的）内存在（Inexistenz），而我们也可以把这种特征称作与一个内容的关系、对一个客体的指向（这里的客体不应被理解为实在）或内在的对象性。"这是布伦塔诺对意向性的定义，这个定义最大的问题在于，它具有一种所谓的唯心论或者唯心主义的倾向。这个意义上的唯心

胡塞尔的意识哲学

论或唯心主义指的是：布伦塔诺没有明确区分意识活动和意识对象。他认为我们的意识对象内在地存在于我们的意识行为之中，而没有把意识对象看作外在于意识的、世界之中的实在的东西。用胡塞尔的话说，布伦塔诺没有把具有意向性的意识活动与意向性所指向的意识对象明确区分开来，而是把意向对象、意向内容当成了意识活动的一部分。因此，在胡塞尔看来，他的意向性概念是成问题的。胡塞尔的一个基本观点认为，我们的意识指向我们的意识之外的、外部世界中的对象，这样一种指向性才可以被称之为意向性。如果说我们的意识始终指向的是我们意识之中的、内在的一个对象，那么我们对于外部世界的认识就变成了不可能。胡塞尔也认为，意向性不需要一个内在的意向对象作为中介，而是可以直接地指向外部世界当中的对象。

何为意向性？对胡塞尔意向性概念的理解需要注意以下两个方面。

首先，要注意的一点是：intentionality（意向性）不同于intention（目的、意图、打算）。

维特根斯坦的学生安斯康姆有一部名著——《意向》（*Intention*, 1957），这是一部语言哲学的著作。语言哲学意义上所讲的"意向"跟现象学所讲的意向性有很大不同。前者往往指的认识或行动的目的、意图、打算，而后者主要强调的是意识的一种普遍的本质特征。

其次，要注意的是，胡塞尔对意向性本质的理解前后有变化。在《逻辑研究》时期，胡塞尔基本上把意识局限在意识行为的层面上。他认为，我们的所有意识行为都具有意向本质。意向本质有两个最核心的构成部分：一个是质性（quality）、一个是质料

(material)。他举了一些例子：

1. 表象：火星上存在着智性生物。
2. 陈述：火星上存在着智性生物。
3. 疑问：火星上存在着智性生物？
4. 期望：愿火星上存在着智性生物！

在此，所谓的"表象""判断""疑问""愿望"等构成了胡塞尔所谓的意识行为的质性，也叫作意识行为的"行为特征"（Aktcharakter），尽管这些行为是完全不同的，但是它们却具有相同的内容，即"火星上存在着智性生物"。这同一个内容也就是它们共同的质料。胡塞尔早期认为我们的意识行为的本质是"质性"和"质料"的结合，他没有把意向对象、意识与对象的本质结构完整地刻画出来。到了 1907 年，特别是在《现象学的观念》五篇讲座稿中，胡塞尔明确提出，我们的意识行为与意识对象之间具有一种本质的结构性关系，他用古希腊的哲学中的 noesis 和 noema 这两个概念来刻画意识意向性的基本结构。所谓意识的意向性就是 noesis 对于 noema 的指向性。这是胡塞尔后期对意向性最简洁的一个定义。从胡塞尔在《现象学的观念》中对意向性的这个定义可以看到，意向性结构的两端有两个不同的东西：一是意识行为 / 意识活动；一是意识对象 / 意识客体。

胡塞尔说：意识总是关于某物的意识。这也就意味着意识与存在者是始终关联在一起的。这个"存在者"是一个什么样的存在者？它是实体性的还是观念性的？抑或既不属于通常理解的实在物体，也不同于观念性质的命题或者含义，而是有另外一种存在方式。我们下面就来分析一下意向性结构中的 noema 概念。

如果用一个图式来刻画意向性的结构，大致可以说：

意识行为 = 感觉材料 + 意识活动 + 意识对象

（conscious act=hyle+noesis+noema）

当我们说看见了一个什么东西时，例如我面前黑色的电脑，我的"看的行为"（seeing）是一个视觉行为，这个视觉行为就是一个 noesis，看见的黑色电脑就是 noema，我在看黑色电脑的时候对于颜色的直观所形成的感觉材料叫作 hyle，这是一个古希腊词，意为"质料"。在胡塞尔看来，意向性特指 noesis 对于 noema 的指向性，感觉材料没有意向性，它构成我们意识活动的实项内容，但它本身不是对象性的东西，也不具有意向性。看这个图会看得更加清楚：完整的意识行为包括两个部分：（1）实项内容；（2）意向内容。实项内容包括：（1）意识活动；（2）感觉材料。意向内容包括：（1）意向对象；（2）对象的被给予方式。

仍以我们面前的电脑为例。我可以用当下的一种视知觉的方式把握它，也可以在没有看到它之前用一种预期的、期待的方式指向

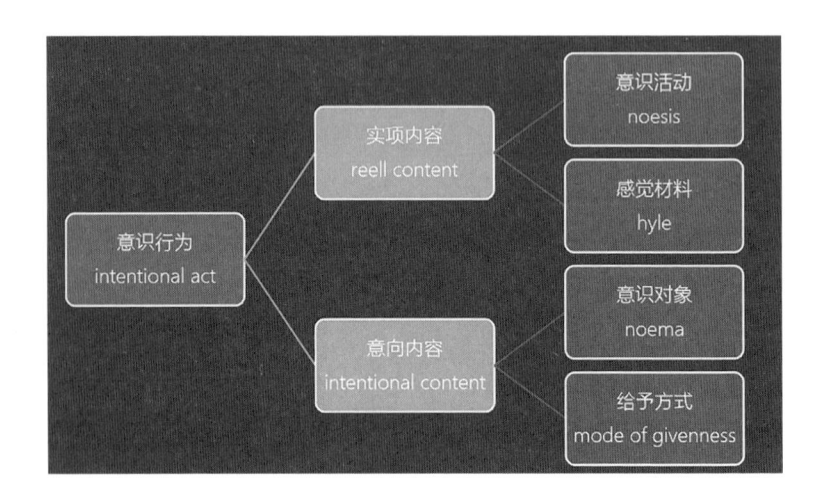

它。当我关上电脑走出房间后，我可以通过回忆的方式指向它。同样的一个对象可以在不同的意识方式中被给予，这些被给予方式构成了意向内容的一部分。事物的三种存在方式，这里有三个非常重要的概念需要说明：实项的（reell）；实在的（real）；观念的（ideal）。

"实在的"和"观念的"比较容易理解。实在的东西一般指外部世界中具有时空特征的物理物体，它们是能够被我们的感性能力、感觉器官所感知到的东西；观念的东西一般指概念、判断、命题、意义之类的东西，它们不具有时空世界中的存在特征，是一些抽象的存在者。"实项的"是胡塞尔现象学特有的一个概念，他用这个词主要指我们的意识体验活动本身（noesis）和在这种体验活动中所把握到的感觉材料（hyle）。

感觉材料（hyle）和意识体验活动本身（noesis）这两样东西的存在方式就叫作实项的存在方式。它们属于我们的意识，是主观侧的东西。它们既不同于外部世界中的物理对象，也不同于命题和意义这类观念对象，因此它们的存在方式非常特殊。如果用塞尔（John R. Searle）的概念来刻画的话，我们可以说，实项的东西是本体论上主观的东西；实在的是本体论上客观的东西。在澄清了上面这三个概念之后，我们要着重分析一下意向性的结构，特别是意识对象（noema）概念。围绕这个概念，在现象学界形成了著名的"东岸解释"和"西岸解释"。西岸解释指是美国西海岸的加州学派依据弗雷格（Gottlob Frege）的意义指称论对 noema 所做的解释。东岸解释指的是美国东海岸的现象学家对 noema 所做的解释。

胡塞尔对于 noema 这个概念有明确规定。在《大观念》第一卷里，他说，意向相关项指的是我们在现象学态度中直接指向的对象。一旦实行了悬置，我们就从自然的、朴素的、直向的态度进入到了反思的、哲学的态度当中。当我们变成一个哲学家，变成一个现象学家来直观事物、认识事物的时候，我们所看到的、体验到的对象，就不再是简单的、朴素的自然世界中的物体，而是经受了现象学还原的一个对象。关于它的各种各样的设定、信念都已经失效了，都已经被放在了括号里，被打上了引号，只有通过先验自我或先验主体在理性的认识活动中构造出来的知识才可以接受为"真"。意向相关项就是经受了现象学还原的对象。意向相关项有一个基本结构：意向相关性的意义+论题特征。意向相关项的意义相当于之前提到的"质料"，论题特征就是"质性"即它的被给予方式。

意向相关项的意义进一步细分，可分为两个方面：（1）可规定的 X；（2）作为规定的内容，即通过述谓判断所形成的关于 X 的意义。

例如，"我看到了某物"，"它是棕色的"，"它有一个背面"，"它还有一些其他的特征"……我用语言来描述我在现象学直观中所体验到的那个"对象本身"的特征、它的性质以及它与其他事物间的关系。我的语言与世界中的存在有一种对应关系。我用语言所描述的这些意义就叫作"意向相关项的意义"，而意向相关项的意义本质上指的是对象的意义。

关于意向性的结构所产生的争论即所谓的东岸解释和西岸解释。

所谓西岸解释有时也叫作弗雷格式的解释。弗雷格式的解释当然不是弗雷格本人对于胡塞尔意向性结构的解释，而是当代的一些现象学家特别是美国加州学派的一些现象学家依据弗雷格的指称论对于胡塞尔意向性结构的一个刻画。

弗雷格的意义指称论有一个经典论述：语词通过它的意义去指称一个对象。不同的语词，其意义可能不同，但却可以指称同一个对象。

例如，晨星和暮星，这两个语词的意义不同，但它们的指称却是相同的（都指的是金星）。一些西岸学者认为，这种解释非常类似于胡塞尔的意向性结构：关于同一个对象，我们在不同的意指行为中会形成不同的意向相关项，这些意向相关项具有不同的意义，但它们共同指向的是对象本身。我们是通过意向相关项指向一个对象的，我们的意识行为，也即 noesis，通过 noema 指向对象，noema 构成了意识与对象之间的一个中介，noema 可以被看作一个意义、一个表述或者一个内涵（intension）。我们是通过意义或内涵去指向一个对象的。

东岸的解释不同意这种观点。东岸解释认为，noema 是经受了现象学还原的对象，是我们直观到的对象本身，它不是一个意义，也不是一个中介。

一般而言，东岸解释与西岸解释的核心争论集中在如下三个论题上：

（1）意向相关项是否是一个内涵实存物？

（2）意向相关项是否充当了行为意指对象的中介？

（3）意向相关项是否应当被去本体论化？

西岸解释把 noema 变成了一个内涵，变成了一个抽象实体。这种观点就受到了其他哲学家的批评，特别是德拉蒙德（John J. Drummond），他认为我们不应该把意向相关项变成一个实体，它本来是胡塞尔用来刻画意向性的结构，刻画意识与对象关系一个特定术语，但我们现在把这个术语变成了一个实体，把它本体论化了。为此，德拉蒙德建议，仅当我们在胡塞尔现象学的语境中讨论意向性的结构时才能使用这个概念，否则就不要用它。即使非得使用它，那也不要把它本体论化。

五、现象学与艺术

最后一个部分简要引出现象学与艺术的关系。这个问题跟我最近翻译的塞尔的著作《观物如实——一种知觉理论》(*Seeing Things as They Are: A Theory of Perception*，2015)有关。在这本书中，塞尔也讨论了意向性问题。他认为所有视觉意识对于一个对象的直观，对于一个对象的"看"都应该在"看作"(seeing as)的意义上去理解，所有的"看"都是一种"看作"，所有的意识都是把一个对象意识为某物，把对象看作某物。

塞尔在讨论"意识"的本质特征时举了一些例子，我在翻译这本书的过程中发现他举的这些例子跟我们今天讨论的意向性概念有密切的关联。塞尔举的是绘画的例子。

第一幅画是维米尔(Johannes Vermeer)的作品《葡萄酒杯》(*Het glaswijn*)。这幅画展现的是在一个虽然十分简朴但却优雅的环境中的一个男人和一个女人。女人正喝着玻璃杯中的葡萄酒；男人戴着帽子站在一旁，他右手拿着酒壶，而眼睛在看着这个女人。按照美国北部巴洛克博物馆馆长韦洛克爵士(Arthur K. Wheelock Jr.)的说法，这幅画中的两个人物，男士和女士，举止得体，看不出有任何明显的爱情关系。但是塞尔却说：韦洛克的这个解释是错的。这幅画表现了一个"引诱"的主题。

第二个例子是博尔赫(Gerard ter Borch)的名作《父亲的告

约翰内斯·维米尔《葡萄酒杯》65 x 77 cm 布面油画 1661 年

诫》(*Die väterliche Ermahnung*)。这幅画展示了这样的情景：一个男人紧挨着桌子旁的一个老女人坐着，他面对着一个背对着我们的年轻女人。依照传统解释，这幅画表明，一个男人正在告诫自己的女儿，因为她违反了某些戒律，但她究竟犯了什么错，在画中并未表现出来。我们可以想见母亲为此多少有些尴尬，因为她正低着头看着她的葡萄酒杯。

塞尔对这幅画也提出了一种不同的解释。他说歌德也误解了这幅画。歌德在他的《亲和力》(*Die Wahlverwandtschaften*, 1809)中说，这幅画里的人物关系是父亲、母亲和女儿。但是塞尔通过他的观察指出，这幅画表现的不是父亲、母亲和女儿的关系，而是一个潜在的客户、一个老鸨和一个妓女的关系。塞尔认为他的解释才是对的。

杰拉德·特·博尔赫《父亲的告诫》布面油画 1654 年

这就引发了一个问题：我们对于同一个对象的直观中会形成不同的 noema，而且这些 noema 甚至是根本对立的，这种情况是怎样出现的？出现这种对立的解释后我们该怎样解决它？

对于这两幅画的解释有点儿像维特根斯坦在《哲学研究》中通过《鸭兔图》的例子对于"看作"现象的解释。塞尔在这一点上跟维特根斯坦是一样的，相同的刺激可能会产生完全不同的体验，即使人们并未受到欺骗，或者视觉也能正常发挥功能——不存在幻觉、妄想、错觉等问题。所有的看都是"看-作"而且必须是"看-作"，因为这是由视觉体验的意向性所规定的。

关于"看作"的解释，在胡塞尔这里有，在海德格尔的哲学当中也有。海德格尔认为我们的一切直观、一切的看都有一个"看

维特根斯坦与《鸭兔图》

作"的结构,有一个"作为"(als)的结构,这便引出了解释学的问题。对艺术作品的解读跟现象学直观到底是一个什么样的关系?现象学如何回到艺术作品本身?艺术家是否需要以及如何使用现象学方法?这些问题都是需要进一步讨论的。关于胡塞尔的意向性理论,我就简要介绍这么多,下面有请各位老师批评提问。谢谢!

---- 对话 ----

梅剑华: 非常感谢浩军老师一个小时精彩的分享。我和浩军老师认识十多年了,曾是同事。他的博士论文就是做胡塞尔的现象学,今天的讲座落尾落到了塞尔和维特根斯坦,实际上他这么多年一直致力于沟通现象学与分析哲学,更狭义地说,现象学跟心灵哲学相关的内容。我们注意到那些根本的问题,意识问题、意向性问题都跟胡塞尔有一定的关系,这是非常有意思的。下面有请两位评论嘉宾:顾振清老师、藏策老师。

顾振清：我先提一个问题：关于"意识"的意向性结构，按照胡塞尔的说法，"意识"首先是意识他物。当意向性结构朝向自我或是朝向他人，和朝向世界的时候，这里面有没有一个区别？因为朝向自我毕竟是一种自指性的逻辑困境，自我是不是一种"他物"？是不是一种他者？我想问一下三个不同的有关"他"的定义，即他物、他者和他人的区别在哪里？

张浩军：谢谢顾老师的问题，胡塞尔会把我们的认识对象分成三类：一类是自我，一类是他人，一类是世界。这个分类来自布伦塔诺。在布伦塔诺看来，我们对于自我的认识是通过内感知进行的，对于外部世界的认识是通过外感知进行的，而对于他人的认识则是通过同感进行的。胡塞尔接受了布伦塔诺的这一观点。"同感"（Einfühlung / empathy）这个词在哲学、美学、心理学中经常被翻译成"移情"。在胡塞尔看来，对于他人的认识是一种特殊的认识，因为他人不是一个僵死的、无生命的物理物体，他人是肉体和心灵的复合物。他的肉体、外在的东西是可以通过知觉、感性的能力去认识的，但是对于他的心灵，则要通过一种特殊的技术、特殊的直观方式，即同感的方式或者移情的方式去把握。

对于那些非人的存在者，用海德格尔的话来说即那些"非此在式的存在者"的认识，我们是通过各种各样的知觉，通过视觉、嗅觉、触觉或其他延伸的手段进行的。胡塞尔认为我们的身体（Leib）是肉体（Körper）和心灵（Seele）的复合物，肉体在一定意义上可以看作一个物理物体，它是外感知的对象。但是人的心灵无法通过外感知被把握，心灵（意识）是内在于人的身体（大脑）的。我们对于自我的认识往往是一种第一人称式的自身觉知（self-awareness）或自身意识，它往往不是对象化的，而是一种直接的通达或内直观。

他者是一个相对于自我／主体性的概念，凡是非我的东西，或不属于自我的东西都可以叫作他者，他人是他者的一种。列维纳斯会说，大写的他者（Other）即是他人。他人相对于自我来说具有一种优先性，它是凌驾于我之上的，一个拒绝被同一化的、异在的他者。

顾振清： 如果正在做意识活动的"意识"会不会成为另一种背景下的所谓的"本我"或者是"自性"？被自身觉知的"我"跟通常的"自我"有没有区别？毕竟一个是他者，一个是对象，一个是意识活动的主体。

张浩军： 非常好的一个问题。意识与自我是有区别的，自我也是一个多义的概念。胡塞尔认为我们在进行先验还原时自我会发生分裂：先验的旁观者置身于自己本身之上观看自己，将自己看作先于世界而被给予的我。如果说自然态度中的人所拥有的是一个自在的存在的世界的话，那么意识到自己是先验自我的先验旁观者所拥有的则是作为现象的世界。从这个意义上，自我可以分为经验自我和先验自我。

如果自我本身不是一个先验自我，它如何从一个经验自我变成先验自我？在自然态度中，自我还没有意识到自己处于自然态度中，自我是不自知的。但是自我一旦意识到了自然态度和现象学态度（也即哲学态度）的不同，并且从自然态度进入了现象学态度，那么这时的自我就不再是一个素朴的、直向的、非反思的自我，而是变成了一个反思性的、沉思着的理性自我，从一个自然人变成了一个哲学家。在这种态度的转变中，自我本身发生了分裂或转化。

梅剑华：我接着顾老师的问题追问一下，顾老师问你怎么认识自我，你说用自我觉知，怎么认识他人是用同感。那么怎么认识世界？世界可能有几种：第一种是外部世界、物理世界；第二种是抽象的世界，比如数学这种东西；甚至还有一种世界是像迈农（Alexius Meinong）说的不可能的东西。我想问问关于世界上的意向性和认识是怎么发生的？

张浩军：这个问题其实跟意向性的本质结构有关，即如何理解 noesis 和 noema。如果我们在严格意义上把对象定义为外部世界中的物理实在或物理对象，那么对于这样的世界的认识是可以通过意识的意向性直接把握的；如果没有一个物理实在存在于外部世界中，那么像你所讲的抽象实体、抽象观念这样的东西，例如圆的方、木的铁，该怎么样去认识呢？如果我们把这样的东西理解为 noema，理解为一个意向对象，意识的意向性结构还是可以成立的。即使外部世界中不可能有一个实在的东西与圆的方、木的铁或金山这样的抽象观念相对应，我们依然可以有关于圆的方、木的铁或金山的意识。我们可以有意义地思考它、谈论它，从这种意义上来说，它可以是我们的意识对象，但这个"对象"并不是一种物理的实存。

关联到塞尔，塞尔会基于其直接实在论的立场认为，我们的这种意识活动有意向内容，但却没有意向对象。他经常以知觉和幻觉为例：我们的幻觉和正常的知觉有相同的意向内容，某种意义上有相同的 noema，但区别在于，前者没有对象，而后者有对象。

梅剑华：你解释了物理世界和一般的抽象世界。但是我觉得抽象世界有两种：一种是一般性的观念，比如数学，这是有意义的，可以谈论的；另外是不可能的对象、不可能的事情，只是概念上的东西，甚至不可能想象它。我想说在这种抽象的世界里的这两个东西，胡塞尔会有什么样的区分？

张浩军：按照胡塞尔对于意向性的普遍定义，即意识总是关于某物的意识，只要意识存在，那么它就总是和某个东西（对象）相关，从这个意义上来说，我们的意识设定了对象的存在，至于这个对象在本体论上的存在方式如何，我们可以不去管它。如果这样理解的话，那么这些抽象的对象，像您刚才所例举的东西，可以成为意向性结构中意向对象侧的东西。换言之，作为意向对象的 noema 可以不必是实在的物理存在者，它可以是抽象对象或观念对象。

梅剑华：非常好，你说意识的存在总是设定了某物和某对象的存在。前一段时间，我们跟顾老师讨论过思辨实在论的哈曼（Graham Harman），哈曼讲的物导向本体论，就是讲有一些对象（object），不管是物理的、抽象的，还是不可能的，各种对象都是同样存在的，都是可以有这种关联。

张浩军：补充一句：对于胡塞尔来说，意向状态和意向对象似乎是始终关联在一起的。我最近看塞尔比较多，塞尔会说：并非所有的意向状态都是有意向性的。如果不是所有的意向状态都有意向性，那么也就意味着并非所有的意向状态都具有意向对象。比如我们感到疲惫、无力、焦虑时。我有这些意识体验或意向状态，但这些意向状态并没有明确的对象。当然也有人可能会说：焦虑有焦虑的对象，疲惫也有疲惫的对象。

梅剑华：松绑我们关于对象的理解，不再是传统客观意义上的对象，松绑之后叫作"对象"可能都不太对，可能叫 something。

顾振清：也许无对象的焦虑反倒是对虚无、对存在的一种根本性的焦虑。这种对象可能是一个更大的对象，不是我们所设想的一种所谓的物理对象或者是精神对象。无对象焦虑中，可能会存在一个更大的不可描述的、不可辨识的某种潜在对象。

张浩军：我同意顾老师的观点，在现象学讨论中确实有人举过这样的例子。所谓的虚度感、无聊感、无意义感，它的意向对象可能是一个空缺的价值，一种价值的缺失状态或空位状态。

藏策：我对今天的讲座非常期待，因为艺术理论跟现象学的关系非常密切，艺术不仅是无意识的，更是意识活动的，是游走于无意识与意识之间的，也是游离于理性与非理性之间的。在理性这一端，跟艺术关联最大的恰恰就是现象学，尤其是胡塞尔现象学。

我先回应一下刚才几位讨论的"对象"问题。在皮尔士符号学里，"对象"有两个：一是可见的，所谓直接对象，就是我们眼睛能看到的或者是耳朵能听到的对象；一种是动力对象，大多是不可见的。直接对象是指向动力对象。

我们就以视觉对象而言，一种图像，可以不依赖于物质媒介而存在的，在图像学里叫作精神图像。以艺术史里特别经典的一个形象"天使报喜"为例，天使告诉圣母玛丽亚说你受孕了。这个"图像"可以超越具体的物理媒介，即使把这幅画烧了，在人们的记忆里仍然是存在的，它可以依托寄生于任何一种媒介当中。可以用显示屏里来还原它；可以在梦境里还原它；它实际构成一种超越直接对象的所谓"像似符号"。它作为一个精神图像，不一定是以绘画、摄影、雕塑或者是某一个具体的媒介方式来呈现。

精神图像之后，还可以生成一个动力对象。动力对象哪怕在精神图像里都是不可显现的，甚至就是一个概念。这个在皮尔士符号学里是可以分析的。

我是自学的现象学，但是我对胡塞尔的现象学非常关注。从道上，"悬置"与"还原"我是明白的，把所谓先验的，脑子里关于它的概念，比如面对一棵树，关于植物学的概念、关于它的功用这些东西，全部都放到括号里悬置起来。但我一直在好奇，我们把对象悬置起来反观，我们又是如何意识到意向对象作为意识主体本身的？我想请张老师再进一步请细说。当把所有的东西都悬置以后，一定能够进入本质直观吗？

张浩军：谢谢藏老师的问题，我来回应一下。针对您刚才的评论，我想稍微做一点补充：您说的这个思想在胡塞尔这里也有不少论述。问题的本质讲的是观念的客观性问题，胡塞尔特别强调的一点是，我们要给观念来正名。通常的理解是唯物和唯心的理解，这种理解认为所有观念的东西都是主观的，没有客观性；只有实在的东西，看得见、摸得着的东西才是客观的。这种理解是把实在性与客观性画了等号。

在胡塞尔看来,观念的东西与物理物体的存在方式虽然不一样,但它与后者具有同等的存在效力和存在地位,也就是说,它与物体的存在具有同样的客观性。

我们再举另外一个例子,比如说莎士比亚的悲剧作品《哈姆雷特》,它是一个具有观念客观性的意义统一体,它可以通过不同的物理形式表现出来,例如歌剧、音乐、舞蹈、绘画。这些表现形式及其物质载体虽然不同,但它们呈现的内容却是完全一样的。《哈姆雷特》这个悲剧本身是同一个东西,具有一种观念的同一性,这种观念同一的东西有一种客观性。胡塞尔特别强调这一点,在他的后期的哲学中经常讨论这个问题。我非常同意您刚才的那个评论。

第二个问题是关于悬置和还原的例子。关于"悬置",胡塞尔强调的是,它是我们从自然态度进入哲学态度或者现象学态度的一个通道,一个态度转变的时机。它要悬置的是您刚才所讲的各种各样朴素的、自然的信念。

经常有人把"还原"和"悬置"等同起来,胡塞尔有时也有"现象学悬置""现象学还原""先验悬置"的提法。我认为,还原和悬置的不同之处在于,悬置是一种完全中立的态度,不做任何态度的设定,是一种完全不执态(Stellungnahme)。"还原"特指先验还原,就是要回到我们的纯粹意识或者先验意识上去。

怎么理解"悬置"和"本质直观"?我想到一个例子,您身后架子上有很多古玩,如果张三说您这个花瓶可能有四百多年的历史了,他甚至非常精确地断定说,这是明朝万历年间的东西。当张三说了这句话之后,您先对这句话加一个引号,不置对错,然后通过一些具体的方法去考证这个物件是不是属于明朝万历年间，距今到底有多少年。如果经过一番考证，最后得出的结论是：这个东西是清朝的，不是明朝的。那么，张三说的这句话就为假，从认识上，我们要将其判为无效。反之，如果经过考古或者各种各样的技术手段，最终得出一个结论说这个东西确实是明朝万历年间的物件，那么加在张三那句话上的引号就可以去掉，将之接受为真。因此，悬置的过程其实是一个加引号和去引号的过程。在对这尊花瓶的制作年代的确认过程中，必然会涉及本质性的东西，例如万历年间的花瓶与永乐年间的花瓶、明朝的花瓶与清朝的花瓶有什么本质区别？颜色、釉质、器型、原料、工艺有什么本质差别？对一个花瓶的年代的确定，涉及其多方面的本质，而对于本质的认识当然需要本质直观。假设您有非常丰富的文物鉴定经验，而且尤其擅长对花瓶的鉴定，那么您稍微看一眼或者仔细观察一下花瓶就能够判断张三的这句话对不对，这个过程可以理解为一个本质直观的过程。当然这个"本质直观"实际上也需要一些环节和具体的操作。

至于您说"当把所有的东西都悬置以后，一定能够进入本质直观吗"，我认为答案是否定的。我们并不一定总是能够成功地实现本质直观，我们可能在寻求本质的过程中误入歧途，将臆想的东西当作真理。例如，苏格拉底的理想城邦、柏拉图的理念世界、霍布斯的自然状态，这些虽然都据称是本质直观，但实际上也是一些过度想象。（相关论述可参见索科洛夫斯基的《现象学导论》第十二章"本质直观"）

藏策：这个我明白了，但现在又出现新问题了。比如有一个朋友告诉我说："后边的某一个东西是明朝的"，现在划括号悬置了，没有问题。现在我再继续证明他说的真伪，抱一个怀疑的态度来鉴别，我又用了外在于事物的知识。假如说我本身是一个收藏家，我对文物有一个知识，这个知识本身是不是也应该划进括号，也应该悬置？

张浩军： 我认为您讲的这个问题涉及直接知识与间接知识的关系。换言之，现象学还原要还原到一个什么样的程度才是完全可以接受的？我们自身所具有的直接知识是否可以作为直观的前提或根据？

对于胡塞尔来说，还原的最终目的是回到"纯粹意识"，因为它是我们认识的起点。我们的一切知识都是通过纯粹意识一步一步构造出来的。如果我本身是一个收藏家，我有非常可靠的文物鉴定知识和丰富的鉴定经验，那么在文物鉴定过程中它们是直接可资利用的。我们在进行悬置或还原时不是进行完全的自我怀疑和自我否定，而是要重新对我们已有的知识或信念进行反思，反思的过程是一个再确认的过程。如果我们对自己所拥有的关于花瓶的知识再次进行了确认，通过理性判断，认定它们是无误的，那么我们就可以据此对张三的论断进行正确与否的评判。

我觉得这个问题确实涉及"还原"的限度问题。我们的间接知识如何一直还原到一个直接的知识？还原的结果是否会导向罗素所谓的"亲知"？是不是所有的人在认识事物时都要进行一番彻底的还原，都要回到认识的起点？这显然是不可能的。

我们上大学、读研究生，学到了很多知识，我们认为它们是一些客观知识，这些东西是可以被认之为真的，我们是依据这些知识进一步推进我们的学习和理论研究的。换言之，我们在现实世界当中总是会依据一些间接知识，依据一些我们认为可靠的知识来指导我们的生活，采取行动，否则我们的生活可能没法正常进行下去。这同时就意味着，那些进行知识生产的科学家（广义上说包括精神科学家和自然科学家）给我们提供的知识必须是可靠的，他们在认识的每个步骤、每个环节上都必须严格遵守理性的法则，遵守认识规范，他们给我们提供的理论、知识都必须经得起理论或实践的检验，都必须具有客观性。我们可以把这些知识作为我们认识的前提。当然，我们在进行认识的时候，完全可以对这些所谓的知识采取悬置甚至怀疑的态度，穷根究底地进行追问和还原，直到经验或亲知的层面。我想这可能是一个非常复杂的过程。

藏策：我突然有了一个想法，不知道理解得对不对。还是指着我后面的某一个东西，至少第一眼看上去像一个文物，在皮尔士符号学里，相当于"直接解释项/感觉解释项"，就是"看着像"；进入动力解释项，它到底是不是一个文物。有一个收藏家告诉我它是一个明朝的文物，我把它划到括号里悬置起来，然后我再进行考证，这属于动力解释项，最后得出一个结论所谓的最终解释项，它是或否。这个时候，终极解释项之后本身又是一个符号，进入另外一个符号，再悬置。我把我现在得出来的是与否的结论也作为一个外援的知识悬置起来，再去思考我为什么会得出这样一个结论，是不是这样悬置起来就回到了我认知意向结构本身了？

这样悬置来，悬置去，经过若干回合回到意识本身，是不是从意向对象就转回认知主体本身了？不断的悬置过程里都有一个还原，是或否，都是还原。元认知的过程又有一个是和否，对元认知的元认知，又有一个是和否……当把这些东西都被悬置和还原之后,意识本身的意向过程开始显现、开始呈现,这么理解对不对?

张浩军: 按照您的这个说法,悬置和还原是一个连续的进程,要不断进行下去,最终回到一个不可被还原、不可被悬置的东西上去。在胡塞尔这里,不可被还原的东西就是"纯粹意识",当代很多心灵哲学家也是这样认为的。例如,塞尔说:意识是不可还原的,它是一种生物学的自然现象。当然,我们可以在一种因果的意义上说,我的某种意识是由某个东西的刺激所引起的,我们可以对某种特定意识的产生给出一种因果解释,但这并不能看作对意识本身的还原,意识是不可再被还原的。

胡塞尔说,我们可以对各种各样的知识、信念、观念进行悬置、进行排除、进行还原。但最终,我们的意识本身是不可被还原掉的,不可能回到一个意识之前的东西,因为意识是我们一切认识的一个终极根据和起点。

藏策: 您在讲座最后举的两幅画的例子,从解释项来讲是从呈符到了一个申符,呈现了一个画面,讲了一个具体的事。这个"事"本身是父亲-母亲-女儿,还是老鸨、妓女和顾客的关系,还是男女之间很合乎礼仪的或者是一个色诱的关系,这是相当于终极解释项,这是一个论符,从而展开了讨论。艺术本身是不给出最终结论的,如果能给出谜底,就不是艺术了。艺术恰恰是敞开的,只提出问题。论符到终极解释项是展开了新的意义场域,而不是给出一个谜底,但是前两个从皮尔士现象学来讲,是呈符和申符的关系,所要抵达的是论符。论符是我们要讨论的,不断悬置和还原的关系。这是我对您举的这两个例子的一个回应。

张浩军：我也想借这个机会请教一下藏老师。如果套用胡塞尔的意向性模型，我们可以把画家的原作和解释者所理解的画还原为胡塞尔的对象（Gegenstand）与意向相关项（noema）的关系。不同的人基于不同的文化背景、历史、传统、教育去看同一幅作品的时候，他们看到的意向相关项是不一样的。但是我们也知道，不同的意向相关项都是指向同一个对象，所有的"看"都是一种"看作"，胡塞尔和塞尔在这一点上其实持有同样的观点。

藏策：日常生活中的符号关系，与艺术符号学肯定是不一样的。比如红绿灯，绿灯可以走，红灯必须停，这是要有结论的，没有结论这个交通规则就乱了。但是在艺术符号学里恰恰是相反的，它要打破日常规则，要破除执念，让你既定的一种思维方式无法进行下去。

比如意向对象，画面里的意向对象是一个直接对象，而背后的动力对象，我们要还原。还原动力对象之后产生了不同的论符（属于解释项）。解释项一定不是固定的，各种解释都能解释得通，解释成一个父亲规训女儿也是可以的，没问题，但同时又能解释成老鸨与妓女的关系也是解释得通的。再过若干年，又出来一个批评家可能再阐释出新的解释项，只要能解释通就是对的。因为艺术家（画家）本身到底想的什么不重要，那是他的意图，意图在文学批评里叫"意图谬误"，它的意图不等于最终意义生成的意义，艺术家本身不能为他的作品提供一个答案。因为艺术家一旦完成艺术品之后，已经不再拥有艺术品最终解释权。所以各种解释都是对的。

曹雪芹写《红楼梦》的时候当然知道要表达什么，但是把今天的红学研究成果给曹雪芹看，曹雪芹是肯定看不懂的，根本想象不到后人把《红楼梦》解释成什么样子,完全超出了他当时写作的意图,这很正常。假如说《红楼梦》只拥有一种答案,我们一下子考证清楚《红楼梦》,那它就毫无价值,曹雪芹早就被遗忘了,艺术上的原理是这样的。

所以呢,我对艺术符号学有一个自己的新观点,那就是不能用雅各布森的那个模式,因为艺术家发出的并不仅仅是信息,观者接收的也不仅仅是意义,中间的过程也更不是编码/解码那么简单。艺术家实际上是在建构场域和语境,艺术作品只是可以持续生成意义的架构,而非意义的编码。意义实际上是由观者生成并不断填充到作品之中的。艺术家的奥妙之处,其实不是对意图进行视觉符号的编码,而是去激活符号,让固化的符号关系生成"活的隐喻",也可以说是让表意符号重新焕发青春而成为前表意符号,具有新的表意可能性,成为意义的"发生皿"。如果借用罗兰·巴特的话来说,可能会更清楚:艺术家提供的是"研面",而在观者那里得以生成的则是"刺点"。

顾振清:我拿和胡塞尔同时代的一个艺术家塞尚作为例子。塞尚一直是在画静物,画家门前正对着的圣维克多山,或者是画一些浴女(裸女)。他把所有的对象都看作圆锥体、圆柱体、球体、几何形体。他在看对象的时候先做了一个悬置,把从文艺复兴早期布鲁内莱斯基(Filippo Brunelleschi)、阿尔伯蒂(Leon Battista Alberti)开始的单点线性透视法的秩序悬置了。因为这种秩序太像人类日常经验中作为经常性感知输入的视觉秩序。所以当文艺复兴开创了透视法以后,这个法则主宰了整个艺术发展的历程,一直到塞尚才改变。塞尚悬置既有绘画法则的时候做了一个什么事情呢?他做了一个先验的还原。在塞尚先验的认知里,数学、几何,构成一个人先验的知识,欧几里得五大公理是先验的、不需要证明的,包括平行线。塞尚拿这些无须证明的秩序去替代当时的、从几何学定理发展到透视法的一个既定艺术的视觉秩序。他的这个画面开始呈现一种本质直观。什么本质直观呢?就是不再回到在二维平面当中形塑一个三维幻境这样的视觉秩序了。塞尚把画面的景深压缩,把画面的单点线性透视法秩序刻意打破。有的画面上,一两个苹果突然画得比较大,虽与旁边的静物并置在一起,却不属于同一个透视参照系;有的画面结构中,看上去根本没有一个灭点。我可以把塞尚对于对象的视觉呈现方式看作一种"本质的直观"。而且塞尚这个"本质直观"让他成了现代绘画之父,影响了美术史上后续的多个绘画潮流的变化。

首先影响到毕加索为代表的立体派,其次影响了后来荷兰的风格派,以及后来的抽象艺术、具体艺术、极简主义艺术,这些艺术流派都属于艺术家带有理性去分析对象的一种思脉。这个艺术思脉的发端与胡塞尔及现象学之后现代哲学思想倾向的分裂也是有关系的。当时哲学中的一种,是分析哲学、逻辑实证主义,其中有弗雷格、罗素,以及走向逻辑哲学论维特根斯坦等一批哲学家。另外一种是从尼采到柏格森,一直到德勒兹的这样一个流派。这种哲学和艺术的现代性发轫都可以追溯到塞尚的时代,并从塞尚的作品里找到一个渊薮。因为塞尚不只是鼓励了后来毕加索他们立体派的发展,他也鼓励了表现主义的发展。很多表现主义者认为塞尚的绘画里属于一种主观的色彩,主观的造型,并不是客观对象的一个表现。所以后来德国表现主义、抽象表现主义等等,包括超现实主义、跟无意识相关的艺术都是在塞尚那边找到了营养。

胡塞尔的现象学发展历程几乎跟塞尚画面上的实验是同步的。人类的认知好像在不同领域的人身上发生了效果，塞尚1906年去世，毕加索1907年就画了一张《阿维侬少女》，所谓的立体派的名作。胡塞尔1907年的哲学思考，变成后期胡塞尔现象学转向的开始。

从塞尚的工作里，我还可以看到所谓的实项和实在的区别。塞尚对"对象"的关注或者观测，有一些是对实项的把握、实在的把握，有时候他的色彩跟他的画面的形体并不是匹配的，有的时候色彩跟形体有脱节的地方。借用胡塞尔的现象学观点来讲，塞尚描绘的对象，有的成为意识活动的一种质料，有的成为意识活动的一个对象。这让我想起现代神经实验案例中的一些对裂脑人的实验。人的左右脑两个半球是由"胼胝体"这种特殊组织连接起来的。小小的胼胝体中存在着大约两亿根神经纤维。这些纤维存在于左右脑之间，起到桥接、联系作用。一旦胼胝体被切断，左右脑之间就无法沟通。1940年代，医生对一些癫痫患者做了胼胝体切除术，医好了患者的癫痫病，但却导致他们发生左右脑完全分裂后的认知障碍，使他们成为裂脑人。裂脑人用左眼看事物的时候，动的是右脑；右眼看事物时动的则是左脑。裂脑人由于左右脑两边的联系被截断，管语言表达功能的左脑与管总体思维能力的右脑之间产生了割裂，这也导致他们对于事情的认知产生一种分割。左脑一般负责"计算"，类似于胡塞尔所说的实项；右脑一般负责"模拟"，类似于胡塞尔所说的实在。裂脑人左右脑对于对象的表征出现不同步、不相符，就会产生认知分裂，其身体的左右侧也就会各行其是。裂脑人实验表明，胡塞尔所说的实项和实在，也许跟人的左右脑对外在事物认知的一种分配方式有关。这一点的提示其实是非常开脑洞的。

还有一项是关于所谓侧显的对象本身。以前讲毕加索的立体派，一个女人既让我看到了这一面，又看到了另一种。按照透视法原则，人看一个侧脸的时候，只能看一面，而看不到完整的另一面，即当我看到一个侧脸女子的左脸的时候，按理说右脸不能出现。毕加索却把右脸也画了出来，并置在左脸的一旁。这里是否又可以借用胡塞尔的意向相关项（noema）概念来进行分析、阐释？毕加索希望把一种侧显的对象本身也表现出来，才感觉它的意向相关项须是一个完整的表现。所以我今天觉得，艺术史上的艺术家开脑洞作品所表征的想象力延伸、表现形式的变化以及风格的迁移，有的时候并不是源自艺术史自身演绎的逻辑，而是源自那个时代其他思想文化领域的外部刺激。

比如，毕加索的立体派试图在一个空间中表达时间性，表达时间的改变，让观者能够既看到某一瞬间人的一面、又看到另一个瞬间才能体现人的另一面。立体派把在不同时间段里才能表现的事物表象作一个共时性的呈现。其实在胡塞尔意向相关项概念里，这倒是侧显对象本身的一个体现。

虽然这些胡塞尔的这些概念对艺术家或者对批评家来说还不是一个系统的概念，甚至这些概念系统里还有一些内在冲突，但它们是提示我们去分析作品的一把钥匙、一种可能性。用现象学的方式解读塞尚、解读毕加索，我觉得可以解读到其作品更深的层面，从符号的直接对象到更多的动力对象。其实，一种符号的动力对象以及解释项可以是无穷的，如果有更多的动力对象、解释项，我们对胡塞尔的意向相关项的认知也会更加丰富。

张浩军：您对现象学的理解非常专业。1907年，胡塞尔的哲学发生了一个非常重要的转向，即先验转向，它比1913年的《大观念》第一卷来得更早一些。

我非常同意您的这些理解，塞尚的作品我不太了解。但是我知道很多做现象学的学者也会去研究塞尚的绘画，把他跟现象学关联起来，特别是一些做梅洛-庞蒂的知觉现象学的学者，他们研究塞尚更多一些。

我今天引出这两幅画的意图是跟胡塞尔的意向性结构关联在一起的。当然，我觉得这个提法本身也能够看作心灵哲学与现象学进行沟通、对话的一个交叉点。

塞尔的很多理解其实跟胡塞尔的理解非常相像，尽管他自己不承认，也从来没有明确说过，他运用了胡塞尔的理论和方法来构建自己的理论。但是，如果您读塞尔的著作，就会发现塞尔的很多论述，特别是他的知觉意向性理论，与胡塞尔如出一辙。尽管他们有很多根本上的不同，比如自然主义立场与反自然主义立场的区别，但是在很多论题上还是有很多可以沟通的地方。

我引出这两幅画作的另外一个向度是解释学的向度。画家本人、评论家、批评家、鉴赏家，还有那些没有任何艺术修养、没有接受过艺术训练的普通观众，他们对于同一幅画会形成不同的 noema，这些 noema（意向对象或意向内容或意向意义）甚至是对立的、矛盾的、冲突的。这里就会形成很多层面的解释。艺术家本人到底重不重要？是艺术品本身重要，还是艺术家本身重要？我们对画作进行理解的时候有没有过度解释、暴力解释的嫌疑？我们是否劫持或者歪曲了艺术家本人的创作意图？如果博尔赫现在活过来看塞尔的这本书，会不会同意塞尔的观点？他会认为歌德的解释是对的，还是塞尔的解释是对的，抑或都对，抑或都不对？问题是博尔赫现在没有活过来也不可能活过来，我们并不知道他本人的意图是什么。

我不知道艺术界对于他的这幅画有没有一个相对公认的解释。

顾振清：我觉得都对，歌德的判断也对，塞尔的判断也对。但是塞尔讲"看作"这个词对于我们理解塞尚的帮助非常大，塞尚的"看"是一种看作，因为他不再延续以前所有人用透视法去看对象的那种看法。他把除去透视法秩序捆绑的对象，看作他的新的几何形体秩序中的对象，再把几何形体的立体算法还原成平面算法时，突然间，塞尚把握对象的平面算法就跟以前透视法的三维幻觉完全不一样了。凭借立体几何转化为平面几何的算法转换，塞尚全新的画面物像表达秩序解放了他后面的许多艺术家。许多艺术家都按照塞尚的方式，都以一种"看作"的方式去表达对象，把对象表达为一种意识活动的结果，最后分裂成两派：一派走向了表现主义；另一派走向了抽象主义。所以，我觉得以现象学研究塞尚这样一个具有里程碑意义的艺术家，是对塞尚艺术的一个非常好的注解。

藏策：不仅他们俩说得都对，后边再有哪位，只要能够解释得合理，说得也对。为什么呢？因为被艺术家激活了的符号，就生成了其新的解释项，这些符号能生成多少意义就有多少解释。艺术家如果特别清楚他作品的意义，那他可能就不是艺术家了，而是胡塞尔了，是哲学家了。宣传和广告这样的东西，是能解释清楚的，因为其中的符号意义都是固定的，否则达不到宣传和推广的作用。艺术品恰恰是要破解已经被固化的意义，意义本身就是关于意义的意义，所以不可能有一个固定的、由作者来给精确制定的意义的辖域。

我现在想到了一个新的问题。在康德这里"事物"本身是不可知的，我们所谓的对事物的观看、理解只能是"侧显"，只能作为意向过程中的意向对象为我们所把握，这一点也被量子力学证明了，世界到底什么样，今天是看不见的，我们一看就坍缩了，世界是被我们看成这个样子的，而不是它本来的样子。

尽管现在梅亚苏说凡是可用数学公式计算出来的，就是物自体。但我认为数学公式所能演算出来的仍然是这个物自体的一个替代、一个符号，而不是它本身。因为世界本身就是一个替代，我们看到所有的东西都是一个替代，语言是对那个事物本身和概念的替代；图像是对实存物的替代。所有的东西都是替代，永远只能看到侧象，不可能把握所谓的物本体。我这个理解符合现象学吗？

张浩军：藏老师，我从两个方面回应一下您的这个问题。

一是关于康德的现象与物自体的关系。康德留下了一个形而上学残余，造成了二元论的后果：现象与本体的两分。胡塞尔坚决反对康德，他要批评康德的立场。在胡塞尔看来，所有的意识都是关于对象本身的意识，是关于物自身、物自体的意识，只不过物自体在现象学态度中变成了一个经受了现象学还原的对象，即现象。但现象和物自身不是两个东西，二者是 noema 与对象（gegenstand）的关系。胡塞尔在认识论的奠基层面是意识一元论，身体是一种关于身体的意识，是意识通过动感和触感等构造出来的一种统一体。可以说，胡塞尔通过意识一元论解决了现象和物自身两分的认识论难题，这是他的一大理论贡献。

二是您刚才提到的对于世界、对于物自身的解释是否有一个统一的、标准的解释。我想可以用胡塞尔的生活世界理论来说明。胡塞尔说，科学可以给我们提供关于世界各种各样的解释。科学认为，它们对于我们所生活于其中的这个世界的解释才是最客观、最可靠的。但事实上不是这样的。胡塞尔认为，我们所有的科学、艺术、宗教、文化都起源于生活世界。生活世界可以区分为日常生活世界和前逻辑、前语言、前判断的纯粹知觉体验的世界。生活世界是丰富多彩的，是主观的、相对的。后一种意义上的生活世界即纯粹知觉体验的世界，是一切科学的母体，是一切真理的起源地。

在此，我想正好借这个问题对前面我讲的意向性理论做一个简要的总结。我们的意识与对象之间的关系、自我与世界之间的关系是丰富多彩的，意识的体验内容、体验对象是纷繁复杂的。如果我们用"意义-指称"模型把这种非常丰富的"意识-对象"关系、"自我-世界"关系还原为一个语词与其指称的关系，将意向性问题变成一个语言分析的问题的话，那么其实是缩小了或者窄化了我们对于现象学的理解。世界的丰富性、意识体验的丰富性被还原成一种简单的意义-指称关系是非常危险的。

此外，如果认为物是各种各样意义的集合，很有可能得出贝克莱（George Berkeley）的"物是观念的集合"这一唯心论命题。因为如果本体论意义上的"物"、本体论意义上的"对象"最终被一个观念性的意义集合代替了的话，就会发生一种根本的错位。本体论被认识论替代，这样会造成一个非常糟糕的理论后果。针对您的问题我就此回应这两个方面，同时做了一个补充。

梅剑华：谢谢张老师。观众有三个问题，第一个是问：意向性和建构主义是否有关？

张浩军：我不太清楚这位提问者所讲的建构主义是什么样的建

构主义。但是我借着这个问题澄清一个观点。胡塞尔的发生现象学主要讨论的是意识的构造问题：对象是由我们的意识构造出来的；我们对于自我的认识、对于世界的认识、对于他人的认识最终都变成一个意识构造的结果，因此每个自我、每个他人、每个对象都有自己的一个意义的历史或者意义的结构。

胡塞尔所讲的"意识的构造"一定不能理解为一种本体论意义上的创造。Creation 与 Constitution 是两个完全不同的概念。只有上帝才有从无到有进行创造的能力，我们作为普通人，作为一个先验自我，只能认识对象，只不过我们的认识本质上是一个意义构造的过程。胡塞尔的现象学其实是对于我们认识过程的一种先验分析。我们对于对象的构造是一种先验观念论意义上的构造，而不是一种本体论意义上从无到有的创造。

梅剑华： 第二个问题：先验自我意识与意向性意识之间的关系？

张浩军： 在我们朴素的自然态度中，我们是有意向性的。进入先验态度之后，我们也是有意向性的。区别在于，经验自我的意向性不同于先验自我的意向性。先验自我的意向性要实行之前所讲的现象学的步骤，例如悬置、还原、本质直观，这些都是先验自我的意向性要进行的一些具体工作。经验自我的意向性的一个根本特征就是认为世界的存在是不证自明的，是不言而喻的。而先验自我的意向性则要把自在存在的世界变成意识体验的现象。世界不是先于意识而存在的一个实在之物，而是由先验自我构造的一个意义空间。

梅剑华： 第三个问题：胡塞尔的意识现象学跟佛教的唯识宗有什么关系？

张浩军： 二者有高度的相关性，因为二者有共同的研究对象，即意识，只是立场和方法不同。印度有著名的瑜伽行派或唯识学派，这一学派对意识有深入研究，例如五世纪的唯识学者陈那（Dignāga）曾提出意识的三分理论，即相分（客体现象）、见分（客体化行为）和自证分（自身意识）。陈那的后继者在三分说的基础上提出了四分说，即在自证分的基础上提出了证自证分（自身意识的意识）。唐代高僧玄奘曾赴印度求学，师从唯识学大师戒贤（Śīlabhadra），他也接受了四分说，后著《成唯识论》，将印度唯识学引入中国。瑞士著名的现象学家耿宁（Iso Kern）先生就是唯识学和现象学研究很重要的代表人物。事实上，除了唯识学和现象学，我们的传统哲学中还有阳明心学。

梅剑华： 最后我来问一个问题，你在最后的讨论中提到胡塞尔跟塞尔的比较，你说塞尔受到胡塞尔的影响，塞尔是生物学自然主义，虽然说意识是自然的属性，塞尔还是认为意识不能还原为物理的。你讲到胡塞尔时会说胡塞尔还原是还原到纯粹意识，当代心灵哲学、分析传统的心灵哲学的还原是要还原到物理的东西，还原的物理主义主张意识活动还原到微观粒子活动。理论取向不一样，我想问，如果从本体论上去看胡塞尔，他是在心灵哲学地图里是一个二元论者还是一个一元论者？他是认为意识是最根本的（fundamental），还是认为物理跟意识都是根本的？

张浩军： 在这个意义上说，我会认为胡塞尔其实是一个二元论者。他首先是一个身心二元论者，这是一个非常明确，他认为我们的身体就是我们肉体和我们心灵的一个复合物。胡塞尔对意识的研究不同于分析传统下的心灵哲学对意识的研究，前者是第一人称式的、反自然主义的，而后者是第三人称式的、自然主义的；前者是二元论的，后者则是一元论的（唯物主义或唯心主义）。

胡塞尔说我们要通过悬置、还原回到纯粹意识，但他没有进一步去问，这个纯粹意识是大脑的生物学过程，还是由神经元放电造成的结果？是完全唯物主义的，还是随附性的？他也问意识的本质是什么，但是这个本质显然不是一个物理学的本质、脑科学的本质，而是一个哲学的或者现象学的本质，这个现象学的本质用意向性概念来解释。胡塞尔的意向性不是一个因果概念（causality），而是一个动机引发（motivation）的概念。他说自然世界中的一切事物的关系都可以用因果关系来解释，这是一种因果关系，但是在精神领域、思想领域中，意识与对象的关系是一种动机引发的关系，是一种联想的关系。一个心理内容和另一个心理内容的关系往往是通过所谓联想的规律连接起来的：我们由一个东西想到另外一个东西，用一个东西引起另外一个东西。这里所谓的"引起"不是物理刺激意义上的因果的引起，而是一种精神的引动、促发。在这一点上，胡塞尔有点像康德。康德认为，自然世界中一切事物都要遵循自然的因果律，而在精神世界、道德领域中，我们要遵循的是道德的法则，也即自由的法则。胡塞尔也认为，在自然科学中我们要遵循因果规律，而在精神科学中我们要遵循动机引发的规律、联想的规律。

梅剑华：谢谢，还有一个问题，也是听众提的。现象学的观念与外部世界当中实在的物理物体虽然存在方式不一样，但却具有同等的存在效力，这个"同等"是在什么意义上说的呢？观念性的东西和一块石头一样重要吗？

张浩军：我所谓的"同等"是在客观性的意义上说的。胡塞尔在《形式逻辑与先验逻辑》中专门有好几节都在讨论这个问题，即观念的客观性问题。我们不能说主观的东西、观念的东西就是完全任意的、相对的、唯心的东西，观念的东西和物理实在的东西一样具有客观性。只不过观念的东西最终必须要借助物理实在的东西来表现自身。但是，观念的东西并不必然依赖于这些物理实在的存在，它在本质上是独立的、客观的。

再补充一句，在现象学中，至少在胡塞尔的认识论中所讲的"客观性"常常指的是"交互主体性/共主观性/主体间性"（intersubjectivity）。一个认识共同体中的成员对于一个事物的认识，如果是基于理性的态度，并且严格遵守了现象学还原的操作方法，那么他们可以对同一个事物形成相同的认识，这样的认识具有客观性。所以共主观性/交互主体性和客观性在这种意义上可以画等号。

顾振清：这个观点对我很有启发。在康德悬置自在之物以后，尤其是在胡塞尔完成所谓的哲学认识论转向以后，大家似乎不讨论本体论了。但是最近，一些年轻的物导向的本体论哲学家又开始讨论起来了。其实我觉得他们还是在讨论"共主观性/主体间性"的一种观念的客观性，虽然这个观念的客观性没有办法用科学哲学来对实存界进行证实，但是无碍我们知识的增长。只要我们继续讨论，我们观念的知识、共主观性的知识还是可以增长，而不是说自在之物这个实存界不可知就永远不可企及。这种物导向的本体论也是一种知识生产。这个很有启发。

梅剑华：谢谢，今天讨论从展开到后面非常深入系统，浩军老师在现象学领域里非常专业，研究了十多年，两位老师就艺术跟现象学的关系有很多有启发的讨论。

非常感谢各位的精彩分享，感谢观看直播的朋友们，我们下一期再见。

分析哲学与当代艺术

何为不可说？

《逻辑哲学论》中的言说与沉默

主讲

代海强：北京师范大学哲学学院讲师

主持

袁园：独立纪录片导演、艺术家、当代艺术摄影批评人

与谈

樊沁永：扬州大学哲学系讲师

于振立：艺术家

娄申义：艺术家

代海强：非常感谢服务器艺术平台的邀请，让我能够有机会和大家分享关于《逻辑哲学论》（*Logisch-Philosophische Abhandlung*，1921）当中非常有争议的一个话题——不可说的问题。

有人或许把不可说理解为是一种高深莫测的东西，还有一些读者觉得维特根斯坦在这里面没有说清楚，觉得他对这个主题表达得非常模糊，甚至不值一提，大家有各种不同的看法。今天我带来一个不同的理解视角，想对不可说之物做一个不一样的理解。

我今天的报告主要分为五个部分：

一、不可说种种。

我们在日常生活当中经常会用到"不可说"这样一些表达，但有的时候可能把日常语言当中的"不可说"和维特根斯坦的"不可说"混同起来。这一部分主要的目的是区分出维特根斯坦的"不可说"和其他类型"不可说"，从而能更好地定位维特根斯坦究竟是哪种意义上的不可说。

二、不可说悖论。

这一部分将介绍一个方法性的问题。从直觉上讲，大家一般会觉得：既然是不可说的东西，为什么还喋喋不休说个不停呢？说不可说之物可能会导致一个悖论。同样，在维特根斯坦的《逻辑哲学论》当中关于不可说的表述似乎也存在着类似的悖论，但是更重要的是，维特根斯坦对这样的情况有一个自反式的认识。这里面的"悖论"并不是特别可怕的一个问题，在我看来，如果深入维特根斯坦的思想内部，这个悖论可以被消解掉。

三、不可说进路。

理解维特根斯坦的"不可说"，不是说从一些不同的理解角度去猜测"不可说"是什么东西。在维特根斯坦前期大量著作当中，有关于谈论"不可说"方法性上的一些提示，或者是理解他谈论不可说的重要维度或视角。

四、不可说为何。

这也是本次报告最重要的一部分，"不可说为何"一语双关，一方面是"为[wéi]何"，一方面是"为[wèi]何"。"为[wéi]何"指"不可说"究竟是什么东西；"为何[wèi]"涉及"不可说究竟具有什么样的价值"。

五、结论。

一、"不可说"种种

大家在日常生活当中用"不可说"来表达的，其实并不是维特根斯坦意义上的"不可说"。接下来，我会举五个例子，把第五个定义为维特根斯坦所说的不可说。

1. 不能说。一般情况指的是，考虑到说出来可能会造成一些不必要或不想要的结果，因此对于言说者来讲，在动机上没有说的意图；但是，不能说的东西在条件满足后，还是能说。在这个意义上，它并不是严格意义上的不可说，而是具有一种表面上的不可说的含义。

举一个例子：公开的秘密。大家比较熟悉的是《皇帝的新装》，皇帝没有穿衣服这件事大家都觉得是不可说的，其实就是不能说，但对于小孩子没有任何顾虑，是可以说的。这是第一个类型的"不可说"。

2. 说不清。对于一些现象，有时由于言说者自己能力有限，只能说出其中部分内容，剩下一些关键性内容由于能力的限制说不出来，但是这并不意味着能力更高的人也无法说清。

举个例子：中国传统武术当中的劲意。《守洞尘技》有一些这样的表述："一把劲意：恨天无把；二把劲意：恨地无环。"对于初学者来说，这段描述就是朦朦胧胧的好像有点儿意思，但具体也说不清楚。对于技艺更高的人或是武术方面有更深研究的人来说，是能够把这些东西说清楚的。所以"说不清"也不是严格意义上的不可说。

3. 不愿说。由于情感原因，说出来可能会导致不想要的结果，比如会引起巨大的悲痛或伤心，因此不愿意说，但在迫不得已的情况下也能说。这跟第一类是有差别，也有相似之处。

举例：辛弃疾在《丑奴儿·书博山道中壁》里面的一句话"而今识尽愁滋味，欲说还休。欲说还休，却道天凉好个秋！"我们能够深切地感受到诗人在这里有一种不愿说的东西。在文学表达中，不愿说的东西反而有更深的另一层含义。这属于不愿说的类型，也不是严格意义上的不可说。

4. 说不尽。"说不尽"跟前面三种情况不太一样，主要是因为所说的内容太丰富，一定时间之内无法穷尽所有相关的内容。但是，只要条件允许，还是能够说尽。

比如一些复杂的人世间的恩怨情仇等等。如果在时间上、空间上允许，这类说不尽的东西在逻辑上其实是可以说尽的。

举个例子：歌曲《爱江山更爱美人》中的歌词"道不尽红尘奢恋，诉不完人间恩怨"。这里存在着一种说不尽的感叹，严格意义上也并不是不可说。

5. 说不了。并非因为主体的能力和条件的限制导致说不了，而是要说的内容不能被言说，只要一说就导致无意义，这种"不可说"具有逻辑上不可说的不可能性。

举例：传统中国哲学《道德经》讲"道可道、非常道"，当然它有不同的断句方式，但我采取的是跟维特根斯坦的"不可说"比较相近的解读。他在《逻辑哲学论》里说："对于不可说的东西，我们必须保持沉默。"

通过这样的比较，在接下来的讨论中，主要是来谈论最后这组在逻辑上不可说的特征。

二、不可说"悖论"

这一节我们来谈谈方法论的问题。前面已经提到大家一般直觉上的担忧或者反驳——既然不可说，为什么还要说呢？而且是逻辑上的不可说。前面举的四个"不可说"的例子还是勉强能说或者条件允许之后可以说。但是最后这种"不可说"，既然逻辑上都不可说为什么还要说？

我想要引出的是，维特根斯坦自己在说不可说之物的时候，意识到这样的"不可说"会导致无意义，这在文本当中可能就会呈现一个悖论，那这个悖论是如何呈现的呢？

貌似的"悖论"

我通过维特根斯坦在《逻辑哲学论》倒数第二段和前言里面的两段话分别表达这样一个悖论。

悖论第一部分说：这本书的命题都是无意义的；第二部分说：同时这本书包含真理。大家一看就觉得这本身就是矛盾。

"都是无意义"这句话来自《逻辑哲学论》(TLP，6.54）——任何理解我的人最终都会认识到这些命题都是无意义的。

在《逻辑哲学论》前言当中，维特根斯坦也明确表达"在另一方面，这里所传达的真理是确定的且不可反驳的"。

在维特根斯坦研究里，关于悖论，大概会有几个不同的处理策略。

第一种，不要前半部分，即全本书都是无意义的，维特根斯坦只是说说而已，其实是想传达一些真理；

第二种，最新的研究者认为不要后一部分，这本书没有任何真理可以传达，本身就是无意义的。

这样的背景之下，我的处理策略属于中间路径，我尝试用一个不同的方式消解掉这样的悖论，这样的消解方式跟我后边所讲的内容直接相关。处理悖论的不同方式会导致对"不可说之物"不同的理解。这里做一个背景交代。

真理的基本区分

简单来说一下我的处理方法，首先区分出真理的不同类型。简单来说有两种不同的真理类型：

（1）第一种真理性和命题之真相关。命题真理类型大家一般都知道，维特根斯坦在他的所谓命题意义的图像论当中明确把"命题之真"等同于"思想之真",他认为命题是实在的图像,我们的思想也是实在的图像。命题是思想的一个表达,所以三者之间有一个同形同构,命题之真也就对应这种思想之真。

(2)另外一种真理类型是"并非作为图像的思想之真"。

命题和思想之真

我把维特根斯坦整个前期的思想分成两类:一个是思想(A),一个是思想(B)。思想(A)是作为图像的思想类型。

思想(A)是实在图像,它和命题具有同样的对应关系。思想(A)的真假取决于与实在的对应关系。(后边标码都是《逻辑哲学论》的数字标码)。

比如说:

"图像与实在符合或者不符合;它是正确的或错误的,真的或者假的"(2.222);

"事实的逻辑图像是思想。"(3)

思想之真取决于与他要表达的实在究竟是对应的还是不对应的,对应的就是真的,不对应就是假的。

思想(B)作为非实在的图像特殊类型,它的真不取决于与实在的对应关系。

维特根斯坦提到所谓的"先天为真",他说:"如果一个思想是先天正确的,那么它就是一个其可能性即保证了其真理性的思想。"(3.04)

"仅当一个思想的真从它自身(无需同任何东西比较,也无需同实在相比较)就能看出时,我们才有关于一个思想为真的先天知识。"(3.05)

这里可以看到一种特殊类型的思想之真,也可以说是先天思想的真具有这样的先天性。

简单画一个图:命题之真和思想之真有一个不对称关系;

图像类型的真,包含命题之真和作为图像的思想之真;

非图像的真,它既不在命题之真的范畴,也不在所谓图像的思想之真的范畴。

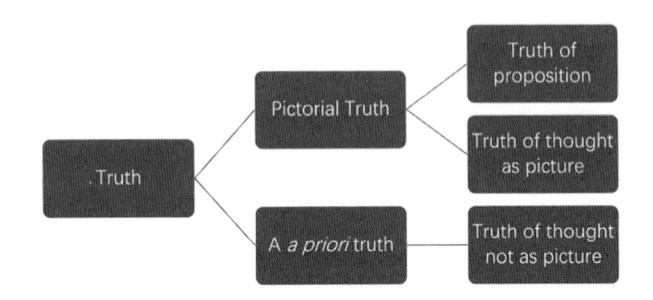

命题的区分

有了上面的区分之后,我们再来看,跟悖论直接相关的是前一部分"无意义命题"。要理解"无意义",先简单介绍一下维特根斯坦对于"意义"的划分。

从细节上说,有四种不同跟意义相关的命题类型:

命题类型1:科学中有意义的命题。维特根斯坦认为科学命题是表达事实的命题或者是日常语言命题的一个典范。

命题类型2:缺乏意义的逻辑命题。缺乏意义的命题不是无意义,所谓缺乏意义是指只有一个真值。比如重言式和矛盾式。重言式是 A = A,是恒真;矛盾式 A ≠ A,这是恒假。这样的命题缺乏意义,只有一个真值。

命题类型 3：命题类型 3 和命题类型 4 是一大类命题，维特根斯坦也做了一个区分。命题类型 3 是维特根斯坦要批判的，它是传统哲学当中的无意义命题。在他看来，传统哲学里命题的表达都是无意义的。

命题类型 4：《逻辑哲学论》命题的特性。维特根斯坦认识到《逻辑哲学论》当中的命题是无意义的，很明显这里跟传统哲学当中的无意义命题不一样。我在后边会进一步对《逻辑哲学论》的无意义命题做一个区分。

在这里处理悖论是把维特根斯坦自己在《逻辑哲学论》当中无意义命题的特点放到处理悖论的框架当中。

通过思想（A）和思想（B）的区分、无意义命题的区分之后，可以看到原来的悖论会变成不一样的样子。

"悖论的消解"

按照前面的解释，在悖论的消解里面，会出现三种情况。a-1 跟 a-2 都是对应于命题之真和思想（A）之真。如果《逻辑哲学论》最后说的是 a-1 和 a-2 的情况，那么悖论不会被消解。

a-1：这本书的命题都是无意义的，同时这本书包含命题之真。这是悖论。

a-2：这本书的命题都是无意义的，同时这本书包含思想（A）之真。这是悖论。

悖论的消解在第三种情况。这本书的命题都是无意义的，同时这本书包含思想（B）之真，这里就不是一个悖论。简单来说，就是思想（B）跟命题不属于同一个范畴。

a-3：这本书的命题都是无意义的，同时这本书包含思想（B）

之真。这不是悖论。

小结

上述处理策略有两个优势：

一个好处是消解原来的悖论，为理解不可说清除一个很重要的障碍。悖论化解成第三种情况之后，困难就不存在了。可以说，这本书虽然命题是无意义的，但是包含思想（B）之真；命题的无意义性并不会导致对于思想（B）的否认，因为这两个内容很显然不属于同一个范畴。这为维特根斯坦宣称表达了真理留出一个余地。

另一个好处在于更好地理解这本书。我会说"更好地"，可能有学者不同意。通过维特根斯坦《逻辑哲学论》本身的超越的无意义，提供一个阅读这本书伦理式的视角。关于超越的无意义下面会进一步讲到。

三、不可说进路

首先要明确一点：维特根斯坦围绕"不可说"到底想要一个什么样的目的？他自己提供的是什么样的方法？这里不是玄之又玄的东西，让大家去猜、去顿悟，不是这些路径。

对于路径，维特根斯坦自己有一个很重要的表达。这一段话是维特根斯坦写给出版商费克尔（Ludwig von Ficker）的非常有名的一段话：

> 这本书的观点是伦理学的。我曾经打算在前言中写入一段话，但实际上它并没有在前言出现，不过我现在将它写给你，

因为这可能对你来说是全书的一把钥匙。那么，我想要写的是这样的一句话：我的书由两部分组成，一部分是在这里呈现出来的，加上没有写出来的另一部分。并且很显然，这第二部分是最重要的……我建议你去阅读书的前言和结论的部分，因为它们包含了这本书观点的最直接的表达。

我觉得这里面有一点值得注意，维特根斯坦既然讲了有另一部分没有写出来，其实参照他的前言和结论的话，就为我们去理解所谓的"不可说"提供了一个框架性的指引。因为在结论当中（TLP，6.54，7），即使从第七个结论——对不可说的东西保持沉默，他其实也给了一个重要的指引。

简单提一下，所谓保持沉默并不是什么都不做，这里面涉及对于不可说内容的一个挖掘，去理解没有说出来或者是不可说的东西，需要对这些东西有一个认识。

前言我就不进一步说了，主要是进入他的"不可说"，针对他的结论给出我个人的理解。

6.54 我的命题应当是以如下方式来起阐明作用：任何理解我的人，当他用这些命题为梯级而超越了它们时，就会终于认识到它们是无意义的。（可以说，在登上高处之后他必须把梯子扔掉。）他必须超越这些命题，然后他就会正确看待世界。

7 对于不可说的东西我们必须保持沉默。

6.54 这段有好几个值得注意的点：首先，维特根斯坦讲的是"理解我的人"，关于这段话，研究学者有不少争议，有的人说就是理解维特根斯坦的命题，有的人说理解维特根斯坦的思想，有的人说理解维特根斯坦哲学的目的。我在这里先做一个比较温和的理解，我认为理解维特根斯坦就是理解他的思想、理解他的目的。

这样一个理解的途径在于什么？在后面这一段话"把他那些命题当作梯级"，像梯子一样爬上去，爬上去之后才能看到这些梯子，起梯子作用的命题是无意义的。这里有一个超越性，用梯子比喻做一个超越性的说明。

还有重要的一点是"登上高处之后需要把梯子扔掉"，不要再在梯子上面上上下下了，如果达到想要达到的那个地点，梯子已经无所谓了。那么，达到哪一点呢？在我看来，是后面说的这句话"超越这些命题之后，就会正确地看待世界"。我把"正确地看待世界"作一个着重的点。我认为他下面所讲的"不可说之物"都是"正确看待世界"的一些具体的体现。

"保持沉默"（TLP，7）只是在语言层面上保持沉默，而不是说在行动上什么都不做。

6.54 和第 7 码段为我们进入"不可说"，做了重要的指引。

两种无意义

接下来这一部分还是做几个区分，这些区别对于第四部分理解究竟不可说之物为何 [wéi] 和为何 [wèi] 就会有一个比较清楚的，至少不是那么高深莫测的方法性的引导。

（1）纯粹的无意义。它的基本特点是违反命题的逻辑结构。这样的无意义命题有很多，比如像"苏格拉底是一个质数"或者维特根斯坦会说传统哲学当中的很多命题。这样的无意义的命题在维特根斯坦看来没有什么价值，我们都清除掉就好了，不需要去找寻背后有什么重要的东西。

（2）超越的无意义。我想强调的是维特根斯坦自己的《逻辑哲学论》所谓"超越的无意义",这和前面提到梯子比喻有直接关系,超越的无意义我想提两点:一是过渡性;二是超越性。

过渡性是指中间的一个手段,比如想要渡黄河,渡过黄河需要一艘船,这艘船只是我们的一个工具,我们的目的是想达到黄河的对岸。

这里引用《庄子·大宗师》里如何闻道这样的说法,庄子给了九个层面,体现了所谓超越的无意义这样一个特点。

> 南伯子葵曰:子独恶乎闻之?曰:闻诸副墨之子,副墨之子闻诸洛诵之孙,洛诵之孙闻之瞻明,瞻明闻之聂许,聂许闻之需役,需役闻之於讴,於讴闻之玄冥,玄冥闻之参寥,参寥闻之疑始。《庄子·大宗师》

有学者把梯子比喻的理解细分成七个不同的层次,跟庄子所讲的层次有一个很有意思的类比。我在这里面做这种类比不是说他俩完全一样,只是通过庄子的一些说法帮助理解维特根斯坦讲的内容。

超越性:还是前面 6.54 里面讲的,超越这些命题去正确地看世界。这一点是理解"无意义"命题很重要的一点,我们应该超越这些命题本身,超越是为了其他更重要的内容。前面渡河的例子当中,最后通过船舶达到对岸,达到对岸是想要得到的一个结果。庄子同样也有一些类似的表达,大家应该都比较熟悉,比如他说"得鱼而忘筌,得兔而忘蹄,得意而忘言",这是比较有趣的类似的地方。

两种视角

我认为第二个区分是非常重要的。理解维特根斯坦所谓的"不可说",前面很多都是在方法层面上介绍维特根斯坦自己的命题如何起作用。

更重要的是下面这个区分,维特根斯坦提到了两种看待世界或者说看待对象的方式,也就是通常的观点和永恒的观点。

通常的观点是在世界之中、逻辑之中、时空之中,这些大的框架当中看世界,此时被看到的对象只是世界之中的微不足道的一个部分,但是永恒的观点是在世界之外、逻辑空间之外、时空之外,是与世界一起、与逻辑空间一起、与时空一起来看世界,这时看到的对象就是整个世界,或者说是我的世界。

通常的观点看到的世界是事实的世界,是在自然科学体系中的事实,这样的世界是语言能够表达并且是完全表达的世界。永恒的观点看到的世界是世界存在和作为有界限的整体的世界,它不在自然科学体系之内,语言无法对之进行言说。

前者通常观点下看到的是一个经验的世界、事实的世界,后者看到的是一个非经验的世界,也可以理解成超验的世界或者是关于绝对价值的世界,是不能说的东西,是一种神秘的体验,是一个奇迹。因此,维特根斯坦才说"在某种意义上,这确实是非常神秘的!显然,伦理学是无法表达的!"(30.7.16)

我想再引申一点,我后面讲到的无论是伦理学、美学或者艺术,还有一个很重要的"真"的层面,即绝对的知识层面,它们都是彼此相关的。这种"相关性"是我后面要着重介绍的。通过两种视角的引入,能够为接下来理解他的所谓不可说之物做一个铺垫。

永恒的视角太重要了,我想用维特根斯坦自己提到的两个例子,进一步对所谓永恒的视角做一个说明。

(1) 火炉的例子:

维特根斯坦说,我们看待这个世界、看事物,有的时候是用普通的视角,有的时候是用永恒的视角。

他举了一个火炉例子。房间当中有一个火炉,一方面可以把火炉看成房间当中的一个简单的对象,可以对它做一些经验叙事,比如,它有什么样的功能,怎么买来的,如何帮助我取暖?等等。

另一方面,维特根斯坦提到一个很重要的词"沉思"。在我看来,沉思是在永恒的视角当中看事物的一种方式。维特根斯坦说,如果我对火炉做了沉思,它就是我的世界,而其他一切与之对照就黯然失色。其实,他想要说的就是两种视角的一个差别。

维特根斯坦 1914—1916 年的笔记本当中记述的一些内容,一般认为是《逻辑哲学论》成形的初稿。我引用编码为 8.10.16 的一段内容:

> 我们既可将纯粹当下的表象看作整个时间世界中渺小的瞬间的图像,也可以将其看做幻影中真的世界。

所谓瞬间的渺小的图像,就是前面讲的科学之中只是看到事实,或者只是看到作为一个时空当中的对象。

幻象当中真的世界是维特根斯坦讲的永恒的视角看到的绝对价值,或者是他所要的绝对真的东西。下面的两个例子用来帮助理解"火炉"例子相关的一些内容。

我们会在诗歌或者其他文字中看到——"一粒沙就是一个世界,刹那就是永恒。"大家觉得有点儿玄。如果把这个例子放在维特根斯坦的区分里边，也可以理解。一粒沙怎么是一个世界呢？是在一粒沙子当中可以看到一个世界，就像将火炉看作一个世界一样；"刹那即是永恒"，不在时空之中来看这个对象、对待这个世界就是无时空。

再来讲一个类比，庄子在谈论道在何处时，说道：

> 东郭子问于庄子曰："所谓道，恶乎在？"庄子曰："无所不在。"东郭子曰："期而后可。"庄子曰："在蝼蚁。"曰："何其下邪？"曰："在稊稗。"曰："何其愈下邪？"曰："在瓦甓。"曰："何其愈甚邪？"曰："在屎溺。"东郭子不应。《庄子·知北游》

在这个类比中，我觉得所谈内容的相关性在于讲"道"，庄子说："道，可以在蝼蚁，在一些卑微之物上看到。"套在维特根斯坦的例子，如果能用永恒的视角去看，在蝼蚁当中也可以看到"道"；如果没有这样一个视角看蝼蚁就是蝼蚁。

（2）"狮头人"的例子

维特根斯坦在写完《逻辑哲学论》之后，在《伦理学演讲》中提到"狮头人"的例子：假设在我们之中有人突然长出了一个狮子头，并且开始大吼大叫，如果碰见这种情况第一反应是很惊奇，很震撼。怎么会出现这种事？回过神来之后，第二个反应是找科学家、医学家赶紧来对这个事进行解释，研究研究到底怎么回事。

维特根斯坦通过狮头人的案例想说，用科学的方式来看待这样一个对象，就失去了他所谓永恒的视角，或说把世界看成一个奇迹、看成一个神秘之物的维度。通过这样的一个狮头人案例，也体现出维特根斯坦在《逻辑哲学论》坚持的两种看世界的观点。

两种显示

第三个区分是显示,这一点为什么重要?一般说不可说之物显示自身,显示这个事稍微有一点点复杂。

我简单来说一下,下图是维特根斯坦谈论和命题相关的一些思想。维特根斯坦在整个《逻辑哲学论》用得最多的是 Zeigen(指向/展示),Zeigen 有两个意思,一个是指向,一个是展示。指向是像一个路标一样,比如,有一个路标指向北京,路标本身显示是北京的方向,指的对象在路标之外;展示是这个路标本身展示了它自身作为一个路标的事情。所以指向和展示虽然都叫显示,但它们是不一样的。

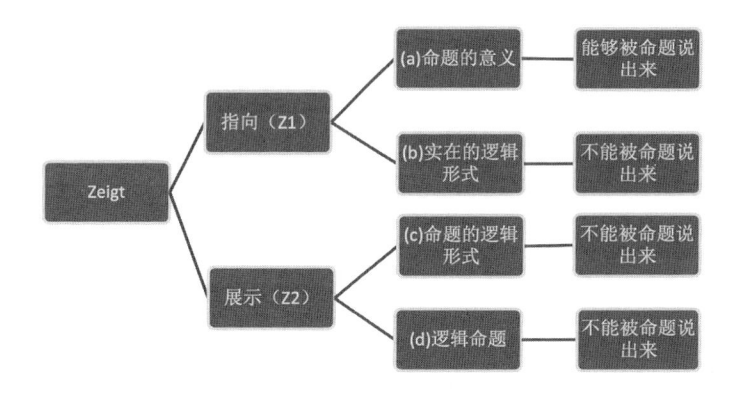

```
Zeigt ─┬─ 指向(Z1) ─┬─ (a)命题的意义 ── 能够被命题说出来
       │            └─ (b)实在的逻辑形式 ── 不能被命题说出来
       └─ 展示(Z2) ─┬─ (c)命题的逻辑形式 ── 不能被命题说出来
                    └─ (d)逻辑命题 ── 不能被命题说出来
```

指向在命题层面中,维特根斯坦会说"命题会指向命题的意义",因为命题的意义在命题之外,还可以指向命题所表达的那个实在的逻辑形式。

展示是命题展示自己的逻辑形式,逻辑命题本身也是展示自己的逻辑形式。维特根斯坦讨论命题的时候有一个指向和展示的区别。

讨论不可说之物的时候，这些超越的无意义命题显示不可说之物通过什么方式显示。是指向不可说之物，而不是展示。不可说之物本身是自身显示（展示）自身。不可说之物是自身展示自身，都用显示，这个区分是很重要，避免造成一些混淆。

对于不可说之物的方法论，我做了这样一个说明。

四、不可说为何

接下来这部分是整个报告最重要的一部分。关于"不可说为 [wéi] 何和为 [wèi] 何"。

首先说"为 [wéi] 何"。维特根斯坦在 6.41 中也表达了整个对于这本书的方法论或者题目的说明。

在讨论世界的意义或者生活的意义时，我们要的价值不在世界之中。在世界之中的一些东西在维特根斯坦看来是没有价值的。所以他想说的是另外的一个点，为什么这些东西没有价值？因为这些东西本身都是偶然的东西。

稍微再扩展一点，维特根斯坦认为世界中的事，"事实的存在和不存在就是一个偶然"，可以存在，可以不存在，就是一个偶然。维特根斯坦认为必然的价值在这个重要属性上绝对是非偶然的，所以说世界之中的事物都是偶然的，不是维特根斯坦想要的绝对的价值、具有必然性的价值。

上述是维特斯根坦在 6.41 里做的说明。

关于伦理命题，维特根斯坦说伦理命题如果想要表达伦理重要的东西，不可能有伦理命题，伦理命题都是无意义的，无意义不等

于没有伦理所要追求的重要之物,命题不能表达更高的东西。(6.42)

他在后面又提到"美学":伦理和美学是同一个东西,他就是把伦理的价值和美学的价值或者艺术的价值放在同一个层面。(6.421)

他又说:

> 伦理学不讨论世界,伦理学像逻辑一样,必然是世界的条件。(24.7.16)

追求神秘的东西(the mystical)的内在动力来自我们的愿望没有被科学所满足。(25.5.15)

在某种意义上,这确实是非常神秘的(mysterious)!显然,伦理学是无法表达的!(30.7.16)

这里可以看到,他所要谈论的关于重要的不可说之物笼统地来说是世界之外,伦理的或者美学的,是不可表达的或者神秘的,这些在他看来只是关于不可说之物的不同侧面的表现。

两种神秘主义

谈到神秘思想,我个人认为维特根斯坦讲神秘思想不是讲神秘主义。维特根斯坦不是一个神秘主义者,他只是讲了一个神秘思想,而且神秘思想不是神秘主义者讲的高深莫测。为了说明这一点,简单引入两个不同的所谓的神秘主义。通过这两个不同神秘主义的比较,能够为维特根斯坦的神秘思想与之做一个重要的区别。

美国著名的心理学家、哲学家詹姆斯(William James)认为"神秘主义"(Mysticism)具有如下四个主要的特征:

a. 超言说性(Ineffability)

b. 知悟性（Noetic quality）

c. 暂现性（Transiency）

d. 被动型（Passivity）

詹姆斯在《宗教经验种种》（*The Varieties of Religious Experience*）中指出上述四个特性足以区分出一类意识状态，这一类意识状态可被称为"神秘类的意识状态"。尽管神秘主义者的体验种类繁多，但詹姆斯认为，只要某人具有这四个特性或者前两个之中的任何一个，都可以被认作具有神秘的心态，具有神秘心态的人也就是"神秘主义者"。

罗素在《神秘主义与逻辑》（Mysticism and Logic）一文中认为，神秘主义主要具有以下特点：

（1）存在着一种对于实在的洞见，这种洞见与通常的感觉和理性很不一样，并且优先于它们，这种洞见可以被神秘主义者和世人所共有，不过它更接近于前者；

（2）神秘主义者认为实在是一，不包含对立面或者分离；

（3）神秘主义者认为时间是不真实的；

（4）神秘主义者认为恶只是一种表象，或者说善恶都是幻象。

罗素认为神秘主义是错误的，但是神秘的感觉还是有一定的价值，它不仅能够激发艺术的创作，甚至也可以有利于科学家的工作。

当然，有的人在讨论当中，包括罗素更接近于把维特根斯坦放在神秘主义者当中。

维特根斯坦的神秘的思想

我有一个不同的观点。诚然，维特根斯坦受到了一些传统神秘主义者（托尔斯泰、叔本华、陀思妥耶夫斯基等）的影响，并且在他的生活经历和论述文本中能够找到一些相关的证据，但是他的神秘思想并不是传统神秘主义的一个简单翻版。人们在考察他的神秘思想时往往忽略了以下两个重要的方面：

第一，维特根斯坦的哲学不提倡任何理论哲学，反对任何"主义""学说"，如果认为维特根斯坦提倡传统的神秘主义，无疑是与他的思想相矛盾；

第二，维特根斯坦的神秘思想并不是一个孤立的主题，它深深植根于《逻辑哲学论》的整体构架之中，它与全书其他主题有着难以割裂的关系，这一点造就了他的独特的、与传统神秘主义不同的神秘思想。

《逻辑哲学论》里面，维特根斯坦在讨论逻辑的时候，很多人愿意把维特根斯坦归为传统神秘主义，认为维特根斯坦在逻辑与神秘主义之间有一个断裂。我想说：维特根斯坦在讨论逻辑、讨论命题、讨论事实、讨论价值的时候，认为这是一个统一的内容。这和前面讲的一些神秘主义具有的暂现性、被动性等等方面是有重要的区别，这个意义上不能用传统的神秘主义思想来理解维特根斯坦的所谓神秘思想。

神秘之物的三个特征

我想把神秘之物的特点具体展开，展开之后再讲神秘之物为 [wèi] 何，有什么样的价值。维特根斯坦在《逻辑哲学论》中只有三处谈到了神秘（mysterious）。

> 世界是怎样的这一点并不神秘，而世界存在着，这一点是

神秘的。(6.44)

用永恒观点来观察世界,就是把它看作一个整体——一个有界限的整体。把世界作为一个有限整体的感觉是神秘的。(6.45)

确实有不可说的东西。它们显示自己,它们是神秘的东西。(6.522)

通过三个明确提到的神秘之处,可以总结出有关神秘之物的三个特点:
1. 世界的存在是神秘的(不能想象其不存在);
2. 世界的界限是神秘的(不能想象超越它的界限);
3. 神秘的东西不可说,但是自我显示。

神秘之物的四个推论

通过三个特点我做了四个推论:
1. 神秘之物是"世界存在",和将世界看作一个有界限的整体的感觉;
2. 神秘之物是"逻辑存在",和将逻辑看作一个有界限的整体的感觉;
3. 神秘之物是"语言存在",和将语言看作一个有界限的整体的感觉;
4. 神秘之物是"主体存在",和将主体看做一个有界限的整体的感觉。

通过四个推论做一个细节上的展开。
1. 本体层面。

（1）世界的存在是神秘的。

"世界是怎样的这一点并不神秘，而世界存在着，这一点是神秘的。"（6.44）

（2）世界的界限是神秘的。

"世界是事实的总体，而不是事物的总体。"（1.1）

2. 语言层面。

语言层面是很多学者经常忽略的。维特根斯坦说，语言也是在存在和界限两个层面上都是神秘的。什么叫语言的存在是神秘的？这一点是有重要根据的，在维特根斯坦伦理学演讲里面，他这样说："用语言来正确地表达世界存在这个奇迹的方式（虽然不是语言中的命题）就是语言自身的存在"（LE. p.9）。

他把语言存在与世界存在做了这样一个等同或是类比。

语言的界限是什么？他在5.6当中说："我的语言的界限就是世界的界限"，做一个等同没有什么问题。

3. 逻辑层面

逻辑的存在是神秘的，当然也有其他的一些引文，我这里只做一个小小的说明。维特根斯坦说："每个事物都可以说在一个可能事态的空间中。我可以想象这个空间是空的，但是不能想象不在空间中的事物。"（2.013）

其他章节里也谈到逻辑的前提，"逻辑充满世界：世界的界限也是它的界限。"（5.61）也可以把逻辑存在与世界存在做一个等同。关于逻辑的界限是神秘的这一点，维特根斯坦在很多其他地方也都有说到。

4. 主体层面。

在1914—1916年的笔记当中，维特根斯坦说主体的存在是神秘的。他说主体很复杂，也说到经验主体、形而上主体，当然这里面说的"主体"是形而上的主体。讲到主体的界限，唯我论与实在论是一致的，唯我论的"我"就是一个世界。

前面做了这样一个展开，通过"神秘之物"的三个层面做了四个推论。很重要的一点，维特根斯坦在写给出版商的信里说要从开端和结论理解他。《逻辑哲学论》第一句话"世界是一切发生的事实"，这句话本身就是一个神秘的东西。世界的出现是世界存在，"一切"就是一个界限，这句话在我看来是世界存在和世界有界限的一个神秘观点的表达。最后当然是说这些东西都是无意义的，用语言去说，我们应该保持沉默并正确地看世界。

在我看来，这本书第一句话既是开端也是结尾，既是整本书思想的前提也是结论。存在与界限都属于神秘之物，它们显示自身。

总体上是他对神秘之物的三个特点的总结。

至真，至善，至美的统一

前面介绍了不可说为[wéi]何，下面来谈一谈神秘之物为[wèi]何。维特根斯坦所想要达到的东西是他所谓的价值。我把"价值"总结成绝对的真、绝对的善、绝对的美，或者是至真、至善、至美。但是这三者又是高度统一。

首先简单说一下什么是他说的绝对的真、绝对善、绝对美。

维特根斯坦提到的"绝对"跟他讲的"逻辑必然性"有关，比如他说绝对正确的道路，指的是不以任何预先设定的标准去衡量。假如我想从北京去济南，哪条路是正确的？比如时间最短可以被理解为一个正确，但不是绝对正确。绝对正确是指什么？维特根斯坦认为在逻辑上具有逻辑必然的强迫力。因为没有按照正确的走会感到羞愧，绝对正确又跟绝对的善和伦理的东西连在一起，和必然性、伦理性联系到一起。

绝对安全是一种心灵状态，如果人具有绝对安全就说我是安全的，没有任何东西能够伤害我，不是相对安全的。在维特根斯坦看来绝对安全是一种神秘的体验，跟主体对世界的认知，整个状态有关系。

下面引申的一点是维特根斯坦讲到的"绝对的价值"和"相对的价值"的区分。他认为事实世界本身就是相对价值，具有偶然性，所谓相对价值在维特根斯坦看来不是价值。绝对价值是需要一步步展开，所谓真善美三者到底是什么？

绝对的真：真正的知识

维特根斯坦认为"绝对的真"是真正的知识。绝对的真和命题的真不一样。命题的真在于命题与对象相符合，否则就是假的，这是维特根斯坦的命题意义图像论明确说到的。维特根斯坦谈到世界的意义或者是生命的意义时说：生命之真在于生命或者生活与世界符合一致，否则就是假的。

《庄子·齐物论》讲"天地与我并生，万物与我为一"。庄子讲到"一"，与维特根斯坦有相近之处，当然我这个结论可能过分，但这是一个相似的说法。

维特根斯坦自己明确说过"生命之真在于生命与世界相符合"。为了获得幸福的生活，我必须同世界相一致。这就是他所说的幸福。当然也涉及上帝，在《逻辑哲学论》中上帝的角色没有那么强。与世界符合一致在维特根斯坦看来就是一种真的知识。

假定人不可能行使自己的意志而必须忍受这个世界的一切苦

难,那么有什么会使他幸福呢?人既然不可能逃避这个世界的苦难,他究竟怎么可能是幸福的呢?恰恰是通过知识的生活。善的良心乃是知识的生活所维护的幸福。知识的生活乃是幸福的生活,尽管有世界的苦难。只有能舍弃世间一切舒适安逸的生活才是幸福的生活。对这种生活来说,世间的舒适安逸不过是许许多多命运的恩赐。(13.8.16)

作为奥地利首富家族,他把所有的财产捐给了艺术家,他讲的幸福不是物质生活的幸福,而是对于世界的看法,跟前面讲的这些内容有直接的相关。

绝对的善:幸福

如果善的意志或恶的意志可以改变世界,那么它只能改变世界的界限,而不能改变事实,即不能改变可以用语言表达的东西。简言之,其结果必然是世界整个地变成另外的样子。也就是说,世界必定作为整体而消长。幸福者的世界不同于不幸者的世界。(6.43)

再多说一点:主体的善的生活想获得这样一个幸福,需要去改变对于世界的看法,这个看法并不是说想要去改变世界当中某个具体的事。在维特根斯坦看来,这些都是偶然的,对他来说没有太重要的意义。

我总是要回到这一点,即幸福的生活是善的,不幸的生活是恶的。如果现在我问自己:但是为什么我应该幸福地生活，那么在我看来这本身就是一个同语反复的问题；幸福的生活本身似乎就证明自己是正确的，它似乎是唯一正当的生活。（30.7.16）

"幸福的生活本身似乎就证明自己是正确的，它似乎是唯一正当的生活。"在我看来，所谓证明自己是显示自身是正确的，不是通过比较别的东西，还是我前面讲的跟所谓绝对的真相关，跟他所说的非命题之真相关，有一个显示的层面。

关于幸福的生活，很多都是"同语反复"。

> 除了说，幸福地生活吧！人们似乎没有更多的话可以说了。幸福的人的世界是与不幸的人的世界不同的世界。幸福的人的世界是一个幸福的世界。（29.7.16）

理解这里的"同语反复"，就能明白《逻辑哲学论》说：对于不可说的东西保持沉默，他觉得要说就是同语反复，这里边也是跟不可说相关。

稍微介绍一下，幸福的生活跟主体相关，如果不谈主体前面讲的似乎是特别空洞。

> 只有通过主体才出现善恶。主体并不属于世界，而是世界的一个界限……正如主体不是世界的一个部分，而是世界的一个前提，善恶乃是主体的谓词，而不是世界中的属性。（2.8.16）

何为不可说？

他认为形而上的主体具有意志主体的部分，有善的意志和恶的意志，善的意志是用永恒的观点看世界，从而获得一个幸福的世界，恶的世界是另外的层面。

绝对的美：艺术

前面提到伦理学和美学是同一个东西，在谈到美的时候，他认为：

> 艺术品是在永恒的观点下看到的对象：善的生活是在永恒的观点下看到的世界。这就是艺术和伦理学的联系。（7.10.16）

他一直说这个东西和那个东西是统一的，都和神秘的东西在一起。可以看到通过这样一种永恒的观点看世界，他讲的真善美的东西就统一在一起。前面讲过了永恒的观点，在维特根斯坦看来艺术的价值在于什么，在他关于永恒的观点这一点上有一个充分的体现。

他一方面会说"好的艺术品是完美的表达"（19.9.16），而不是一个关于世界偶然的东西的表达；又讲"艺术上的奇迹是世界存在，是存在者存在"。（20.10.16）

维特根斯坦认为，艺术的考察方式的本质是用幸福的眼睛看世界，艺术的生活是快活的。（20.10.16）并且，艺术的目的是美，而美正是使人幸福的东西。（21.10.16）对于伦理学来说，它也是关注幸福的生活，用幸福的眼光看世界就是过一种幸福的生活。幸福或者不幸的生活是伦理学考察的主题，幸福的生活是善的，而不幸的生活就是恶的。在艺术审美的生活方式下，人会过上幸福的生活，幸福的生活同时就是善的生活，从这方面讲，美学和伦理学是同一的。

我想说的是：在永恒的观点下看到的世界就是唯我论所谈论的对待世界的观点，唯我论的主体是世界的界限，这个"我"是无广延的点（无我），并且将世界与"我"看作一致的，将事物与我看作同一的。并且唯我论的体验者过的是：一种知识的生活（至真），即对放弃世界的舒适安逸的认识；一种幸福的生活（至善），即无欲无求、无我的生活；一种艺术的生活（至美），即永恒的观点下看待事物、世界的生活。

我作一个引申：我认为写《逻辑哲学论》的作者本身就是一个幸福生活的主体，他有这样几个特点：

（1）为思想划定界限、澄清哲学问题的主体；

（2）进而获悉人生意义的主体；

（3）将世界看作我的世界的唯我论的主体；

（4）在永恒的观点下将世界看作一个有界限整体的主体；

（5）活在当下，即活在永恒中的主体；

（6）体验世界存在，即实现生存目的的主体；

（7）在沉默中正确看待世界的主体。

与此相对的另一种意志主体是不幸福的主体，他是：

（1）为哲学问题所困惑的主体；

（2）进而迷失人生意义的主体；

（3）将世界看作异于我的主体；

（4）在通常的观点下将世界看作各个部分的主体；

（5）活在世界之中，即活在过去、现在、未来的主体；

（6）活在偶然的世界中，只接受命运恩赐的主体；

（7）在无意义的言说中错误看待世界的主体。

五、结语

我的报告的主题是谈一谈维特根斯坦说的不可说到底是什么。我的结论是：维特根斯坦根据普通视角和永恒视角的不同，区分了两个不同的世界，经验的世界和神秘的世界。这其中都包含真善美，前者是可说的世界，包含相对的真善美，后者是不可说的世界，包含绝对的真善美。

在神秘的世界中，真善美是高度统一的，它们是真正具有价值的东西。

因此，维特根斯坦通过为可说的东西划定界限，也为不可说的东西划定界限，它们对应了这本书写出来和没有写出来的部分，共同构成了高度一致的整体。在这个意义上，维特根斯坦实现了逻辑（语言）与伦理（艺术）的统一。

对话

袁园：非常感谢代海强老师的精彩分享。有请三位嘉宾跟我一起对代海强老师的演讲展开讨论：中国社科院哲学研究院所博士后、扬州大学哲学系副主任樊沁永老师；艺术家于振立老师；艺术家娄申义老师。

对于艺术家而言，维特根斯坦其实是极受关注的一位哲学家。接下来，我们围绕着维特根斯坦和艺术之间的关系展开讨论。

第一个问题：为什么艺术家如此热爱维特根斯坦？

今天谈论这个话题，我觉得要把维特根斯坦理解为一位艺术家的哲学家。下面这段话来自维特根斯坦的《文化与价值》：

> 我写的每句话都力图阐明整个事物，不断地重复描述同一事物。
> 似乎这些话都是从不同的角度对同一事物进行的观察。

基于这句话，我们很容易把维特根斯坦跟塞尚、毕加索联系起来。塞尚一生都在画圣维克多山和苹果，从不同的角度看毕加索的立体主义，我们可以建立一个作为艺术家的维特根斯坦的视角。

第二个问题是：什么是艺术？

维特根斯坦处理问题的方式不是回答问题，而是消解问题。代老师刚才在讲的时候，我想到的是：艺术是位于世界之中的语言，还是所谓世界之外的美学？如果世界之中的语言必然是可说的，世界之外的美学就是不可说的。

樊老师的研究领域包括魏晋玄学，魏晋时期有非常著名的关于言和意之间的争辩，希望您可以从魏晋玄学的言意之辩与维特根斯坦的可说、不可说做一个比较和分析。

樊沁永： 在中国的言意问题里面，王弼解释《周易》时提出来"得意在忘象，得象在忘言"。我们对语言的认知一直有一个工具性的理解，永远把语言指向的东西作为我们的目标，而不是把语言本身直接当成展示自身的内容。比如大家熟知的佛教中"指月"的例子，当我们用手指指着月亮的时候，没有人会看手指，都会顺着手指的方向去看月亮。

如果把"何为不可说"这个问题放到中国，从维特根斯坦提出来的这个话题去追问魏晋，可能中间还缺一个"中介"。袁老师找到了一个非常好的中间环节——什么是艺术？如果语言只是我们表达的工具，艺术作为表达工具有各种不同门类的表现方式，这个表现方式本来就是敞开的。从这个角度来讲，语言的边界可能就被拓展。我们的身体也可以是一种语言，如果不承认身体本身就是语言，舞蹈艺术就不存在了；如果身体本身也可以是语言，跟自然身体的划分其实就确定了我们身体具有两重性。

袁园：我仍然有一个困惑，维特根斯坦在《逻辑哲学论》中谈到"语言"的意义是指向实在对象的，也就是说，语言的意义是来自跟对象之间对应的关系。语言作为一个工具，如果艺术是一种语言，那么艺术也沦为一个工具，在这个意义上艺术提出来的问题就是无意义的命题，艺术也就沦为一个中介、媒介。

我知道娄老师过去的创作都是基于绘画的实践来展开的，把广义的艺术落实在了具体的绘画方式上，您怎么看待所谓绘画跟语言之间的关系，也就是跟所谓的思想之间的关系。

娄申义：刚才袁老师讲到"工具"的问题，我觉得这个跟本体论的问题很难分开。绘画是一种语言，书法也是一种语言，一开始都有一个工具性。随着工具性慢慢发展和提升，会丧失一些工具的功能而产生一些艺术性。

我个人在绘画实践中有这样一个体验。《心经系列》是我的作品，图式上是"大悲咒"的文字，传统意义上文字往往通过字面意

娄申义《心经1》200 × 200cm 布面丙烯 2016

义或者读音表达它的含义。一个不识字的人去看这些文字，只能看到一个图形而无法去识别图形的含义，图形的含义是通过学习领会的，这一点可以关联到维特根斯坦讲的语言逻辑。我们一直在念《心经》《大悲咒》，但是很少想到用直观的视觉图像表达，所以在画《心经》的时候，我想用直观的视觉语言来表达文字，体现文字语言和视觉逻辑语言之间的关系。

我认为无论是何种语言都会有一个极限，举一个简单的例子，假如说我问你什么是世界？按照逻辑来讲，其实我已经知道这个世界是什么了。用维特根斯坦的话来讲，所有的疑问都有答案。任何一种语言和艺术都会有极限点，到达这个极限点以后，就是不可说的，也没法表述。包括疼痛、快乐、色彩的饱和度、光线的亮度，人的感官是有极限的。不可言说的时候其实是包含了非常完整的世界，就融入了一个相对比较完整的、可感知到的世界。

袁园： 谢谢娄老师刚才的分享，我想接着娄老师刚才的话题，结合代老师讲到的关于永恒视角的观看，谈一下"艺术是如何？艺术体验何以发生？"

借娄老师刚才讲到的《心经》的案例，我想与维特根斯坦著名的"鸭兔图"来做一个对比。

关于"面相的转换"，只有面相转换发生的时候才唤起一种惊

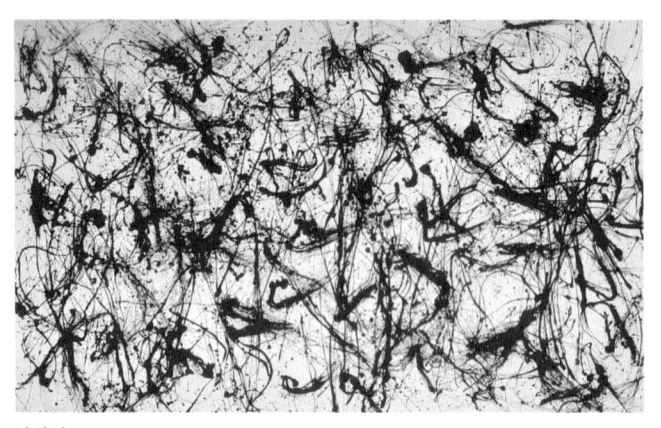

波洛克 Number 32 457.5×269 cm 1950

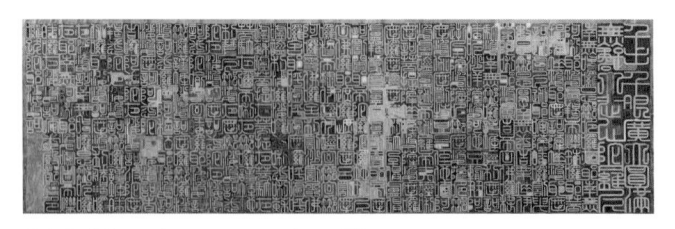

娄申义《大心经》300×1000 cm 布面丙烯 2020

奇！如果没有面相转换，对旧知觉是没有知觉的，只有意识到转换，惊奇才会被唤起。借这个图，我再对比一下娄老师和波洛克的绘画作品，在我看来，这两个案例有可类比性。

这两幅分别是波洛克在1950年的作品和娄老师的《大心经》，娄老师的这件作品有10米长，我在现场看了十几分钟，跟大家在屏幕上看有完全不同的观看体验。这也是为什么说艺术作品一定要去现场观看。

基于这个案例，我想谈体验艺术时所谓的观看到底意味着什么？

看波洛克作品的时候，同时可以感觉到一个纵深的空间和一个平面空间，而且这种转换是动态的，在娄老师的作品当中也同样是如此。

于振立老师20世纪70年代的创作以政治宣传画为主，80年代转向写实的伤痕美学作品，80年代后期到90年代初期尝试表现主义风格作品，之后开始创作综合材料的抽象绘画《点划具象》系列。1994年，于老师独自一人去到远离城市的大连大黑山，自己盖房子，用废弃物不断地改建和扩建他的工作室，到现在也一直不断地在更新。

于老师在之前的访谈当中谈到庄子和维特根斯坦对他的影响。想请于老师从自己的创作经历谈一下。

于振立：我自己的艺术经历比较多，时间跨度也比较长，思想也在不断变化。我如何看待自己？如何看待自己曾经扔掉的东西？为什么要扔掉？我想到了维特根斯坦。我认为维特根斯坦的经历和生活态度是非常神圣的，不是一个简单的形式的转换。他的生活方式也是在转换的，他逃离过去的时候又获得另一种"生"。维特根

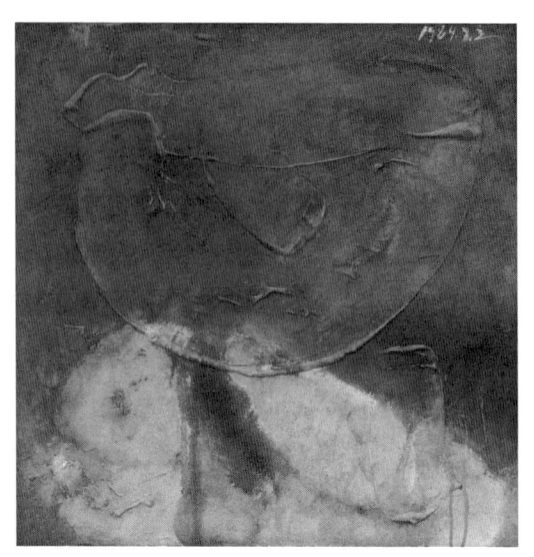

于振立《点划具象 23 号》综合材料 61×61cm 1989

斯坦在和别人对话的时候就显得自己很无奈，很孤独，没有人可以和他对话。

结合我的艺术经历，我始终觉得维特根斯坦的神秘性不能加上"主义"，好多词不能随便加上"主义"。刘骁纯先生在 1989 年的时候，说我的作品是抽离取象，离开原来的形态，走进一个新形态。老子说：道生一，一生二、二生三，三生万物。我们的"一"常常作为一种男人形象；"二"是女人的形象；"三"是子的形象，所以三是万物。

代海强：刚才娄老师提到不同的面相或说对于未知领域开拓的问题；因为有不同的面相，维特根斯坦会说在不同的情境当中获得的意义不一样。如果在一个没有鸭子只有兔子的世界当中，他们只能看到兔子而看不到鸭子，在他们那里缺乏一个面相。但是，放到维特根斯坦哲学的生活形式背景里面，因为我们的生活形式和他的生活形式不一样，这就导致我们看到面相的时候和他会有一个区别。当然，这样的一个区别并不是本质的，或者不是谁更优、谁更差的一个区别。

刚才于老师讲的让我有一点启发，不管把维特根斯坦理解为哲学家或者艺术家，他认为这是他自己思考的结果：你理解我就理解我，不理解就没有什么共同话语。在这一点上，可能有一点小小的分歧，维特根斯坦并不是说给人指一条道，这个人就这样走，而在老子那里似乎是一种圣人传言的思路。

袁园：我更关心刚才代老师讲到的后面部分的内容——实际上是"我"出了问题。代老师讲形而上学的主体，最后总结的时候讲至真、至善、至美，都是在不可说的界域当中的形而上主体。

樊老师的研究领域非常广，包括佛教以及跟中国哲学有关的领域。对于"主体"这个概念，我想请樊老师从关于"我"和"美学"的角度来阐述一下。

樊沁永："我"是一个麻烦，如果没有宗教经验，大家在生活当中提到"我"的时候，不太会区分自己的身体和精神。但是，一旦触及艺术、哲学、宗教，可能会对"我"有一些细化的分析。在不同的古典传统中，对于"我"的定义都是跟终极问题、本源的问题连在一起。"人"最重要的好像是在文化的意义上，而不是科学对象的意义上。

刚才看于振立老师的作品，他在大连大黑山的"别墅"用到了大量废弃物的材料，不断地生成活生生的艺术品。这方面跟娄老师的绘画作品之间也是会形成一些理解的碰撞，如何把扔掉的东西再拿回来？这有点类似于佛教大乘精神，修行完了小乘佛教的断舍离之后还要跟这个世界连接，我们如何跟这个世界保持"一"的关系？尽管这部分在维特根斯坦理论里面已经归为神秘，但是在他的生活实践部分，他认为这个东西是高于前面他所要认知的作为有"真"的真知的知识系统，这部分涉及的话题一定涉及真善美，涉及永恒性视角的"一"，这个"一"的敞开性、多元性，并不是认知意义上数字的"一"。

如果回到这样一个传统，"我"的麻烦或者是这个主体的问题恰恰是要回到对语言本身，以及对自我本身的一个消解。我们消解掉表面语言的功能，才能看到背后真实的世界。只有消解掉"我"的执着，才能够没有分别地去建立自己跟世界的关联性。

袁园：谢谢樊老师引申出来的内容。我也有一个问题，艺术家往往会遭遇对"不可说的神秘"的感知，艺术家创作的冲动可能来自对"不可说"部分的感知。我们通常认为艺术家的创作当中带着私密的、不可沟通的、不可言传的内容。

娄申义：我记得荣格有一句话：神话是用来命名我们无法命名的事物。这个"神话"的意思是超越了这个世界的。从心理学角度来讲，艺术家还是在探索人自身的一些感受跟世界的关系，这是无法逃离的一个基本。

庄子认为世界是非常统一的，而且他的认知始终想保持一个整体性。这一点跟樊老师刚才讲的"一"是比较一致的，他认为世界万物以不齐为齐，这个世界是丰富多彩的，而且是不齐的。我开始很难理解"不齐为齐"，当有一天我看到我手指的时候突然开始明白，五个手指不一样长，所以才形成了我们的手。

我个人觉得在宗教里非常容易产生一些神秘主义的问题。但是，在中国禅宗、佛教或者是认知世界观里，最后还是要回到平常心，回到实际生活中间去体验。"百尺竿头更进一步"，没有办法再前进了怎么办？就是再回到地面上，进入自然的生活状态。于老师做了非常长时间的实践，就是再回归到生活自身，在实践中间感知这个问题，比用语言、用行为表达比语言更好一些。

袁园：谢谢娄老师，于老师能否回应刚才我们谈到的内容。

于振立：《逻辑哲学论》第一句话是"世界是事实的总和，而非物的总和"。我在1989年以后开始尝试"点划具象"，"点"有太极的味道，"划"是运动的味道。在创作中，我用到了钛白粉、白胶等多种材料。因为世界皆不是物，而是很多事实的综合，所以我希望用这些材料重新做实验。

袁园：最后，我想请代老师给我们推荐关于维特根斯坦的书。

代海强：瑞·蒙克（Ray Monk）的《维特根斯坦传：天才之为责任》(*Ludwig Wittgenstein: The Duty of Genius*, 1991) 这个大家比较熟悉一些，这本书挺不错的。

袁园：最后，我想用维特根斯坦在《哲学研究》中的一段话作一个结语,他说:尽管这本书相当简陋,而这个时代又黑暗不祥,但这本书竟有幸为二三子的心智投下一道光亮,也不是不可能的。

我认为维特根斯坦跟艺术家最深刻的关联是:你如何去面对置身的那个时代,甚至是黑暗时代的危机,把你所有的勇气和才华都投注在你的生活形式当中。

美：作为惊叹

维特根斯坦论美和美学

演讲
刘畅：中国人民大学哲学院副教授、维特根斯坦哲学专业委员会秘书长
主持
袁园：独立纪录片导演、艺术家、当代艺术摄影批评人
与谈
顾振清：当代艺术批评家、独立策展人
朱岳：小说作者、后浪"文学一部"主编

刘畅： 我今天讲的题目是"美：作为惊叹——维特根斯坦论美和美学"。谈论这个话题，我其实心怀忐忑，因为虽然我可能对维特根斯坦的哲学熟悉一点，但在美和美学、艺术这些话题上，我却是个门外汉。所以今天倍感荣幸，能与几位嘉宾一起探讨，对这些话题他们比我要有造诣得多。应当说，我今天讲的内容并不是严格意义上的学术报告，更多是请教方家和交流心得。

人们谈到"维特根斯坦的美学"，可能会有不同的含义。比如，可能谈的是维特根斯坦对于之后的美学、艺术所产生的各种各样的影响，特别是维特根斯坦的哲学对艺术理论、美学理论产生的影响。如果从这个角度看，我们会发现一个有意思的现象：维特根斯坦对美学产生的影响更多不是维特根斯坦本人的美学所产生的影响。我的意思是，更为大家所熟知的，是维特根斯坦在语言、逻辑、数学哲学、心灵哲学等方面的论述（这集中体现在早期的著作《逻辑哲学论》和晚期的著作《哲学研究》上；他更晚期的著作《论确定性》(Über Gewißheit, 1969) 最近也受到了很多的关注；无论是艺术家还是美学家，从维特根斯坦那里接受的影响主要来自这些著作。

维特根斯坦狭义上的"美学著作"，或者说他关于美和美学的讨论，材料的确相对较少。但随着研究的展开，我们发现，关于美、美学、艺术，维特根斯坦其实在各个时期也都有过一些独到的思考。

维特根斯坦思想发表的途径之一是通过授课。1938 年夏天，他和三四个学生组织了一个非常小的研讨课程，主题是"美学"。后来他的学生对课堂笔记加以整理，以《维特根斯坦的美学讲座》为题发表。这也是我们今天的讨论所依据的一个主要文本资源。

摩尔（G. E. Moore）曾是维特根斯坦的导师，后来成为维特根斯坦的好友。他曾长期在剑桥旁听维特根斯坦的课程，并且把听课笔记也整理发表了出来。其中，1933 年 5 月份的摩尔笔记涉及大量有关美学的话题，很大程度上可以作为 1938 年美学讲座的一个补充，这也是我们今天参考的材料之一。另外，被整理到《文化与价值》这本小书中的一些内容，也涉及维特根斯坦对文化、美学、艺术等诸多主题的思考。以上，是我们今天的讨论所依据的一些文本资源。

"美"与"美学"

通常，我们把 aesthetic 译作"美学"。人们也一贯认为，美学是研究"美"的学问。不过，对这种理解也一直存在不同的意见。比如有学者提醒我们，从词源上看，aesthetic 也许更应当译作"感觉学"。比如以当代艺术的视点来看，已经有太多艺术作品不再适合以"美或不美"这样的古典标准来衡量了。维特根斯坦同样站在质疑的这一方。但他对正统观点的质疑来自一个更加一般、更加根本的层次。

1938 年的美学讲座上，他一上来就说："我们要讨论的是一个很大的题目，而这个题目在我看来是完全被误解了。"

"美学"这个题目被完全误解了，因为在维特根斯坦看来，美学本来要讨论的，根本就不是"beautiful"这个概念。当然，维特根斯坦在 1938 年给出这个论断时，参照的不可能是今天意义上的当代艺术。他的批评是基于对更一般意义上的"美学判断"的考察和对"美"这个词的基本用法的分析。

首先，我们会发现，在"美学判断"中（aesthetic judgment，也经常叫作"审美判断"），像"beautiful""fine"这样的词几乎从来不会用到，也几乎从不扮演什么重要的角色——不论古典艺术还是当代艺术，都是如此。

我们品评一件作品，为它给出一个美学上的判断时，总是要做出某些更加切实具体的区分，比如区分盛大（grand）、迷人（charming）、精致（nice）、庄严（stately）、浮夸（pompous）等等。谈到一段旋律，重要的或许是要在"可爱的"（lovely）和"有朝气的"（youthful）之间加以分辨。"富有春天气息的"这样的评论，可能对一段旋律来讲恰如其分，对另一段旋律却完全不着边际。

再来看我们对"美"（beautiful）这个词的理解。维特根斯坦提议：我们要想真切地把握一个概念，一种行之有效的方法就是问一问，我们当初是怎样学会这个词的。——那么，一个小孩是怎样学会 beautiful、lovely 这样的表达的呢？维特根斯坦提醒我们注意的是，这些词首先是作为感叹词被学习的。我们教小孩学习这些词时，极其重要的一点就是要辅以夸张的、表达赞同的动作和表情。小孩学习"好美！""好可爱！"这样的表达，学习的就是以语词方式表达的感叹，去替代以非语词的方式表达的感叹——比如只是

"哇哦！"地叫上一声，或是诸如此类的动作表情。这些富有强烈特征的举止，典型地出现在小孩面对自己喜爱的食物、玩具的态度上。表达感叹，构成了"beautiful"这个词首要的、基本的用法。

我们基本是不用"美"这个词来表达审美判断的。要做出言之有物的判断，他的评论就要以这样的方式"落实"下来。审美判断中用到的这些语词与其说与 beautiful、fine 这样的词相似，不如说是与 right（对的）、correct（正确）这样的词更相似。这里的"对""正确"，也不会因为我们所做的是一个"审美"判断，其意义、用法就有什么显著的差别。实际上，这就是它们一般的、正常的用法。

维特根斯坦在《逻辑哲学论》中有一句名言："伦理学和美学完全是一码事。"在美学讲座上，他则是从另一个角度上谈到了美学和伦理学的相似之处——传统上，"美"（beauty）之被视作美学的主题，正如"善"（goodness）之被视作伦理学的主题；但这两个词的首要和基本的用法，却都是发表感叹、表达赞同（就像一个小孩对着他喜爱的玩具大叫"好好啊！""好美啊！"）。我们可以看到，这个评论隐含着维特根斯坦对正统观点的批评：把"善"认作伦理"判断"的主题，正像把"美"认作审美"判断"的主题一样，都基于同一种性质的误解。如果我们在"感叹"与"判断"之间划一条界线，那么 good 和 beautiful 就都在"感叹"这一边，而 right 和 correct 才在"判断"那一边。无论对于伦理上还是审美上的判断而言，首要的事都不是发出几声惊叫，而是要在一种做法是否正确，是否妥当、贴切……等等之间，做出分判和权衡。一个懂行的裁缝，可能什么也不说，更不会大呼小叫，而只是在这儿那儿用粉笔画上一道，而后做出改动。他的行动展示了他对分寸的判断，也展示了他的眼力、他的品味。

美：作为惊叹

表达情绪与表达判断

我们经常容易混淆,我们是在表达一个判断,还是只是在表达我们的情绪。

借用维特根斯坦的例子:我说"这样东西很危险"——说这句话时,我是不是一定要带着惊悚的语气呢?不一定。我的语气完全可以是郑重但又平静的。我表达的可以只是我对危险的判断,但不带有任何受到惊吓的情绪。当然,在危险的判断与惊恐的情绪之间,确实有某种自然的关联。但这种关联不是必然的。

儿童最初是联系着惊恐、逃避的反应而学习理解何为危险的。对小孩来讲,"这个东西很危险"和"这个东西让我害怕"大体上就是一个意思。但年岁渐长,我们还是会在表达情绪和表达判断之间做出一个区分。判断的真切与否,是在一个理由的空间中展开的。我通过展示进一步的理由,来向你表明我的判断是正确的,而不是通过多么激昂多么高亢的情绪。

在涉及伦理以至涉及审美的判断上,也是如此。一个只会对着自己喜欢的食物、玩具大呼小叫的小孩还不懂得什么是审美。我们应当避免那种误解,把审美当成伴随着大呼小叫来表达个人好恶的一种奇怪情绪宣泄仪式。审美的典型特征并不是多么饱满的情绪。相反,审美更需要与这种饱满的情绪保持适当的距离。把"Beautiful!""Good!"这样的表达当成审美判断的标准样本,或许是这类误解的一个来源。在大多数时候,这样的表达都是作为"哇哦"的替代品起作用的。甚至在足够原始粗鄙的表达中,这样的替代也不是必须的。只不过被我们理解为"审美"的人类活动不发生在这个层次上。在足够成熟、足够精致的语言形态中,才会有审美的表达。

Agreeable 的双重涵义

我们也可以循着语言哲学的做法，通过对"agreeable"这个词的双重词义的分析，更清晰地看到这一层区别。Agreeable 的用法很宽泛，一幅画或者一种颜色是"agreeable"，可以理解成"好看"；一串声响、一段乐曲是"agreeable"，可以理解成"好听"。在其他场合，agreeable 也可以翻译成好闻的、好吃的、好玩的等。

Agreeable（"好……"）的第一层涵义，就是单单表达一样东西让我感觉到开心。这种意义上的"好……"，是一种典型的儿童式表达。我们也会注意到，小孩很快就会不满足于单说好吃、好看或好美，他们会马上学到以至发明出许许多多的说法，比如好棒、好牛、好酷、好炫等等。这类说法的一个特点是相当高的迭代速率。一种新鲜、炫酷的说法会在孩子中间飞速传播开来，并很快过时，被另一个更新更炫的说法取代。另一个特点是这些说法虽然在不断翻新，但概念内容上却没什么本质的差别。它们不过是变着法儿来形容我的心花怒放而已。反观我们所处的时代，这可能也是一个有趣的角度，因为这种"幼儿化"的趋势也许恰恰构成了当代文化的一个突出特点。

由此似乎就可以这样理解：所有这些东西的"好……"之为好，美之为美，都不过是让我们感觉到愉悦的不同手段而已。从终端上看，所有这些事情并没有多大不同，所要获得的从始至终都是那个快乐舒爽的感受。维特根斯坦在这儿提出一个问题：假如事情果真如此，那我们为什么还要这么多不同的手段来获得愉悦呢？——难道只是因为我们太贪心吗？！……这恐怕是一个值得我们再三思忖的问题。

我们先来看 agreeable 的另一层涵义。在这种意义上我们比如说一样东西的形状是 agreeable、好看的，就不只意味着我一看到它就心情愉悦，而且意味着我的这种愉悦是跟这个东西的这种形状绑定在一起的。两者有一种内在的关联。这是什么意思呢？按照前面一种理解："殊途同归"——开心就是开心，只不过达到开心的途径、手段不同。按照现在的理解：我们是联系着开心所关乎的对象来感受这种开心的——不同的东西、不同的形状，对应的是不同的好看、不同的美，带给我们的愉悦本身存在质上的差别。

我感到还是没感到开心，这个不需要判断就能分清楚。只有当我感受到的开心或者不开心是与相关对象绑定在一起的，才有所谓判断。比如设想一个人从没喝过咖啡。第一次喝咖啡，他会说："真好喝！"或者"好难喝！""好喝""难喝"在这里差不多就是一种儿童式的表达。说它好喝，就等于说喝它让我感到舒服；说它难喝，就等于说喝它让我感到难受。一位咖啡品鉴师所要判断的，至少笼统来讲，也是这杯咖啡"好喝不好喝"的问题。但因此说品鉴师和这个不知咖啡为何物的人所做的其实是同一个判断，即确定一下喝下这杯饮料是不是让我感觉舒服，显然是扭曲了事情的实质。所谓品鉴，所谓判断，其中可以区分出两个相关但又不同的面向：一方面，是品尝者的感受，他喜欢还是不喜欢，他的好恶；一方面，则是咖啡本身的好坏。正因为这两个方面是彼此绑定的，才谈得上这个品尝者的判断是否真实，是否得当，是否客观，哪怕他的判断从来也离不开他自身的感受。

我们也知道，现在的流行做法是来一个满意度调查，排名靠前的就是好东西。某种意义上，这与弥漫在我们这个时代的低幼化倾向正好构成了一件事情的两面。简单地讲，按一种理解，这个东西之所以是好东西，是因为我喜欢它；按另一种理解，我之所以喜爱它，是因为它是好东西。后一种才是我们所理解的"审美"。人们也说，你先别急着说这咖啡难喝，是你还没尝出它的好来。等你对咖啡有了正确的品味，才会有一个公正的判断。——这是我们所说的鉴赏（appreciation），我们所说的判断和判断力。

维特根斯坦举了一个例子：我们听一段交响乐，我说其中贝斯的声音太吵了，它再安静些才好。他评论说："它应该再安静些——这不是达成目的的手段，这就是所要达成的目的本身。"——如果我说的"太吵了"纯粹是在抱怨我的不舒服，那么你满可以说：你要是觉得吵，不听不就行了？但这显然是个无礼并且无理的回答。贝斯的声音要再安静些——这不是要成全我的感受，而是要成全那段音乐本身。其中的道理就像维特根斯坦举过的另一个例子：我对你说我饿了，意思当然不是要你朝我肚子上打一拳，虽然这和让我饱餐一顿一样，都可以消除我的饥饿感。

"好美！"——作为另一种惊叹

关于"美"和"美学"的关系，我们刚才给出了一个简单的、但也是局部的回答："好美"作为单纯的情绪表达，这与审美判断无关。不过，"好美"作为惊叹，也可以是不一样的两种意义上的表达：

1. 如前面提到的，它表达的可以是纯粹个人的情绪，一种极高程度的喜欢。

2. 它也可以是一种带有判断内容的表达，用以表达赞美，虽然也不可避免地带着情绪。很多时候，我们表达某种审美上的判断，也可以不带有什么特别的情绪，比如分辨一段音乐是"可爱的"还是"富有朝气的"。但"Beautiful！"作为一种极高的赞美，却并非如此。就带有判断性的内容而言，"赞美"不同于单纯的情绪表达；但假如一句赞美是操着完全无动于衷的口吻说出来的，也一样会让人疑心那是不是一句反讽。

前一种意义上，pretty、beautiful、cool之类，概念内容都差不多，都可以理解成对那一声"哇哦！"的不同样式的翻译。但后一种意义上，这些形容词其实每个都有每个的意思。称得上"漂亮"的，与称得上"美"的，也一样值得做出细致的分别。只有在这个意义上，我们才可以理解维特根斯坦的那句名言："What is pretty, cannot be beautiful.（漂亮的，不可能是美的。）"一位演员可能哪哪都很漂亮，但我不愿用"美"来形容她，因为她不会激起我心中的那一声惊叹。"美"这个评语出现在审美判断中，不能简单还原成一声惊叹，却也无法与惊叹截然地断开关联。

判断作为对感觉的赋形

以上，是我希望分享的一点主要内容。余下的时间，我会由此出发，在几个相关的点上稍作展开。

首先，我们区分表达情绪与表达判断，这可能会给人一种印象：这让"审美"变成了某种干巴巴的、没有感觉的东西。可没有了感觉，还谈何"感觉学"呢？实际上，当然并非如此。判断向来离不开感觉，在审美判断上尤是。判断力的培养，从来不是对感觉的剥夺，而是对感觉的锤炼。与某些"理性主义"美学理论不同，维特根斯坦不会把我们所说的"判断"看成从放之四海而皆准的原理推导出一系列结论的过程,仿佛"判断"要做的就是把抽象原则套用在可感事物上。恰恰相反。我们要这样理解"判断",它是把不可感之物转化为可感之物的一种努力。我们看维特根斯坦的这段话:

> 我说舒伯特的一段乐曲是忧伤的,这就像是赋予了它一张面孔(我并没有表达我是喜欢还是不喜欢)。我也可以不用这个词,而用某些姿态,或跳一段舞。实际上,如果我们要表达得准确,我们就会用到姿态或神情。

假定,我们都在现场听到了这段舒伯特的乐曲。在这个意义上,这段乐曲无论对你还是对我,都是直接可感的。但也许你音乐感受力格外强,听出了我没听出的蕴含在这段乐曲中的忧伤。你给出你的判断:"这段乐曲是忧伤的。"这个评语就像"赋予了这段乐曲一张面孔":因为有了这个提醒,这段乐曲才对我"面目清晰"了起来,细加品味,我会发现乐曲中的这一处停顿、那一处延长,都"拢集"在了这个形象之下,并获得了"意义"。假如我能把这段乐曲演奏出来,演奏的方式会大有不同,我甚至会发现之前有哪些地方的演奏方式是错误的,等等。

我们可以把一个有效的审美判断理解为一种"赋形":那些本来模模糊糊、似有似无的感受,在这个判断中得到了成形。实际上,"赋予一副面孔"在维特根斯坦那里本来就有更切实的含义。他说:假如我是一个好的简笔画家,寥寥几笔就能画出表情生动的脸(见下图),那么像"浮夸的"或"庄严的"之类的语词,就可以换成这一张张脸来作为表达。那样的话,我们能够做出的表达就会丰富灵活得多。上面关于舒伯特的音乐的例子,就是对这段话的

美:作为惊叹

一个解说。维特根斯坦进而补充道：我们也可以摆一个姿态，或跳一段舞，用以代替语词来作为表达。"实际上，如果我们要表达得准确，我们就会用到姿态或神情。"

维特根斯坦在美学讲座上所画的草图

我们注意到，同样是姿态、神情，而且哪怕是同一副姿态神情（比如一种特定的忧伤），被用作情绪的表达，还是被用作判断的表达，会有本质的差别。情绪的表达是让我们看到表达者的感受是什么，判断的表达却是让我们透过表达者的感受，去感受他所感受到的那个对象的某个面相、某种品质。你向我展现的"忧伤"是一个线索，引我去倾听藏在乐曲中的"忧伤"。

带有理解的感觉

好的判断力有赖于好的感受力。但为了听出乐曲中的忧伤，需要的是一副特别意义上的"好耳朵"。让我们可以回到一个更基本的区分上：我们不笼统地区分"有感觉"还是"没感觉"，而是区分"带有理解的感觉"和"不带有理解的感觉"。比方说：

1. 一个消息，你听到了，我也听到了，但对这个消息我们有不同的感觉，你感觉开心，我感觉伤心；

2. 我们都被针扎了一下，正常情况下我们的感觉不会有什么不同：你感觉疼，我也感觉疼。

这两个例子都涉及感觉。但一种——比如疼痛的感觉——是不带有理解的：不论我们对当时发生的事情理解也好，不理解也好，只要被针扎到了，该疼还是会疼。另一种——因为听到消息而感到开心或者伤心的感觉——却是和理解绑定在一起的：也有可能，我换个角度再来理解那个消息，转念想一想，就会转忧为喜，由伤心的感觉变为开心的感觉。

这两类感觉之间的区分，对于我们所要讨论的"审美经验"具有本质性的意义。如果说美学是一门"感觉之学"，那么它所关心的总是那类带有理解的感觉。在审美经验中，我们怎样理解那个对象，就怎样感受那个对象；我们对那个对象的理解有多丰富、多深厚，我们从它那儿获得的感受就有多丰富、多深厚。维特根斯坦所强调的——我们要理解一种审美经验，就要理解一整个文化——也恰在于此。因为我们的审美经验扎根在理解中，而我们的理解扎根在整个文化中。

我们再来看维特根斯坦所举的例子：

> 一个人要欣赏英诗，他就得懂英语。一个不懂英语的俄国人声称被一首用英语写作的十四行诗所倾倒，我们会说：他根本不知道那首诗里有的到底是什么。我们说一个人"懂音乐"，可不是因为他一听到音乐就忘情地哇哇大叫，就像我们也不会说：一条一听音乐就摇尾巴的狗"懂音乐"。

我们的审美经验从来是理解本位的——由此也可以引出两点结论：

第一，在美学上，关于审美经验，我们问：为什么会有这样的感觉？在生理学、神经科学的研究中，我们也问：为什么会有这样的感觉？但这两个"为什么"有相当大的差别。前一个"为什么"，问的是感觉的理由；后一个"为什么"，问的是感觉的原因。因此，"美学解释的一个重要特征是：如果你不同意，这个解释就不成立"。虽然心理学、科学的解释显然不适用于这条标准。

第二，"美学所做的一切，是让你去注意一些（你本来就能看到的）东西。"我们对原则上只能通过显微镜和脑电仪发现的东西不感兴趣。如果有研究表明，服用某种药物的确会改变我们对同一段音乐的感受，那么，这只能证明这种感受的改变与我们所理解的"审美"无关。

正确性与"规范性"

最后，我们再非常粗略地触及一下"规范性"这个话题。我们前面提到，审美判断的表达与其说更多与"美"相关，不如说更多与"正确"相关。不过维特根斯坦提醒我们："正确性并不是我们在美学中唯一要谈论的东西。"谈论正确，好的例子是依照一种建筑风格，一扇门做"对"了——它不高也不矮，不宽也不窄，正好就是它该是的样子。但我们不会说贝多芬的交响乐是正确的或是不正确的。"就有点像我们有时评论一个人'举止得当'，有时却说'他令我难以忘怀'。"做对还是做错了，只是我们理解和衡量事情的一个角度、一种标准——一种最初级、最起码的标准。而令我心中一凛的东西，令我们禁不住发出一声惊叹的东西，却不再适合以是对是错来评判了。如果说，美学是一个贯彻了"规范性"的领域，那么它就是一个比"正确性"远为宽广和丰富的概念。

对话

袁园：我感觉刘畅老师今天做的事情就像是维特根斯坦做的事情，是在澄清关于"美"和"美学"的迷惑、困惑。

顺着刘畅老师的话题。首先回到"美"的概念，柏拉图说：美是一个理念，理念是真正的美。中世纪把美等同于善；基督教认为美的根源是上帝；文艺复兴时期反对神的本体论，发展出人文主义"美"的理论；再到启蒙运动时期，"美"已经把宗教价值排除了，逐渐缩小为今天谈的审美判断。

我先把"美"的问题抛出来，请朱岳老师对"美"这个概念作一个回应。

朱岳：我很久以前读过维特根斯坦的美学部分。今天听刘畅老师讲了之后，也澄清了我以前的一些误解。

首先，维特根斯坦并不是要解释什么是美，并没有把"美"当成一个既定的对象，不太承认有一个美的性质。比如绿色、红色，这些都是性质，说这个是美的，那个是不美的，并不是在讲它们是否具有特定"性质"。维特根斯坦对美的分析，首先想到的是"感叹"。我们并不是认识到事物具有美的性质，然后说"啊"或者"这个东西是美的"，而是说这个事物作为一个整体让我们很感叹，很喜欢。这可能是第一步。

我觉得他的问题还有第二步。刚才刘畅也讲，他觉得"美""审美"不完全停留在感叹，有作为感叹的审美表达，还有一种是判断。

说到"判断"，又回到之前的问题："美"的客观性的问题。如果用一种更古老的哲学表述，回到审美判断问题的时候，要面对一个客观性的问题，虽然可能不承认有一个统一的美的本质，但是如果要判断，肯定还是基于一种相对客观的理由。

我写小说也经常碰到这个问题，很多人会说读不懂，之后就给一个差评，很多都是基于感受的。作为一个写小说的人，又不能为自己辩护，也没法进一步论证自己写得好。如果是一个数学问题就不会有这个问题，我算出这个数最后应该得几就是几，不管你承认不承认，它就是这个数。审美判断确实是很特别的一种判断，它在两种之间是一个辩证的过程。

我以前看过黑尔（R. M. Hare）写的《道德语言》（*The Language of Morals*，1961），他和维特根斯坦的理论是相通的。这本书有一个基本的逻辑，我将其暂且归结为——反思的和先于反思的。我突然一下东西被震撼了，就说"哇哦，太棒了"，这是先于反思的，纯主观的，或者说是单纯从自我出发的。而反思的，会去考虑它到底好在哪儿？理论家或者是美学家、批评家会去思考这个问题，他们的思考寻求某种客观性，或者说主体间的一致性。所以在主观和客观之间是有一个博弈过程的。

如果完全是客观化的，所有美学标准都定成一条一条的，规定好了，我们就会走向僵化了；如果全是停留在纯主观上，不去寻求一致性，就会落入完全的相对主义，没有一个客观性的东西就完全没有审美判断了，这个语言游戏也垮掉了。最后还是要落实到真实的感受，前反思的东西也是很重要的，是在推动这个判断，这个判断也可能会改变你的前反思的感受，这二者是在不断博弈和辩证地变化的。正是在这个基础上，整个审美艺术语言游戏才能比较健康地建立起来。这就是我的一个理解。

袁园： 我顺着讲几个问题，也是回应朱岳老师和刘畅。

第一个误解：维特根斯坦在 1938 年关于"美学"的讲座中开篇讲到"美学"这个题目太大了，而且是完全被误解了。我理解维特根斯坦说的"误解"之一是指作为形容词的"美"的概念，认为事物具有某种美的品质。

第二个误解：跟刚才谈到的审美判断有关，认为审美判断是判断"美"的品质，强调事物"美"的品质；把所在的语境、文化、生活形式和实践剥离开来去谈审美判断，这可能是第二个层面的误解。

我想请顾老师回应第二个"误解"，今天谈当代艺术的审美，是把它孤立地基于某个理论去做审美判断吗？

顾振清： 我想这是不一样的，我觉得维特根斯坦的很多审美判断是基于古典艺术和现代艺术。但是，维特根斯坦没有预见过当代艺术，他不能预见到当代艺术的传播方式和理解方式与现代艺术和传统艺术是不同的。

我觉得维特根斯坦强调审美判断跟喜欢与不喜欢这样的情绪表达关系不大。因为他强调审美判断是一种带有理解内容的再理解，必须对一个意向对象有一种在先的判断，而不是简单的情绪化的喜欢或不喜欢。

在这一点上，我觉得维特根斯坦分析传统艺术和现代艺术的审美判断是有效的。但是，当代艺术一个非常突出的特征是，艺术家要把熟悉的东西陌生化。也就是说，把大家理解的内容和理由逆反之后再做一种新的表达。如果按照传统艺术或者是现代艺术的方式去理解，很可能会触礁。

我认为当代艺术家的创作不仅涉及审美判断，还包括作品互动性的表达，把这种互动性的部分设计为一种开放性理解。对现在的年轻人来讲，他们越来越适应这样的一种既有理解又有不理解的开放性。这种开放性反倒会让他们喊出："哇塞，这个作品太刺激了。"这样带有情绪性的表达。他们可能还没有领会到作品所要表达的全部的内容，但是当代艺术作品往往有一部分内容需要观者介入性、参与性的互动去作意义的修补和填充才能领会到。观者只有主动参与到作品的互动环节之中，才有可能对这个作品产生喜欢或不喜欢的一种更为贴切的表达。

当代艺术在传播过程中的表达不再是作品固有价值的释放，而是表现为把作者的主题表达和作品固有的表达留给接受者在互动层面上的一种可能性。这种可能性有的是被理解，有的是被曲解，有的是被重新生产。我觉得这一部分可能正好是美学判断以外的一个层面，甚至超出维特根斯坦对"美"和"审美判断"的思考。

袁园：谢谢顾老师。我还是有一些保留意见，因为跟我谈到关于美学的误解有关系。

第三个误解：我理解维特根斯坦是反美学理论的，他反对把"美学"作为一种科学，更具体是反对把"美学"设想成为心理学的一个分支，把"美学"看成是在面对着一个对象在前面特定条件下引起的一个因果反应。我想把这个问题抛给刘畅，是不是可以理解为维特根斯坦是反美学理论的？

刘畅：非常感谢刚才三位老师的精彩点评。我尝试简短地一一回应一下。

朱岳老师提出了非常切实的问题。其中涉及两个关键词：一个是"客观",一个是"反思",都很有意思。先说"客观"。我想说我们有必要区分两种不同的客观:一种是与我们的理解无关的客观,一种是与我们的理解有关的客观。数学上的客观、科学上的客观,跟我们理解不理解没有关系。比如一种物质的化学分子结构客观上是什么,比如圆周率的数值客观上是多少。在有人类之前,水一样是作为H_2O存在的。圆周率的数值,不会因为一个民族不懂数学就会发生什么变化。这里,"客观"意味着有一个与人类理解无关的现实作为最终的标准。但这种意义上的"客观"显然无法适用到对一篇小说的"客观"评价上。实际上,如果没有我们对汉语语词的理解,对何为小说的理解,世界上就不可能存在"汉语小说"这种东西,更谈不上一篇汉语小说写的是好是坏的客观标准。经常被纠缠在一起的问题是:既然科学、数学是我们所理解的"客观"的典型,于是我们就很容易把与科学、数学的那类"客观"无关的东西,都一股脑儿地认作"主观的""相对的"。当然,就如同维特根斯坦所举的例子——不懂英语的俄国人欣赏不了英语的十四行诗——一个不懂汉语的人也一样评判不了汉语小说的好坏。在这个意义上,如果说汉语小说的好坏有一个标准,那么这个标准只有对合格的汉语使用者才有意义。但这不意味着这个标准就因此变成了全然相对的,最后都要还原为我们主观上的好恶。

这里,我想连带着回应一下顾老师提出的问题。当代艺术相较之前的艺术形式发生了根本的变化。顾老师讲到当代艺术的开放性、互动性,讲到当代艺术对我们既有理解的颠覆,这都让我倍受启发。在有一点上我格外赞同顾老师的判断:维特根斯坦在他所处的那个时代谈论艺术作品的时候,很大程度上谈的是对一件作品的"审美判断";但对当代艺术的作品而言,"审美判断"可能不再是一个特别有效的概念了。

但仍有一个有意思的现象,那就是即便在当代艺术中,也存在一种特定意义上的"判断的客观性"。我很赞同顾老师——对于艺术的理解永远是就特定的时代、特定的文化语境才是有效的。比方说,我们在对当代艺术作一番了解之后,才可能对一件作品给出言之有物的判断。但就算是在当代艺术的语境下,谈论一件作品,我们的判断还是会有客观与不客观的区别。实际上,当我们提醒自己不要把陈旧的观念套用到当代艺术上时,我们就已经预设了:对于当代艺术,也存在懂与不懂的区别。一方面,我们不再能用昨天的标准评判今天的小说、今天的艺术;另一方面,这不恰恰意味着我们需要的是属于今天的标准吗?而标准之为标准,总需要在它所适用的那种意义上是客观的。

从这个点上,我愿意回到袁园提到的三种误解上,特别是其中的最后一种。这里,我觉得有必要把"美学"和"美学科学"或者科学式的对于"美学"的理解区分开来。我想,维特根斯坦并不是一般意义上的反美学,他所反对的是把美学理解为科学的一个分支。假如不把美学作为科学的一个分支,不认为只能用科学理论的方式进行美学研究,那么在这个意义上,维特根斯坦是不反美学的。而这个问题,最终又与朱岳老师提到的怎样理解"客观"与"反思"的问题联系在一起。

我非常赞同朱岳所讲的:如果我们要为艺术中的判断找一个客观的标准,那么最终还是要落实到真实的感受上——哪怕是对感受的反思,它只有重新作用于感受,才算落到了实处。不过谈到"反思",我觉得还是要区分一下"美学"所研究的对象和"美学"本身。"美学"试图对已经包含着理解的审美活动加以理解,是对理解的再理解，在这个意义上，美学就是一种反思。但是，美学所研究的对象本身可能并不带着反思。一个小说家为读者贡献了良好的作品，一个读者享受他阅读小说的过程，他们都不一定、也不需要做出特别的反思。"前反思"的，并不等于"前理解"的。审美的感受总是带着理解，基于理解。对感受的反思，也常常有助于丰富我们的理解，从而丰富我们的感受。但一般来讲，我会倾向于认为，一种感受中带有理解，不一定就意味着这种感受中带有了反思。

袁园：艺术理论家都在试图给艺术做一个定义，因为审美判断关联到定义什么是艺术。或者把普遍意义上的艺术抛开，面对一个具体作品的时候，你怎么判断它是不是一个当代艺术作品？

作为观看者，当面对这个作品既看不懂、也无法解释，或者只能表达一些非常浅表的喜欢/不喜欢，这就进入一个审美判断的死胡同。什么样的死胡同？从理论家和批评家的角度有几个死胡同。

第一，原来对艺术的定义在面对这个作品的时候失效了，作品超出了原本定义的范畴。怎么办？

第二，把原来的标准放得更有弹性。这也有一个问题，变得更有弹性之后，可能就是什么东西都可以往里塞，也没有审美判断的应用实践了。

第三，我自己有一定的话语权，我就强行制定一个标准，也是死胡同。

维特根斯坦说：没有诗歌，只有一个具体的歌德的诗；杜尚说：没有艺术这种东西，只有艺术家。我们可以通过具体的作品来讨论这个问题。

中国台湾地区的艺术家欧宗翰，主要在纽约工作和生活。我先以他的作品作为一条线索。

他的一个作品的导语用的就是维特根斯坦在《文化与价值》当中的一段话:

> 如果我们去思考这个世界的未来,那么我们意谓的总是这样一个地方:如果世界像我们现在看到的那样前进,然后它就到达那个地方。我们从来没有想它并不是一条直线,而是曲线,它的方向不断变化。

维特根斯坦在美学上的思考尽管散落在不同时期的各个讲座,但恰恰我从这样的角度理解他的"美学"是不需要给一个既定的理论和标准,因为它是不断在变化的。

他还拍摄了大概将近三十个人物肖像,拍摄的每个对象都是当代艺术家,他们在不同的空间、地点,手里拿着维特根斯坦的《逻辑哲学论》在看其中的某一页,每个作品的标题是《某某艺术家在看〈逻辑哲学论〉当中的段落》。这段引语跟艺术家自己的创作有关系。

莫伊拉·戴维(Moyra Davey):

> 4.114 它应该划出可以思维的东西的界限,并借此划出不可以思维的东西的界限。它应该通过可以思维的东西从内部来划出不可以思维的东西的界限。

这张照片拍摄的是加拿大艺术家莫伊拉·戴维,她的创作领域横跨摄影、电影和文学。

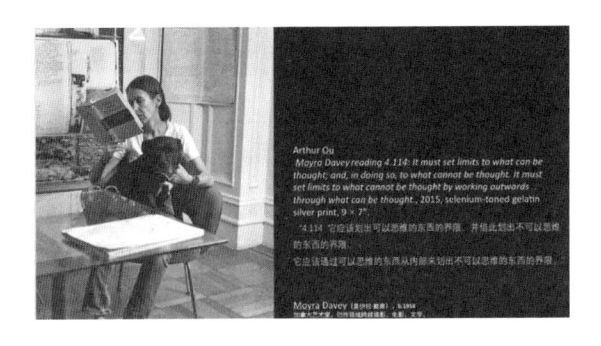

下面这张拍摄的是美国艺术家迈克尔·昆兰（Michael Queenland）。他的作品与美国激进社会和政治运动的遗产主题有关系。

这里引用的《逻辑哲学论》的一句话是："3.01 真的思想总和是世界的一幅图像。"

我们看一下昆兰作品的视觉形式。在展厅当中的这件作品，有报纸、阿富汗的地毯、各种麦片盒子。

我们看到这些艺术家的作品都跟语言、图像、具体的生活实践有关系。

我仍然追回刚才的问题：关于刘畅谈到的，当代艺术的审美判断是不是有客观的标准？这个问题先抛给顾老师，顾老师作为策展人肯定会面对这个问题。

顾振清： 所谓的标准往往是既有经验和既有知识系统梳理后的一种判断。对于一个职业的艺术家来说，"规范性"是存在的。如果没有规范性，就没有艺术家这个职业了。这个规范性会让艺术家对既有的当代艺术有一些特定内容的理解。

当艺术家有一些好的表达，所谓的"好的表达"往往是有对既有准则的正确性的理解，又有对准则出乎意料的、前所未有的、超越性的表达，行内的策展人和批评家就会感知到这个作品跟其他的以前通常性表达不一样，给予一个肯定。比如在 20 世纪 60 年代之后，很多艺术家的作品也是通过像哈罗德·史泽曼（Harald Szeemann）、扬·霍特（Jan Hoet）这样一些重要策展人，把这些作品在卡塞尔文献展、在威尼斯双年展上展出，从而得到举世公认。

我在思考一个问题，为什么总会有一种当代艺术主流性的表达？这种主流性的表达往往跟突破当下认知的、具有发明性的、具有颠覆性的表达不同。我觉得主流性的表达仍然是诉诸维特根斯坦所说的一种泛泛的感觉性的好恶，我们看到的一些所谓的潮流艺术，其实并没有太多的认知突破，也没有对当代艺术的标准进行一个批判性的反思，只是一种顺应当代艺术的既有标准的或者是一种贴近流行文化方式的表达。

这种表达很容易让你有一种家族相似性的理解，让你对这种表达有一种亲切感，然后让你觉得领会到了，于是就喜欢了。但是，它们不会成为一个新时代的契机，也不会创造一种新的艺术模型，它们只是既有模型的一种延展。比如，现在有很多艺术家用人工智能来进行艺术形式和方法的融合、迁移和再拼贴，这非常容易成批地创作出我们所喜欢的，我们所认知的主流性的当代艺术家。但是，这种当代艺术家并不是未来时代的引领，因为他们没有亲自去发明、训练、培育一种独特的人工智能去做艺术作品，只是借用一些现成的工具。因而，他们的作品往往只能成为一种为意识形态政治正确而故意创造的、带有奶嘴乐的娱乐至死性质的艺术。

近十多年来，我们很少感觉到像一百年前马列维奇、康定斯基、蒙德里安、毕加索、杜尚等等艺术家急风暴雨式的对既有形式和规则突破的那种时代感，也没有感受到20世纪60年代至90年代当代艺术的爆发期的变化。我们现在所遇到的很可能是一个当代艺术的停滞期，虽然很多作品表面上有一些新颖的形式和方法，包括内容的表达，但是这样的表达也就是诉诸一种泛泛的感觉，而不是带有对既有理解的颠覆。

最近，我们似乎在区块链的链上原生的艺术当中找到了一种可能性。艺术家在创造一种虚拟社交的线上元宇宙的社会，由此很可能会出现一种完全颠覆现在人们习惯的物理限制中的一种感受的表达。这种感受的表达脱离了具体时间，脱离了具体的空间，不再是我们对过去的追溯，也没有办法对未来无限的伸展，而是脱域了，这种表达脱离了我们现在很多现有的知识系统、形式系统，是现有经验的一种表达。这种"表达"在虚拟社会里，在很多无意识的、超出了现代艺术判断的经验里慢慢出现。这种出现我是带有期待的，这种期待往往是突破了我们现在对审美判断知识的局限。

袁园：我想问朱岳老师，今天有特别多的网络文学，有各种自媒体、公众号上的文字形式供人阅读的。您作为一个小说家，是不是内心有判断的尺度，把什么样的内容放在文学的范畴当中？

朱岳：这个就像刘畅老师刚才说的，我已经对有理解内容的对象又进行了理解，我没有必要对这个理解再进行一个更高的理解。比如我写小说，我已经写小说了，可能有一个基本判断就可以，不用再去有一个更抽象的反思。

当代艺术恰恰是大家都在提高反思的层级，因为艺术的界限在不断地被挑战。从杜尚开始，你是艺术家，可能同时你已经反思到和哲学家差不多的维度。以我自己的判断，我作为编辑、写作者和读者是有分裂的。我也是最近才越来越意识到这个问题，我喜欢的小说基本是卖不出去的小说，为什么？因为我作为一个创作者不断地追求很异质化的东西——我得和别人不一样。而作为编辑，是需要站在普通读者的位置上思考问题，即使不是迎合普通读者，也不能脱离得太远。

前面提到美学是不是像心理学？我觉得美学更像是经济学，比如《蒙娜丽莎》这种世界名画，我们第一次看和看了无数遍之后相比，它的边际效应是递减的。判断经济好不好和艺术状态好不好是有点儿像的，不是靠我一个作坊的生产者直接判断经济怎么样，我可能只能在一个方向上往前走。对整个经济起到了好的作用还是坏的作用，对我的制造本身并不重要，最后市场会做出调整。创作也与此相似，比如写小说，即便按照网络小说家的写法更适合整个环境，但是我仍然不会那样去写，这就是一种分裂。我只能按照我自己的特质去写，而无法同时顾及整体。

杜尚真正了不起的地方不在于他的作品，最主要的是他拓宽了整个艺术边界，但是如果全按照杜尚的艺术套路创作，可能又走向另一个极端。这就很像采取什么宽松政策和紧缩政策。不是符合某种标准就好，不符合这种标准就不好，其实是动态的，这个经济体健康不健康是一个综合的判断。艺术也是这样，它在整体上是否良性发展，是一个综合判断，但作为创作者本人是很执着的，只能承担一个角色，他是兵就是兵，是将就是将，不可能既是棋子又是下棋的人。

袁园：刚才朱老师和顾老师的回应都涉及一个问题——当代艺术有没有审美判断的标准？或者说能否拿着一个标准去判断，且不说是不是好的当代艺术作品，就判断它是不是当代艺术作品。在我看来，没有这样的标准。

柏林最有名的电音俱乐部 Berghain，可能要排数小时的长队才能进去，而且有可能排了几个小时之后守门人还会把你拒之门外，到底放谁进去？完全是守门人的主观决定，也没有人知道标准。守门人判断谁能进去俱乐部类似于策展人或批评家判断一件作品到底是不是当代艺术。

由此引出家族相似性的概念，既然没有当代艺术审美判断的标准，是不是可以把维特根斯坦的家族相似性作为一种解释呢？我对这个问题也有怀疑，好像家族相似性成了一个巨大的筐，什么东西都可以往里塞。这样的话，任何一个事物都可以和另外一个事物找到某种家族相似性。

刘畅： 我觉得袁园的这个点抓得非常准确。关于维特根斯坦的美学，可以分两种：一种是维特根斯坦自己所谈的美学；另一种是维特根斯坦式的美学，也就是接受了维特根斯坦影响的美学。维特根斯坦式的美学，一个最主要的特征就是袁园刚才所讲的"反本质主义"。对"反本质主义"，大家往往是从维特根斯坦的"家族相似"这个概念出发来理解的。比如当我们问：如何理解"艺术"？如何理解"作品"？如何理解"美"？如果接受了维特根斯坦的影响，我们或许就会想到：这些都是一些"家族相似"式的概念，它们并没有亘古不变的本质。

我觉得"家族相似"这个概念从开始提出就面临一个问题，而这个问题在我们现在的语境下会变得格外突出。我们可以这样看："家族相似"所要描述的本来是像"游戏"这样的概念。是什么使得下棋、打牌、玩球等等都叫作"游戏"？维特根斯坦指出，这不在于所有这些游戏都共享某种共同特征或者游戏之为游戏的"本质"。我们能够看到的，其实只是这个游戏和那个游戏的相似，以及那个游戏和另外一个游戏的相似等等，就如同一个家族的成员之间的相似关系。但现在问题来了：仅借助"家族相似"，似乎不能让我们准确地把握住"游戏"这个概念。因为如果仅着眼于"相似"，那么普天之下，什么跟什么都会有点儿相似——不仅游戏与游戏之间存在相似，游戏与非游戏之间也存在相似。但我们想要知道的却是游戏与非游戏的区别——哪怕我们都承认，它们的区别不是非黑即白的；从相似到不相似，也存在一个漫长的连贯性……

回到我们今天的主题,我们看到,今天所理解的艺术已经跟传统的理解有天壤之别。我们不能再抱着老皇历不放了。——但当代艺术还是不是艺术?假如当代艺术还是艺术的话,那就仍然需要对"何为艺术"有一个理解,哪怕这个理解不是本质主义式的、不是非黑即白的。这个问题本身不会因为我们取消了本质主义而消失。反本质主义,"家族相似"只是走了半步棋。完整的画面,需要走出另外的半步棋才能完成。

另外一半需要补全的画面是什么?是看到,是我们在自身所处的文化中的一系列活动,参与定义了什么是艺术。也就是说,一方面我们否认有一个亘古不变的、与我们的理解无关的关于艺术的"本质"摆在那儿,当代艺术的"所是"是在流动中生成的;另一方面,我们之所以仍能对"当代艺术"有一个成形的理解,是因为我们围绕当代艺术而展开的一切活动,构成了当代艺术的"流动性"本身,我们对它的理解,是我们的自我理解的一部分。

袁园:谢谢刘畅在这个问题上的一个澄清。这个问题在当代艺术理论领域也存在着非常激烈的争论,艺术是可以定义的吗?因为有人不断地试图去定义它,这个定义又被不断地被推翻,所以到底是不是能够定义都还没有定论。

直播间也有观众提问,我挑几个提:当一种理解会把某种审美判断的结果变成社会上大多数人的共识的理解,这种理解会反过来影响个体的审美判断吗?

刘畅:我觉得这个问题可以这样理解,我们常会谈到口味和品味的区分。口味分同异,而品味分高下。对艺术的理解,特别是当代艺术，是不是所有人趋同的一种判断就代表了正确呢？我觉得不一定。我们要区分的是什么是中肯的判断、到位的判断，这跟广为接受的判断还是有区别的。

袁园：谢谢刘畅老师。还有一个问题是问朱岳老师的，您谈到的"前反思"和"先验审美"是一个意思吗？

朱岳：应该不是，因为我说的和康德没有太大的关系，只是我自己临时的一个说法，便于我自己思考。

我说的"前反思"是很直接的反应，不是经过思考、经过辨析之后得到的判断，比较接近于感叹。但它是不是完全没有理解内容？这个很难说。就像刘畅老师说的，"客观性"在哲学上是很复杂的问题。别说一个艺术品了，就是"红色"到底是不是客观的也很难说，很多哲学家写了很多书来讨论这个事，这个展开也很复杂。

袁园：还有一个问题：审美经验是不是可以被外在规训出来？

刘畅："规训"这个词比较危险，因为规训总是外在的。那么什么是"内在"的呢？我想，这儿至少有可能存在一派维特根斯坦会反对的本质主义式的理解，就是把"美"本身当成一种客观的、固有的内在特质，而把我们主观上的审美经验当成来自后天习俗的外在规训的后果。

我猜，如果要维特根斯坦在中文词中选一个合适的字眼，他大概会选"陶冶""熏陶""浸染"之类。因为我们的感受不只是受到我们所处文化的限制，而且更重要的，我们的感受在特定的文化中才得以成长，得以成形。维特根斯坦经常举的是裁缝的例子：去年的式样是这样，今年的式样就变了，一个合格的裁缝需要在切实的文化语境中来成就他的眼光、他的分寸感和手艺。一个意义上，你也可以把这叫作来自文化的对审美经验的规训，但这同时也是对审美经验的成全。

袁园： 感谢各位嘉宾的精彩分享。今天的讲座就到这里，感谢观看直播的朋友，谢谢大家！

图书在版编目（CIP）数据

世界的意义就在于事与愿违 / 梅剑华主编. -- 上海:上海文艺出版社, 2023（2023.12重印）
（哲学与艺术对话录）
ISBN 978-7-5321-8605-1
Ⅰ.①世… Ⅱ.①梅… Ⅲ.①艺术哲学－研究 Ⅳ.①J0-02
中国版本图书馆CIP数据核字(2022)第248034号

发 行 人：毕　胜
责任编辑：肖海鸥　高远致
封面设计：尚燕平
内文制作：常　亭

书　　名：世界的意义就在于事与愿违
主　　编：梅剑华
出　　版：上海世纪出版集团　上海文艺出版社
地　　址：上海市闵行区号景路159弄A座2楼　201101
发　　行：上海文艺出版社发行中心
　　　　　上海市闵行区号景路159弄A座2楼206室　201101　www.ewen.co
印　　刷：苏州市越洋印刷有限公司
开　　本：1240×890　1/32
印　　张：14.375
插　　页：2
字　　数：333,000
印　　次：2023年7月第1版　2023年12月第2次印刷
Ｉ Ｓ Ｂ Ｎ：978-7-5321-8605-1/B.092
定　　价：78.00元
告 读 者：如发现本书有质量问题请与印刷厂质量科联系　T:0512-68180628